土地法制科学

LAND LEGAL SYSTEM SCIENCE

第5卷

主　　编 耿　卓
执行主编 曹相见

法律出版社
——北京——

图书在版编目(CIP)数据

土地法制科学. 第5卷 / 耿卓主编. -- 北京 : 法律出版社, 2022

ISBN 978-7-5197-6442-5

Ⅰ. ①土… Ⅱ. ①耿… Ⅲ. ①土地管理法-研究-中国 Ⅳ. ①D922.304

中国版本图书馆CIP数据核字(2022)第032524号

土地法制科学(第5卷)
TUDI FAZHI KEXUE (DI-5 JUAN)

耿 卓 主编

责任编辑 郑怡萍
装帧设计 臧晓飞

出版发行 法律出版社
编辑统筹 教育出版分社
责任校对 王晓萍
责任印制 刘晓伟
经　　销 新华书店

开本 710毫米×1000毫米 1/16
印张 17.5　**字数** 317千
版本 2022年1月第1版
印次 2022年1月第1次印刷
印刷 唐山玺诚印务有限公司

地址:北京市丰台区莲花池西里7号(100073)
网址:www.lawpress.com.cn
投稿邮箱:info@lawpress.com.cn
举报盗版邮箱:jbwq@lawpress.com.cn

销售电话:010-83938349
客服电话:010-83938350
咨询电话:010-63939796

书号:ISBN 978-7-5197-6442-5
定价:49.00元

凡购买本社图书,如有印装错误,我社负责退换。电话:010-83938349

“中国土地法制与乡村振兴战略会议联盟”
简　　介

“中国土地法制与乡村振兴战略会议联盟”(以下简称“联盟”)是在陈小君、房绍坤、高圣平、高富平、王洪平等教授倡议下,由中国人民大学不动产法研究中心、吉林大学财产法研究中心、广东外语外贸大学土地法制研究院、华东政法大学财产法研究院、烟台大学中国土地政策法律实施评估研究中心共同发起成立的以研究土地法制、乡村振兴战略法治保障为主题的松散型智库性虚体机构。“联盟”致力于扩大中国土地法律制度研究在立法和司法、依法行政、城乡融合、乡村社会治理、农民境遇改变和农业有序发展等方面的学术影响,致力于服务党和国家的决策,切实助推乡村振兴战略全面落实。

为弘扬学术、扩大影响,经“联盟”议事会(发起成员单位)研究决定,“联盟”学术论坛由“联盟”成员单位轮流承办,每年春季和秋季各举行一次;广东外语外贸大学发起并连续主办两届的“全国土地法制与社会发展博士生论坛”于 2018 年起由“联盟”主办、“联盟”成员单位轮流承办,每年秋季举行;广东外语外贸大学土地法制研究院主办的《土地法制科学》于 2018 年起由“联盟”主办、“联盟”成员单位轮流承办,每年出版两卷。

“联盟”的“两坛一书”须遵守宪法、法律、法规和国家政策,不得危害国家安全、统一和民族团结,不得违背社会公德。“联盟”坚持开放原则,将适时接纳相关符合设立宗旨和条件的高校或研究机构加入。

目　录

本期聚焦

田野采风

外国法译评

评论综述

Contents

Focus of the Issue

Social Empircal Research

Review and Translation of Foreign Law

Review & Summary

本期聚焦

“三块地”改革试点之土地征收制度改革调研报告*

陈小君教授课题组**

| 摘　要 |

“三块地”改革33个试点地区按照“程序规范、补偿合理、保障多元”的要求，在缩小征地范围、规范征收程序、完善多元保障机制、建立土地增值收益分配机制等方面进行了积极探索，取得了一系列改革成果。其中，关于公共利益范围界定、征收事前协商程序、征收补偿款确定方法等被新《土地管理法》采纳，对于化解集体土地征收矛盾大有助益。不过，基于改革的关联性与体系性，改革成果还有待实践的进一步检验与体现，如何建立土地征收公共利益目的认定的实体与程序机制，如何健全征地补偿安置协议难以达成时的行政、司法保障机制，区片综合地价的制定如何在体现公平的同时发挥市场在资源配置中的决定作用，土地征收应当如何与集体经营性建设用地入市、宅基地制度改革形成有效联动，仍需秉持体系思维进行持续的实证观察与法理检视。

| 关键词 |

土地征收　公共利益　征收程序　征收补偿　联动改革

| 目　次 |

---

* 基金项目：国家社会科学基金重大项目“新时代中国特色土地管理法律制度完善研究”（18ZDA151）阶段性成果。农村土地征收、集体经营性建设用地入市、宅基地制度改革，亦可简称为“三块地”改革，本书不再做统一要求。——编者注

** 执笔人：于凤瑞，广东外语外贸大学土地法制研究院副教授，法学博士，国家社会科学基金重大项目（18ZDA151）课题组成员。

一、调研说明:对象与方法

(一)土地征收制度改革试点情况说明

党的十八大以来,依法治国方略全面实施,关于农村土地制度改革的各种尝试性方案日渐步入法制化轨道,全国人大常委会通过授权地方试点创新,较好地处理了试点政策突破现行法律规定的问题。

1. 3个初始改革试点

随着我国城镇化进程的深入推进,土地征收领域的问题凸显,主要表现在:征地范围过宽,公益属性体现不足;征地程序不规范,在征地过程中农民参与权未得到保障;补偿安置标准偏低,难以实现农民长远生计有保障。党的十八届三中全会通过的《中共中央关于全面深化改革若干重大问题的决定》明确指出,要缩小征地范围,规范征地程序,完善对被征地农民合理、规范、多元保障机制。为贯彻落实党的十八届三中全会精神,推进全面深化改革,2014年12月,习近平主持召开中央全面深化改革领导小组第七次会议,会议审议通过《关于农村土地征收、集体经营性建设用地入市、宅基地制度改革试点工作的意见》(以下简称《"三块地"改革试点意见》,中共中央办公厅和国务院办公厅联合印发)。2015年2月27日,第十二届全国人大常委会第十三次会议审议通过《关于授权国务院在北京市大兴区等三十三个试点县(市、区)行政区域暂时调整实施有关法律规定的决定》,授权在试点地区暂时调整实施《土地管理法》《城市房地产管理法》有关法律规定,授权期限截至2017年12月31日。2015年3月,原国土资源部召开试点工作部署会议,正式启动农村土地征收、集体经营性建设用地入市、宅基地制度改革试点工作。

2015年6月,原国土资源部会同中央农办、发展改革委、财政部、原农业部等相关部门,确定一个试点地区只开展一项试点内容,其中土地征收制度改革试点地区三个,分别为河北省定州市、内蒙古自治区和林格尔县、山东省禹城市。土地征收制度改革的任务中,缩小土地征收范围的重点是探索制定土地征收目录,严格界定公共利益用地范围;规范征地程序的重点是建立社会稳定风险评估制度,探索各种形式的民主协商机制,健全矛盾纠纷调处机制,全面公开土地征收信息;完善对被征地农民合理、规范、多元保障机制的重点是合理确定征地补偿标准,探索留地、留物业等多种安置途径,加大就业培训力度,把符合条件的被征地农民全部纳入城镇社会保障体系,确保被征地农民生活水平有提高、长远生计有保障。

2. 33 个改革试点全覆盖

随着改革试点深入推进,一年多的试点实践表明,单一的某项改革是不可持续的,"三块地"改革是一个系统工程,彼此之间高度关联,必须深度融合。2016 年 9 月,原中央全面深化改革领导小组决定将土地征收制度改革和集体经营性建设用地入市改革扩大到全部 33 个试点县(市、区),以统筹协调推进各项改革;2017 年 11 月,原中央全面深化改革领导小组决定将宅基地制度改革拓展到全部 33 个试点县(市、区),以最大限度释放改革的正向效应,促进市场在资源配置中起决定性作用和更好发挥政府作用,兼顾效率与公平,促进城乡融合发展。

(二)调研方法

1. 实地调查法

国家社会科学基金重大项目(18ZDA151)课题组于 2019 年 10 月至 12 月陆续赴 31 个省(自治区、直辖市)的 33 个试点地区进行了全覆盖式调研,就土地征收、集体经营性建设用地入市、宅基地制度改革实际状况进行实证研究,在每个试点地区采取部门座谈、现场访问和制度研讨的形式,就土地制度改革实践状况及效果与当地政府主管部门、村干部、受访农户进行广泛交流。在调研过程中,课题组记录了大量的访谈笔记,收集到了大量第一手资料。

2. 试点规范性文件分析法

对于课题组的实地调查,各地政府主管部门高度重视,为课题组提供了试点改革文件及各项改革专题报告供研究参考。总体而言,各试点地区出台了大量政策文件,形成较为系统的土地征收制度体系,主要包括土地征收办法、土地征收公共利益界定管理办法、土地征收目录、规范土地征收程序实施意见、土地征收社会稳定风险评估办法、征地区片综合地价标准、集体土地上的房屋拆迁补偿意见、农村土地征收地上附着物补偿办法、征地补偿资金代管办法、"城中村"集体土地上房屋搬迁补偿办法、土地增值收益测算办法、征地补偿安置争议处理办法、被征地农民社会保障实施办法等。这为课题组进一步梳理试点地区土地征收制度改革的基本情况、重点内容和实践效果打下了坚实基础。

二、试点地区改革举措:方向与内容

各试点地区根据改革文件要求,收牢"不能把农村土地集体所有制改垮了,不能把耕地改少了,不能把粮食产量改下去了,不能把农民利益损害了"的改革底线,根据本地实际,从征收范围、征收程序、征收补偿等方面进行了积极探索,核心理念是规范征收权力、保障农民财产权利。

(一)3个初始试点的重点改革工作

1. 编制征收制度改革方案

为在土地征收重点环节取得改革突破,在深入学习贯彻中央改革精神基础上,3个试点地区系统总结本地突出问题,编制体现地方特色的试点改革实施方案,经所在省级人民政府审核同意后上报原国土资源部,基本完成改革配套制度的研究制定,并开展了实践探索。

2. 探索界定公共利益用地范围

虽然我国《宪法》明确了公共利益征地原则,但实践中征地用途宽泛,征收被滥用。因此,土地征收制度改革的主要目标就是界定公共利益目的,缩小征地范围。3个试点地区均拟定了《土地征收目录》,对公益性项目用地范围进行了初步界定。山东省禹城市参照《国有土地上房屋征收与补偿条例》第8条所列公共利益范围,对公益性项目用地范围进行了初步界定;内蒙古自治区和林格尔县参照2001年原国土资源部《划拨用地目录》和2011年国务院《国有土地上房屋征收与补偿条例》,对公共利益情形作了进一步细化的列举;河北省定州市以土地用途是否具有营利性为依据,对《土地利用现状分类》(GB/T 21010—2017)中各类建设用地的公益性和非公益性进行了初步界定。

3. 初步建立事前、事中、事后的全过程严格规范的征地程序

解决征地纠纷,要从中国国情出发,多建几道"拦水坝"化解矛盾。[1] 规范土地征收程序是征收制度改革的重要内容,有助于防止征地权滥用。3个试点地区都制定了征收之事前、事中、事后全过程严格规范的征地程序,对土地征收的信息公开、社会稳定风险评估、民主协商机制、矛盾纠纷调处机制等作出具体规定,以维护被征地农民合法权益。3个试点地区还重点探索了与被征地集体经济组织成员的事前协商机制。例如,山东省禹城市探索了与全体集体经济组织成员、与2/3村民代表、与2/3农户代表民主协商的3种机制;河北省定州市从19个方面对批前工作程序、批后组织实施和全程监督管理作出规定,对征地工作流程优化再造,认真研究并推行了"1234"工作模式,即"一个评估"(社会稳定风险评估)、"两轮协商"(土地征收协议协商、补偿安置标准协商)、"三次公告"(征地预公告、补偿安置公告、批后公告)、"四方协议"(国土部门代表市政府、乡镇政府、被征地村集体、被征地农户分别签订土地征收协议和补偿安置协议)。内蒙古自治区和林格尔县在

[1] 刘守英:《土地制度与中国发展》,中国人民大学出版社2018年版,第208页。

征收程序中增加备案程序,即在土地征收前,项目用地所在乡镇对被征地农民家庭及收入等情况进行摸底调查和登记造册,形成“一户一档、一人一卡”并报县人社部门备案,为被征地农民就业创业、养老安置提供依据。

4. 完善多元的征收补偿机制

征收补偿机制的合理性不仅直接影响被征地农民的生活,也关乎社会公平。自 1987 年《土地管理法》实施后,我国集体土地征收按照土地年产值标准计算,即按照被征土地前 3 年平均年产值的一定倍数予以补偿。2004 年国务院印发《关于深化改革严格土地管理的决定》以来,有的地方开始探索实行区片综合地价的补偿标准。区片综合地价,是指依据地类、产值、土地区位、农用地等级、人均耕地数量、土地供求关系、当地经济发展水平和城镇居民最低生活保障水平等因素,将集体土地划分为不同区片,并采用农地价格因素修正、征地案例比较和年产值倍数等方法测算形成各区片综合补偿标准。区片综合地价包含土地补偿费和安置补助费,不含地上附着物、青苗的补偿费和被征地农民的社会保障费用。[2] 3 个试点地区在测算土地增值收益基础上启动土地征收区片综合地价调整工作,同时采取各种措施,完善对被征地农民的合理、规范、多元保障机制,注重保障被征地农民的房屋财产权以及社会保障、就业扶持。河北省定州市对被征地农民构建货币补偿、粮食补贴、养老保险三重保障:货币补偿按照征地综合区片价核算;粮食补贴,相当于农民仍有土地承包经营的收益;养老保险方面,被征地农民享受每亩 2 万元的参保补贴。山东省禹城市在根据经济社会发展水平提高征收补偿标准的同时,探索征地补偿款固定收益机制:一是提高征地区片综合地价,平均每亩提高幅度为 35%;二是提高征地社保补贴标准,提高幅度为 50%。内蒙古自治区和林格尔县在提高土地补偿标准的同时,在宅基地征收补偿安置方面开展有针对性的制度设计,重视对被征地农民的就业保障,通过搭建平台,为被征地农民开展就业创业培训。

在我国土地二元所有制条件下,根据《土地管理法》《城市房地产管理法》,城市规划区内的集体所有的土地,须经征收转为国有土地后,土地使用权方可有偿出让,但土地增值收益主要归政府,这导致农民集体、农民无法享有土地增值收益,影响社会公平。因此,土地增值收益分配改革是本次土地征收制度改革的重要内容。3 个初始试点在土地增值收益分配方面进行了探索,山东省禹城市初步测算土地增值收益,探索了征收转用农民集体土地的增值收益核算

---

〔2〕 杨合庆主编:《中华人民共和国土地管理法释义》,法律出版社 2020 年版,第 346 页。

办法,并选择了3个片区测算国家、集体、个人的增值收益分配现状。内蒙古自治区和林格尔县按照城乡统筹的要求,根据现行土地征收转用产生的平均土地增值收益及分配使用情况,综合考虑形成土地增值收益的因素,从土地增值收益中安排一定比例的资金或一定数量的土地、厂房、商铺等,让农民集体长期分享土地增值收益和经济发展红利,并建立土地增值收益在农民集体内部合理分配的办法。河北省定州市探索采取留地和留用货币两种方式让农民集体分享土地增值收益,并对集体内部制定土地增值收益分配方案、留地和留用资金使用管理制度、内部监督机制提出明确要求。

(二)试点全覆盖后的系统改革举措

1. 确定征地范围

(1)公益用地的界定

缩小征地范围的重点是界定公益用地,针对过去土地征收“即需即征、即征即供”导致征收范围过宽的问题,各试点地区参照《划拨用地目录》和《国有土地上房屋征收与补偿条例》,制定《土地征收目录》。各地在对公共利益是否进行定性描述上有所不同。有的试点地区只制作公益用地目录。有的试点地区在正面列举公益供地目录的同时还列举非公益用地目录,根据经济社会发展和新型城镇化要求,对非公益性用地提出近期或远期退出征地范围的方案。有的试点地区在公益用地目录之前,还对公共利益的内涵及界定原则予以说明。例如,河北省定州市提出了界定公共利益用地的四项原则,包括公共受益性原则、合理合法性原则、公开参与原则、基于用途原则。

(2)公共利益认定的争议解决机制

由于列举的方式很难穷尽所有公共利益用地的类型,各地在制定公益用地目录的同时,还探索建立公共利益认定争议解决机制。在无法十分明确是否属公共利益需要时,试点地区通常是以听证会的形式建立公共利益征地认定标准和认定程序。例如,甘肃省陇西县将带有公益性、福利性的社会资本投资的营利用地(私立医院、学校、养老院等)通过听证程序补充纳入公共利益范畴,在明确土地征收界限的同时保障该类项目的用地需求。通过听证,征地行为被认定为不属于以公共利益为目的的,不再征地;被认定为属于公共利益需要且被征地群众认可的,可以进行征地,仍有异议的可向上级政府提出行政复议或向人民法院提起诉讼。但各地公共利益异议裁决机制有很大不同,大部分试点地区在土地征收目录中规定由政府部门组织听证裁决,有的地区则是由市人大常委会组织听证裁决。

2. 规范征地程序

(1)探索各种形式的信息公开、民主协商机制

试点地区按照“加强批前民主协商,简化批后实施程序”的改革思路对征地程序进行优化再造,通过构建多层次的土地征收民主协商机制,维护农民合法权益。

首先,注重征地信息公开,从风险评估到征地实施完成全过程贯穿信息公开。有的试点在征地前在被征地村村务公开专栏及政府部门门户网站进行拟征收土地公告,保障被征地农民的知情权。例如,浙江义乌结合征地补偿领域基层政务公开标准化、规范化试点工作,采用“互联网+”模式,实行公开 19 项征地补偿事项。有的试点对征地公告内容做了进一步补充,如山东省禹城市要求土地征收公告中除法律规定的事项外,还应当一并告知被征地农村集体经济组织、土地承包人或者其他权利人申请协调、裁决、听证和行政复议的权利及申请期限和受理机关;补偿安置方案确定后,进行征收土地补偿安置方案公告;征地批复后,进行征收土地公告。这些举措最大限度地保障了被征地农民的知情权、参与权和监督权,切实维护了被征地农民的利益。

其次,遵循事前协商的原则,本次改革要求征地报批前充分听取被征地农民意见,与被征地集体经济组织中绝大多数成员达成书面协议,保障群众合法利益和征地顺利实施。对协商未达成一致的,四川泸县等地提出报请上级机关裁决的办法。针对农村多数外出务工农民无法履行征地现场确认权的现实问题,各地也积极探索各种应对措施。山东省禹城市采取国土、财政部门会同乡镇政府(街道办)及村委会组成联合调查组,进行土地征收现场调查,然后由村委会负责将青苗和附着物的权属、种类、数量等落实到产权人,并协调产权人签字认可。在被征地农户或者相关权利人无法参加附着物清点、调查、确认时,采取三种解决方式:一是委托他人代理调查确认;二是参与调查各方先行清点调查共同见证确认,再书面告知被征地农户或者产权人;三是委托公证机构对清点调查结果进行公证,再书面告知被征地农户或者产权人。山东省禹城市在前期实践探索基础上还在征地过程中增加了召开村民会议程序,具体为:征地补偿安置方案公示后,由乡镇政府(街道办)组织被征地村(组)召开村民会议,讨论表决征地补偿标准和安置方案,市国土、财政部门人员列席会议,负责政策解释和问题解答。村民会议形成会议纪要,表决通过的农户代表达到 2/3 以上的,方可签订征地补偿安置协议。

(2)建立社会稳定风险评估制度

社会稳定风险评估,是指与人民群众利益密切相关的重大决策、重要政策、重要改革措施、重大工程建设项目、与社会公共秩序相关的重大活动等重大事项,在

制定出台、组织实施或审批审核前,对可能影响社会稳定的因素开展系统调查,科学预测、分析和评估,制定风险应对策略和预案,其目的是有效规避、预防和控制重大事项实施过程中可能产生的社会稳定风险,确保重大事项顺利实施。[3] 党的十八届三中全会决定提出,要健全重大决策社会稳定风险评估机制。2019年国务院《重大行政决策程序暂行条例》第24条规定,"风险评估结果应当作为重大行政决策的重要依据。决策机关认为风险可控的,可以作出决策;认为风险不可控的,在采取调整决策草案等措施确保风险可控后,可以作出决策。"建立社会稳定风险评估制度是本次土地征收制度改革的重点内容,社会稳定风险评估是实施土地征收之前的必经程序。土地征收社会稳定风险评估的内容包括四个方面:一是合法性评估。征收项目是否符合国民经济和社会发展规划、土地利用总体规划和城镇规划,用地项目是否符合国家产业政策和用地政策。二是合理性评估。征收项目是否符合被征地农民的利益需求,是否兼顾了被征地农民的现实利益和长远利益,是否尽最大可能维护受影响群众的合法权益。三是可行性评估。土地征收是否征求了广大群众的意见,是否征求了相关部门的意见,是否与本地经济社会发展水平相适应,是否具备实施的时机和条件。四是可控性评估。土地征收社会稳定风险的评估结果是政府作出征收土地决策的依据,风险评估等级为高的暂缓实施。有的试点地区对集体成员反对意见的比例作出明确规定,如在山西省泽州县,只有当集体成员明确反对意见低于10%且风险等级为低风险之时,方可继续实施征地申请程序,否则应暂缓实施或者不实施。

(3)健全矛盾纠纷调处机制

为公开、公平、公正处理征地补偿安置争议,引导被征地农民依法维权,保障征地工作顺利开展,试点地区制定征地补偿安置争议处理办法,并设置纠纷调处机构,调处方式包括直接协商、召开协调会以及申请补偿安置争议裁决等,拓宽了征地补偿安置争议的解决渠道。但各地具体的机构设置略有不同,有的设在县政府办公室,有的设在原县政府法制办,有的设在县司法局。

3. 提高征地补偿标准

(1)制定区片综合地价

"三块地"改革试点地区重点从征地补偿测算方法的科学性、测算因素的合理性、补偿水平的可行性等方面进行探索,根据被征地区片综合地价确定土地补偿费和安置补助费。采取区片综合地价的补偿标准,目的在于使土地征收补偿标准符

---

〔3〕 杨合庆主编:《中华人民共和国土地管理法释义》,法律出版社2020年版,第87页。

合社会经济发展形势，达到合理利用土地资源，维护被征地农民合法权益的效果。试点地区及时修订本地征地区片综合地价标准。例如，山西省泽州县确定六个等级的区片综合地价标准，每亩从4.5万元到11万元不等。按照区片综合地价测算的征地补偿安置标准比原年产值补偿标准普遍提高，增加的征地补偿费用全部由财政列支。山西省泽州县比按年产值标准补偿增长近10%；甘肃省陇西县征地补偿标准较以前提高20%。

(2)建立多元安置补偿方式

试点地区突破以往征地中以货币化为主的单一补偿安置方式，探索实施货币安置、留地安置、留物业安置、就业安置、调地安置等安置方式。试点地区注重新旧征地补偿标准的衔接，充分考虑地区差别和个体差别，探索“土地补偿费+粮食补贴”“农业安置”“入股安置”的多元安置方式。例如，河北省定州市采取的“土地补偿费+粮食补贴”方式，是在足额支付土地补偿费和安置补助费的基础上按每年每亩800斤小麦+1000斤玉米的标准对被征地农民进行补贴。“农业安置”，即土地征收后，被征地村将土地承包时预留的部分耕地优先分给被征地农户。还有的地区是针对农村集体经济组织成员土地承包剩余年限等方面进行合理补偿，以保障被征地农民的长远收益。例如，天津市蓟州区按照1000元/亩的标准对被征地农民进行剩余承包经营年限的补偿；北京市大兴区、江西省余江区亦有类似规定。

村民住宅是农民的重要财产，也是保障农民基本居住的载体，对农民生活影响极大，试点地区改变过去将村民住宅简单按照地上附着物对农民住房拆迁进行补偿的做法，而是将其作为必须补偿的财产权益，以“户有所居”为基础确定征收农民房屋的补偿标准。各地根据本地土地资源情况，对住宅的补偿安置方式采取多元模式，包括重新安排宅基地建房、提供安置房、货币补偿等方式。无论何种补偿安置方式，都强调充分尊重农民意愿，在与被征地农民充分协商的基础上确定具体补偿安置方式，确保被征地农民生活水平不降低。安徽省金寨县区分县城规划区外和区内，对于征收县城规划区外的农民合法宅基地和地上房屋，采取在规划居民点重新安排宅基地建房、提供安置房或者货币补偿等方式给予公平合理补偿，其中货币补偿标准按照不低于市人民政府公布的当年度被征收土地地上附着物的征收补偿标准执行；对于县城规划区内的集体建设用地上的房屋和农民住宅，参照国有土地房屋征收补偿安置有关政策执行。[4] 还有的试点地区探索采取多种方式，让被征地农民分享土地增值收益。例如，在河北省定州市古城恢复项目征收宅基地

〔4〕 参见《金寨县土地征收暂行办法》第17条。

中,被征地农民普遍选择了住房安置,根据宅基地面积按1∶1.15的比例置换,绝大多数农民得到两三套安置住房,除自住外很多征迁户都将安置房进行出租,每户被征迁农民年租金收入大都在2万元以上。

土地是被征地农民的基本生产生活资料,提高失地农民的社会保障水平,是保障其长远生计的重要举措。《社会保险法》第96条规定:"征收农村集体所有的土地,应当足额安排被征地农民的社会保险费,按照国务院规定将被征地农民纳入相应的社会保险制度。"实践中,各级政府已经逐步将被征地农民纳入相关的社会保障体系。"三块地"改革试点地区进一步加大被征地农民就业和社会保障力度,探索留地、留物业、发放保障金、纳入社保等多元保障机制。浙江省德清县、重庆市大足区、河南省长垣县(现为河南省长垣市)等地将被征地农民全部纳入城镇职工或城镇居民养老、医疗等社会保障体系。山西省泽州县把落实被征地农民的社会保障费用作为土地征收报批的前置条件,用地报批前政府将被征地农民的社会保障费存入社保专户,未落实社保费用则不予用地报批。江西省余江区亦按照"先保后征"的要求,在组织用地报批时,以征收土地面积为标准计算,按每亩不低于6000元的标准提取被征地农民基本养老保险缴费补贴资金,并预存入市人力资源社会保障局代保管资金账户。对于因参保门槛高、政策试点原因形成的完全失地但未纳入社保的4.23万人,云南省大理市将其全部纳入基本养老保险范围。[5] 浙江省义乌市将被征地农民基本生活保障待遇每年提高10%。此外,试点地区采取多种途径促进就业,帮助被征地农民享受免费培训、免费就业服务和补贴奖励,增强被征地农民的市民化能力。陕西省西安市高陵区对于城市规划区内实施征迁的农户,不重新审批安置宅基地,探索农民宅基地"资格权"置换城市"现房"的形式,统一安置到政府统建的"城市社区"居住。

4. 土地征收与集体经营性建设用地入市改革之间联动

土地征收制度改革与集体经营性建设用地入市改革之间相辅相成。只有开通集体经营性建设用地流转这一新的供地途径,才能为缩小征地范围奠定基础;同样,也只有切实采取措施缩小征地范围,才能为集体经营性建设用地流转创造更多空间。[6] 试点地区探索将原来需要通过征地保障建设用地供给的项目退出征收范围,改为由集体经营性建设用地的方式供地,以缩小征地范围。例如,江苏省常州市武进区明确一般工业项目用地原则上不办理土地征收。北京市大兴区按照

〔5〕 2018年12月23日,国务院《关于农村土地征收、集体经营性建设用地入市、宅基地制度改革试点情况的总结报告》。

〔6〕 宋志红:《中国农村土地制度改革研究》,中国人民大学出版社2017年版,第347页。

"缩放结合要求",将原有已纳入城市规划开发范围进行征地的项目,通过规划调整,改为集体经营性建设用地入市,实现"非公益项目不启动征地权""缩小征地范围与集地入市对接"。

根据《"三块地"改革试点意见》的要求,实现土地征收转用与农村集体经营性建设用地入市取得的土地增值收益在国家与集体之间分享比例的大体平衡。处理好农村土地征收与农村集体经营性建设用地在入市收益分配上的关系,不仅事关收益分配是否公平合理,也事关未来土地征收工作能否顺利进行。土地征收补偿标准要兼顾土地原用途与规划用途,逐步提高补偿水平。

各地探索建立土地征收增值收益分配制度,缩小征收与入市在收益上的差距,主要包括以下方面:

(1)测算土地增值收益。征收土地的土地增值收益是指征收转用的土地有偿使用收入,扣除征地补偿安置费用以及土地开发支出等成本后的剩余。关于土地增值收益的测算,大多试点探索形成以区片为测算单元的增值收益核算方法,制定出台《土地增值收益核算办法》,用以测算一定时期、一定区域范围内征收转用农民集体土地产生的土地增值收益总体分配情况。有的试点将全县划分为若干区片,对本地区2013~2017年近5年所有出让、划拨的国有土地进行了平均增值收益测算。还有的地区采取按年度核算的办法,以解决划拨用地没有收益、土地征收地区土地增值收益不平衡等问题。

(2)多种方式分享土地增值收益。为使被征地农民能够分享更多的改革红利,试点地区探索多方式、多途径的土地增值收益分享方式,大致包括以下几种:一是提高征地补偿标准,充分保障被征地农民收益;二是提高社会保障政府补贴标准;三是安置房与商品房享受同等权利;四是探索留地、留物业,通过用途安排、明确规划手段,切实保障被征地农民的持续生存和发展能力,壮大集体组织经济力量;五是在所征地块的增值收益中安排一定的资金作为集体资产,通过资本运作或者参股混合所有制经济,实现集体资产的保值增值。

(3)界定土地增值收益的分配比例。由于征收用途不同,不同项目、地块土地开发成本差异大,土地出让价格受市场影响较大等实际情况,各地土地增值收益的比例有所不同,需要合理界定土地增值收益在国家、集体与农民个人之间的分配比例。山东省禹城市根据土地用途的不同,差异化确定土地增值收益在农民集体与政府之间的分配比例。内蒙古自治区和林格尔县按照中央政府、地方政府、集体、农民确定分配比例为20%、32%、16%、31%,体现了按贡献分配、按风险调节的原则。河南省长垣县(现为河南省长垣市)明确从区片平均增值收益中提取10%以现金形式返还给村集体,由被征地农民和农村集体分享土地征收的平均增值收益,其中 30%分配给集体经济组织,主要用于村内公益事业和公共设施建设支出,剩余 70%由县财政部门统筹管理。[7] 据调研组访谈了解,该 70%部分用于弥补失地农民领取的养老金达不到 300 元/月的缺口。辽宁省海城市将土地征收增值收益按照国家和集体 3∶7 的比例分配,并进一步将集体享有的增值收益在集体与个人之间按 2∶8 的比例分配。

三、调研结论:成效与问题

33 个试点地区根据试点文件精神,着力构建程序规范、补偿合理、保障多元的农村土地征收制度,取得了显著成效,形成了一些可复制、可推广、利修法的制度创新成果。2019 年 8 月 26 日,第十三届全国人大常委会第十二次会议表决通过《土地管理法》修正案,新《土地管理法》中关于土地征收范围、风险评估环节、民主协商机制、信息公开内容、征收补偿安置等规范内容均充分吸收了试点成果。尽管如此,由于征收所涉利益的多元性,农村土地征收制度不但要协调集体成员、集体经济组织与各级政府之间的纵向利益,而且须兼顾集体成员之间的横向利益;不仅要平衡集体成员、集体经济组织与各级政府之间的外部利益,还须考量集体成员与集体经济组织之间的内部利益,[8] 改革目标不可能一蹴而就,仍须进一步改善。

(一)改革成效

1. 土地征收范围得以缩小

试点地区在充分保证土地征收公益性的前提下,维护被征地人的权益,规范政府征收权力的行使。改变过去“即需即征、用地必征”的土地征收转用和利用模式,将不符合土地征收范围的用地项目,采用集体经营性建设用地入市的方式予以保障,实现“非公益项目不启动征地权”“缩小征地范围与集地入市对接”。

新《土地管理法》相应地增加第 45 条,将土地征收的范围明确限制为“公共利益”,并规定了五种具体情形。自然资源部则于 2020 年 11 月 5 日印发《土地征收成片开发标准(试行)》(以下简称《标准》),对新《土地管理法》第 45 条规定的土地开发的“成片征收”标准作出规定。值得指出的是,《标准》规定了 3 年的有效期,表明标准的变动性和发展性。

---

[7] 《长垣县土地征收增值收益分配办法》第 13 条。

[8] 陈小君:《农村集体土地征收的法理反思与制度重构》,载《中国法学》2012 年第 1 期。

2. 被征地农民主体地位提升

针对以往土地征收程序不规范、群众参与程度不够的问题，各地基本建立了“一评估、两协商、三公告、四协议”征地工作流程，构建了多层次民主协商机制，突出农民主体地位，使农民及农民集体以民主协商的方式决定是否征收、如何征收等事项，突出保障了被征地农民的知情权、参与权、申诉权和监督权，基本实现土地征收程序的科学性、严谨性、合理性。将民主协商程序纳入土地征收过程的方式，也进一步推动了农民群众主动参与基层事务治理，集体土地所有权人的管理权得到有效落实，农民集体与农民个人的社会地位均得到提升。

在试点经验的基础上，新《土地管理法》从充分保护被征地农民参与权、监督权等方面对土地征收程序作出重大改革。根据新《土地管理法》第 47 条的规定，国家征收土地的，依照法定程序批准后，由县级以上地方人民政府予以公告并组织实施。在申请征收土地前，县级以上地方人民政府需要完成以下工作：第一，县级以上地方人民政府拟申请征收土地的，应当开展拟征收土地现状调查和社会稳定风险评估，并将征收范围、土地现状、征收目的、补偿标准、安置方式和社会保障等在拟征收土地所在的乡（镇）和村、村民小组范围内公告至少 30 日，听取被征地的农村集体经济组织及其成员、村民委员会和其他利害关系人的意见。第二，多数被征地的农村集体经济组织成员认为征地补偿安置方案不符合法律、法规规定的，县级以上地方人民政府应当组织召开听证会，并根据法律、法规的规定和听证会情况修改方案。第三，拟征收土地的所有权人、使用权人应当在公告规定期限内，持不动产权属证明材料办理补偿登记。县级以上地方人民政府应当组织有关部门测算并落实有关费用，保证足额到位，与拟征收土地的所有权人、使用权人就补偿、安置等事项签订协议；个别征收工作确实难以达成协议的，应当在申请征收土地时如实说明。以上前期工作完成后，县级以上地方人民政府方可申请征收土地。

3. 被征地农民经济收入获得稳定保障

试点地区征收补偿方式的完善，使农民在货币补偿、长远收益、就业保障、社会保障等方面均得到提升和改善；这能够从制度层面解决被征地农民失去土地后的就业、养老、医疗等长远生计问题。

在试点经验的基础上，新《土地管理法》在征收补偿方面作出重大修改，体现在以下四个方面：（1）明确土地征收补偿的基本原则，新《土地管理法》第 48 条第 1 款规定：“征收土地应当给予公平、合理的补偿，保障被征地农民原有生活水平不降低、长远生计有保障。”（2）增加土地征收补偿的范围，在原来的土地补偿费、安置补助费、地上附着物和青苗等补偿费用的基础上,增加农村村民住宅补偿和社会保障费,并进一步明确农村村民住宅补偿标准和原则。新《土地管理法》第48条第4款规定:“征收农用地以外的其他土地、地上附着物和青苗等的补偿标准,由省、自治区、直辖市制定。对其中的农村村民住宅,应当按照先补偿后搬迁、居住条件有改善的原则,尊重农村村民意愿,采取重新安排宅基地建房、提供安置房或者货币补偿等方式给予公平、合理的补偿,并对因征收造成的搬迁、临时安置等费用予以补偿,保障农村村民居住的权利和合法的住房财产权益。”(3)改变土地补偿费和安置补助费的计算方法,实行按照区片综合地价进行补偿。新《土地管理法》第48条第3款明确规定:“征收农用地的土地补偿费、安置补助费标准由省、自治区、直辖市通过制定公布区片综合地价确定。制定区片综合地价应当综合考虑土地原用途、土地资源条件、土地产值、土地区位、土地供求关系、人口以及经济社会发展水平等因素,并至少每三年调整或者重新公布一次。”(4)明确了被征地农民社会保障费用的使用和落实等内容。新《土地管理法》第48条第5款规定:“县级以上地方人民政府应当将被征地农民纳入相应的养老等社会保障体系。被征地农民的社会保障费用主要用于符合条件的被征地农民的养老保险等社会保险缴费补贴。被征地农民社会保障费用的筹集、管理和使用办法,由省、自治区、直辖市制定。”

4. 土地征收矛盾风险率下降

试点地区征地程序中增加了风险评估、与农民协商、公告等环节。农民的前期参与和监督,有效保障了被征地农民的知情权、参与权、表决权、监督权,征地过程更加透明,获得广大群众理解和支持,征地引发的矛盾减少,征地效率提高。课题组在调研中了解到,河北省定州市自试点开展以来,通过开展土地征收社会稳定风险评估,针对风险点提前制定风险预案,能够及时化解矛盾,将问题消灭在萌芽状态。山东省禹城市自试点以来,涉地信访件数大幅下降,新征土地没有发生一起行政复议或行政诉讼案件。

(二)需要进一步完善的问题

1. 公共利益认定机制有待进一步构建

试点地区通过召开听证会、专家论证会等方式,构建单个项目公共利益的认定机制,探索破解公共利益认定难的问题。不过,纵观试点实践,各地对公共利益的界定仍不尽一致,特别是对新《土地管理法》第45条第1款第5项“在土地利用总体规划确定的城镇建设用地范围内,经省级以上人民政府批准由县级以上地方人民政府组织实施的成片开发建设需要用地的”可以征地存在一定争议。相当多试点建议，将事关地方经济可持续发展的重点项目用地，如棚户区改造、能够增加税收、解决可持续就业等项目用地，划为公共利益类用地。如何实现既要缩小征地范围又要保障发展用地需要的目标，是土地征收实践中的难题。尽管各试点地区积极建立公共利益认定机制，但基本上对公共利益认定有争议的具体实践案例较少，因此，尚未形成稳定的、经过实践检验的、有效的、法治化的认定机制。

公共利益本身是一个历史范畴，必然与特定的社会形态相联系。〔9〕当前我国正处于经济转型升级、加快推进社会主义现代化的重要时期，未来一段时期内新型城镇化依然是推动我国社会全面发展的强大动力，特别是对于城镇化率不高的地区，土地征收仍将发挥着支持城镇化建设、促进产业转型升级及经济社会快速发展的重要作用；如果即时将成片开发征收从立法中排除，将对尚未完成城镇化的地区发展产生重大影响，造成人民不能共享经济社会发展与现代化建设的成果。〔10〕因此，在我国当前的发展阶段，允许符合条件的成片开发征收仍有其重要价值。为避免对经济社会发展影响过大，新《土地管理法》将成片开发纳入可以征地的情形，自然资源部印发的《标准》对成片开发征收标准从面积区位、公益比例、程序等方面进行了规定，吸取了各界的诸多有益建议，值得肯定。

从理论和实践及发展趋势来看，在成片开发的认定上，《标准》在以下方面仍有待补强：

（1）《标准》总体上是从事前审批程序来界定土地征收“成片开发”标准，然而，成片开发征收与周边制度之间是相互制约、相互促进的关系，为保障公益目的的实现，不仅需要事前的审批，还需要从事中实施、事后监督等方面建立全过程规制机制。具体而言，应当事前落实土地利用总体规划的管制边界，切实保障集体建设用地使用权入市先行；在事中建立成片开发征收公益目的异议机制；在事后设置农民集体取回权，并发挥土地督察对成片开发征收公益目的的规制功能。

（2）《标准》强调从程序上保障农民权益，但是在实体上要求成片开发范围内公益用地比例一般不低于40%，该标准偏低。根据《城市居住区规划设计标准》（GB 50180—2018）规定，高层Ⅰ类（10~18层）居住街坊中的配套设施用地、公共绿地、城市道路用地等公益用地构成应为48%~52%。首先，成片开发中的公益用地比重应当高于该一般标准，方可体现其公益性；其次，为保障成片开发征收具有极其重要的公益性，而非一般的公益性，其公益用地构成应不低于70%；最后，成片

〔9〕王利明：《论征收制度中的公共利益》，载《政法论坛》2009年第2期。

〔10〕于凤瑞：《〈土地管理法〉成片开发征收标准的体系阐释》，载《中国土地科学》2020年第8期。

开发应遵循公益用地优先原则,在地块规划条件中明确要求公益设施必须在规划地块建设总量完成50%前建设完毕,并取得建设工程规划验收合格证。

(3)《标准》没有列举成片开发的具体情形。针对土地国情的复杂性、利益需求多元、治理能力等问题,成片开发应有正面清单。从征收类型看,为了公共利益需要,建议有下列情形之一,确需征收集体土地,经省级以上人民政府批准,可组织实施成片开发建设:一是由政府组织实施的对危房集中、基础设施落后等地段的村庄进行改建需要用地的;二是由国务院或省级政府决定新设或扩建经济功能区等(如私立大学城项目)需要用地的。

2. 土地征收程序仍需进一步完善

在农民征地满意度主观评价中,程序公平正义先于货币补偿水平,仅单纯提高征地补偿水平而忽视程序公正性问题,并不一定能够显著改善农民的征地满意度,这对新《土地管理法》的实施以及征地制度的进一步深化改革有重要的政策启示。[11]

关于土地征收程序,在以下方面仍需进一步完善:

(1)尽管新《土地管理法》第47条规定,“县级以上地方人民政府拟申请征收土地的,应当开展拟征收土地现状调查和社会稳定风险评估”,但并未明确社会稳定风险评估的实施主体。如果由县级政府组织风险评估,就会造成县级政府既是征地主体又是评估主体的后果,难以保障评估的客观公正,而且对每一宗地都组织风险评估是否有必要,也值得商榷。

(2)征地补偿协议签订中的“绝大多数”标准不明。试点的相关政策文件提出征地报批前要充分听取被征地农民意见,并且要求与被征地集体经济组织中绝大多数成员达成书面协议,以保障群众的合法利益。那么,“绝大多数”应如何界定?绝大多数标准难以量化,协议不成不能启动征地程序,会直接影响基础设施类重大项目建设,进而影响地方发展。近年来,各地通过集体产权改革,成立了股份合作社、土地农业经济合作组织等,参照《公司法》第43条关于重大事项表决的规定,经代表2/3以上表决权的集体成员通过,是否满足这里的“绝大多数”?试点实践中,有地方按照2/3执行,有的地方则采取更高的标准,如《文昌市土地征收制度改革试点暂行办法》第9条、第10条规定了85%以上被征地农户或村民小组成员同意的标准。

新《土地管理法》第47条第4款最后一句规定:“个别确实难以达成协议

[11] 丰雷等:《农民参与、程序公平与征地满意度——基于2019年“千人百村”调查的实证分析》,载《中国土地科学》2021年第3期。

的,应当在申请征收土地时如实说明。"该规定实际将因个别没有达成协议的拟征收土地能否征收的裁量权交给了征地审批部门。该比例不宜过大,如果有较大比例的被征地农民不同意签订征收补偿安置协议,则需要进一步协商,不宜开展征地。与此同时,土地征收是国家因公共利益需要强制取得集体土地所有权的行为,并不以取得所有被征地人的同意为必要条件,建议在成片开发之外的因公共利益征收集体土地的,被征地农民集体2/3以上成员、村民代表或者农户代表同意可实施征地,以体现土地征收的强制性。审批机关在进行审批时应当对此进行严格审查。

(3)征地补偿安置协商不成之时的行政、司法保障机制有待健全。土地征收中存在被征地农民抢栽抢种、抢搭抢建、漫天要价、协商不成的问题。因缺少公共权力运行中的保障措施,迫于舆论和信访压力,政府很难启动强制征收权,土地征收的权威性受到挑战,国家重大工程和基础设施依法用地的保障能力受到影响。征地制度改革,必须坚持集体土地所有制,构建集体土地所有权行使机制,形成农民、集体与国家之间的协商机制,保障农民合法权益并引导农民形成合理的利益预期,〔12〕避免对某一方的过度倾斜。

3. 土地征收补偿标准的界定需进一步引入市场机制

新《土地管理法》规定的土地征收补偿标准仍然是由政府在综合考虑土地原用途、土地资源条件、土地产值、土地区位、土地供求关系、人口以及经济社会发展水平等因素的情况下制定的。相较于旧法中的年产值标准,具有以下优点:一是区片综合地价是按照均值性区片确定的补偿标准,在一定区域内标准一致,体现了同地同价;二是区片综合地价是针对土地确定的综合补偿标准,而不包括地上附着物和青苗补偿费,这种计算方式考虑了具体地块附着物的实际情况。〔13〕尽管如此,区片综合地价是一种刚性较强的政府定价,没有完全走出集体土地征收按照原用途进行补偿的思维定式,依然是政府主导定价,农民的议价权利没有得到有效体现;土地征收实行区片综合地价,对处于不同区片的被征地农民而言,补偿极易形成"同地不同价",其对土地增值收益的享有难以得到充分保障,也容易引发矛盾纠纷。征地补偿不足将导致征收制度出现分配与效率上的问题:在分配层面,如果征收成本由被征收人承担,其为公共利益所遭受的牺牲,构成分配上的不公;在效率层面,补偿不足使征收部门低估征收的成本,导致其过度依赖土地征收作为其开

〔12〕 桂华:《地权形态与土地征收秩序——征地制度及其改革》,载《求索》2021年第2期。

〔13〕 杨合庆主编:《中华人民共和国土地管理法释义》,法律出版社2020年版,第91页。

展相关规划的途径,而忽略其他可替代手段,无法实现土地要素的市场化配置。

根据党的十八届三中全会决定提出的“使市场在资源配置中起决定性作用”的要求,建议下一步在深化改革时加大征地补偿标准由市场定价的探索力度。特别是对于非纯粹公共利益目的征收的成片开发征收,其目的在于重新整合规划一定范围的区域,并非将该区域全部用于公共事业,而是开发部分区域以大幅提升地价。在成片开发征收土地过程中,为符合公平原则,对于公共利益用地部分应当按照征地补偿标准进行补偿;对于非公共利益用地部分则应考虑由征收补偿机关与被征收人就补偿标准进行协商,在双方无法就补偿标准达成协议时,可以参照相邻的集体经营性建设用地入市价格予以补偿。如果一个成片开发项目征收涉及多个农民集体,在该次征地补偿款分配时不对具体用地地块的用途(公益与私益)进行区分,而是按照不同权利主体拥有的土地面积的比例对整个征地补偿款予以分配,以减少矛盾、体现相对公平。概言之,对集体土地征收补偿制度进行变革,在征地补偿时不仅对被征收土地的现有价值进行补偿,也对农地发展权即被征收土地的可能用途的价值予以补偿,必将推动集体土地征收补偿制度走出昔日的“阴霾”。〔14〕

实践中,尽管试点地区采取了留用地、留用物业等补偿安置模式,但这种方式适合区位位置适宜、集体经济组织健全、村“两委”干部组织能力强的地区;对于村基层组织较薄弱的地区,如果采取这种方式,可能会因村级管理乏力,引发村内矛盾和不稳定。采用货币补偿方式,又存在被征地农民挥霍征地款的现象。如何有利于实现被征地农民长远生计有保障,是征收制度改革过程中持续思考的一个问题。在增值收益补贴的发放上,需要探索以什么标准、以什么方式发放,以有效保障农民的长远生计。

4. 土地征收与集体建设用地入市、宅基地制度改革的统筹联动有待加强

33个试点地区开展三项试点工作的时间不一致,各试点地区推进三项试点工作进度不平衡;虽然从改革效果来看,集体土地征收补偿标准得以提高,集体经营性建设用地入市规则已经建立,但统筹推进农村土地征收、集体经营性建设用地入市、宅基地制度改革的效益尚未得到最大化实现。

(1)土地征收与集体建设用地入市改革的有效联动亟待提高。首先,无论是改革文件还是试点文件均强调“引导优先使用存量集体经营性建设用地”,这符合发挥市场对土地资源配置决定作用的改革方向,但如何保障集体建设用地使用权

〔14〕 高飞:《集体土地征收法制改革研究》,中国政法大学出版社2019年版,第173页。

优先入市？同时，如果一味强调集体建设用地使用权入市优先，可能不利于公共利益的实现，因此，也有必要对集体建设用地使用权的入市做出必要限制，以与土地征收有效衔接。其次，尽管试点实践中已经基本实现了集体建设用地入市收益和征收补偿标准的基本平衡，但土地征收和集体经营性建设用地入市过程中的一些隐性成本难以计算。一方面，征收转用农民集体的土地增值收益核算困难较大，按照改革要求缩小征地范围，对公益类项目进行征收，而公益类项目通常不产生增值收益；另一方面，入市带来的非直接性经济补偿收益也缺少明确的统计和认定标准，给增值收益的计算带来挑战，造成实践中仍存在可能难以达到收益平衡的情况。最后，征地与入市收益大体平衡与“同地同价”的要求在实践过程中互为掣肘，若按照“同地同价”的要求进行测算，农民在农村集体经营性建设用地入市中获得的收益将远大于土地征收补偿收益，从而对土地征收造成影响。试点实践中，河北省定州市、浙江省德清县等地区采取“倒推”的办法，由土地征收价格确定集体经营性建设用地入市评估价格，根据区位条件和土地用途的差异确定不同的增值收益分享机制。这种做法虽然能在一定程度上实现两者的平衡，但通过市场发现价值的改革初衷又没有得到有效体现。如果对各类集体土地的征收补偿不能与集体经营性建设用地入市领域的土地增值收益分配保持协调和衔接，就会在土地管理实践中出现“同一个地块，农民（集体）希望直接入市，政府希望征收”的矛盾。[15]

（2）土地征收与宅基地改革的联动有待加强。试点地区通过城乡建设用地增减挂钩有效连接征收与宅基地改革，优化城乡发展布局，例如，在建新区实施土地征收制度改革，形成的土地出让金收入用于推动拆旧区的宅基地制度改试点；或者对于依法自愿有偿退出宅基地的进城落户农民，宅基地退出补偿标准参照土地征收区片价格计算，地上房屋通过协商或第三方评估确定补偿价格。这两种做法虽然有其价值，但也存在对进城落户农民特别是城中村或城市郊区农民自愿退出宅基地激励不足的问题。

由此可见，未来法治实践中，需要进一步强化统筹思维，探索农村土地征收制度与集体经营性建设用地入市、宅基地改革、乡村治理、农村户籍等相关领域改革的衔接。

四、结语

如果以改革措施最终在新《土地管理法》修改的条文数量与质量上的体现为

〔15〕 程雪阳：《论集体土地征收与入市增值收益分配的协调》，载《中国土地科学》2020年第10期。

评价标准,相较于集体经营性建设用地入市、宅基地制度改革,集体土地征收制度改革的成效更加显著,对于事前避免、事后化解集体土地征收矛盾大有助益。但这并非代表集体土地征收制度改革已经尘埃落定,如何切实缩小土地征收范围仍是未来土地征收制度改革的探索目标。同时,随着我国城镇化进程的发展,集体土地征收所涉问题日益复杂、矛盾突出,而集体土地征收法律规范主要体现在《民法典》物权编的原则性规定以及新《土地管理法》中的若干条文,缺乏体系化的制度构建。这种零散式立法能否满足土地征收及其与相关制度联动改革的实践需求,殊值反思。在现有立法的基础上,如何继续完善集体土地征收法律制度,并选择合适的法制实现路径,健全城乡融合发展体制机制,仍需理论和实践携手探索。

(责任编辑:耿卓)

“三块地”改革试点之集体经营性建设用地入市改革调研报告*

陈小君教授课题组**

｜摘　要｜

“三块地”改革试点之集体经营性建设用地入市改革试点已落下帷幕，试点地区主要围绕入市的主体、条件、方式与程序等要素进行制度构建，对入市改革的现实路径作出较为全面的探索。总体而言，本轮试点反映出集体经营性建设用地入市制度能够有效提高农村产业发展用地保障能力和农民土地财产收入水平，进一步释放农村地区的发展活力；同时，试点地区形成的大量制度成果，为入市制度在法律层面的最终确立作出重要贡献。《土地管理法》的集体经营性建设用地入市条款较为简略，有待继续完善。为此，我们可以继续总结提炼试点经验，作出针对性完善：首先，优化现行土地管理体系为入市制度的运行创造条件。其次，对入市用途未规定、入市方式有遗漏、入市决议不周延、交易方式不明确等问题进行规定。再次，鉴于入市制度与集体土地所有权主体制度、规划制度、宅基地管理、土地征收等联系紧密，加强协同立法修法。最后，健全入市收益的分配、入市配套规定。

｜关键词｜

集体经营性建设用地　入市制度　全覆盖调研

｜目　次｜

---

* 基金项目：国家社会科学基金重大项目“新时代中国特色土地管理法律制度完善研究”（18ZDA151）阶段性研究成果。

** 执笔：陈越鹏，广东外语外贸大学土地法制研究院助理研究员、法学博士，国家社会科学基金重大项目（18ZDA151）课题组成员。

集体经营性建设用地入市改革能丰富我国土地的供给模式,通过市场的力量激活土地资源的活力,也为农村集体经济的壮大发展积累资金,有效增加农民的收入。自2014年起至今,集体经营性建设用地入市改革的相关内容屡屡出现在中央一号文件中,反映出党中央、国务院的高度重视。2019年8月,《土地管理法》修法完成,集体经营性建设用地入市的法律障碍已被清除,但寥寥数语的入市规则难以应对土地制度现实运行中的种种问题,更为细致、具体的实施办法亟待出台。2021年1月4日,中共中央、国务院《关于全面推进乡村振兴加快农业农村现代化的意见》发布,明确提出"积极探索实施农村集体经营性建设用地入市制度"。因此,对集体经营性建设用地入市改革的试点情况进行梳理,归纳总结、分析评判其中的主要做法与基本成效,有助于为后续入市规则的健全与完善提供知识基础与实践经验。

一、调研说明:对象与方法

(一)集体经营性建设用地入市改革试点开展情况

1. 集体经营性建设用地入市的法制障碍

2004年《土地管理法》第43条规定:"任何单位和个人进行建设,需要使用土地的,必须依法申请使用国有土地;但是,兴办乡镇企业和村民建设住宅经依法批准使用本集体经济组织农民集体所有的土地的,或者乡(镇)村公共设施和公益事业建设经依法批准使用农民集体所有的土地的除外。前款所称依法申请使用的国有土地包括国家所有的土地和国家征收的原属于农民集体所有的土地。"这一规定的最早见于1998年《土地管理法》,其对集体建设用地使用权入市交易造成限制,使集体建设用地与国有建设用地的法律地位不平等,集体土地在多数情况下只能通过土地征收程序转为国家所有后才能进入土地市场。

2. 集体经营性建设用地入市的改革试点

党的十八届三中全会对农村土地征收、集体经营性建设用地入市、宅基地制度改革作出重要部署。2015年1月,中共中央办公厅、国务院办公厅印发《关于农村土地征收、集体经营性建设用地入市、宅基地制度改革试点工作的意见》(以下简称《"三块地"改革试点意见》),明确了集体经营性建设用地的内涵、入市范围与途径等内容。2015年2月,全国人大常委会审议通过《关于授权国务院在北京市大兴区等三十三个试点县(市、区)行政区域暂时调整实施有关法律规定的决定》,授权在试点地区暂时调整实施《土地管理法》《城市房地产管理法》有关法律规定，正式拉开了入市改革试点的序幕（其中入市改革试点 15 个）。2016 年 9 月，原中央全面深化改革领导小组决定将集体经营性建设用地入市扩大到全部 33 个试点县（市、区）。2017 年 11 月、2018 年 12 月，全国人大常委会两度授权将试点行政区域暂时调整实施有关法律规定的期限最终延长至 2019 年 12 月 31 日。

3. 集体经营性建设用地试点的主要内容

2004 年《土地管理法》、原《物权法》对集体建设用地使用权直接入市均持原则性禁止的立场，农村集体经营性建设用地使用权流转制度并未在法律层面上正式确立。在这一制度背景下，中共中央、国务院出台系列改革文件，在全国人大常委会授权后，各地启动了试点改革。下文将围绕两份规范性文件中的入市改革举措进行分析：

（1）《“三块地”改革试点意见》

在某种程度上，《“三块地”改革试点意见》是入市改革试点的纲领性文件，明确了入市制度的目标、客体、方式等问题，为试点地区探索入市制度提供基本框架：第一，入市主要目标。建立健全同权同价、流转顺畅、收益共享的农村集体经营性建设用地入市制度是本轮入市改革试点的主要目标。第二，入市客体与入市内容。试点意见对本轮改革中所涉及的农村集体经营性建设用地进行界定，即“存量农村集体建设用地中，土地利用总体规划和城乡规划确定为工矿仓储、商服等经营性用途的土地”。依据试点意见，集体经营性建设用地入市基本前提是符合规划、用途管制和依法取得，入市方式主要包括出让、租赁和入股。第三，入市范围和途径。依法取得的农村集体经营性建设用地可就地入市。其中，对村庄内零星、分散的土地可就地入市，也可经批准后按规划和计划调整到本县（市）内的产业集中区入市；对历史形成的城中村土地也可按规定流程入市。第四，收益分配机制。对于入市、入市后再转让所得，政府可以收取土地增值收益调节金，同时要完善农村集体经济组织内部的分配机制，既要有部分留归集体，也要在成员之间公平分配。第五，建立健全配套制度。如农村集体经营性建设用地使用权确权登记颁证，统一的市场交易规则，公开交易的平台和制度，统一的基准地价和土地税收制度，集体土地资产处置决策程序，规划、投资、金融、税收、审计制度，培育、规范土地市场中介组织等。

（2）中共中央、国务院《关于建立健全城乡融合发展体制机制和政策体系的意见》（以下简称《城乡融合意见》，2019 年 4 月 15 日）

《城乡融合意见》以城乡融合发展为主题，也对集体经营性建设用地入市作出一定安排,而且在《“三块地”改革试点意见》的基础上进行了扩展与创新,主要规定了加快登记颁证、允许异地调整入市、允许转变性质入市、推动土地整治入市、理顺房地关系、完善征收制度及健全金融配套等内容,详见表 1。

表 1　《城乡融合意见》关于集体经营性建设用地入市的相关规定

序号	具体措施	文件内容
1	加快登记颁证	加快完成农村集体建设用地使用权确权登记颁证
2	允许异地调整入市	按照国家统一部署,在符合国土空间规划、用途管制和依法取得前提下允许农村集体经营性建设用地入市,允许就地入市或异地调整入市
3	允许转变性质入市	允许村集体在农民自愿前提下依法把有偿收回的闲置宅基地、废弃的集体公益性建设用地转变为集体经营性建设用地入市
4	推动土地整治入市	推动城中村、城边村、村级工业园等可连片开发区域土地依法合规整治入市
5	理顺房地关系	推进集体经营性建设用地使用权和地上建筑物所有权房地一体、分割转让
6	健全金融配套	依法合规开展农村集体经营性建设用地使用权、农民房屋财产权、集体林权抵押融资……实现已入市集体土地与国有土地在资本市场同地同权

(二)集体经营性建设用地入市改革试点调研概况

2019 年 10~12 月,国家社会科学基金重大项目(18ZDA151)课题组完成了对全国农村土地制度改革 31 省(自治区、直辖市)33 个试点县(市、区)全覆盖实证调研,集体经营性建设用地入市改革试点是主要调研内容。在调研过程中,课题组采取了部门座谈、现场访谈、实地看点等方式,收集了大量一手资料,包括制度汇编、总结报告与统计数据等,这些材料与数据是本课题重要的研究材料,为项目的开展奠定扎实基础。

二、试点地区入市改革举措

总体而言,入市改革试点地区围绕《“三块地”改革试点意见》确立的基本原则、主要目标和改革内容,结合本地区的实际情况,对入市改革试点展开全方位探索,并针对入市主体、入市条件、入市方式、入市程序等问题进行制度构建,形成相应入市管理办法及配套文件,以确保入市改革有力有序有效地推进。

（一）集体经营性建设用地入市主体

在集体经营性建设用地入市主体方面，各地试点管理办法通常会区分入市主体与入市实施主体加以规定。一方面，农村集体土地所有权的归属情况复杂，基于规范严谨性、周延性的要求，一些试点管理办法分情况对入市主体进行更为具体的规定；另一方面，对实施主体作出规定主要是为了解决入市方的法律地位问题，由入市主体授权委托具有法人资格的市场主体进行入市更便于入市工作的开展。

1. 集体经营性建设用地入市主体类型

从所有权角度分析，有权将集体经营性建设用地进行入市交易的主体应为集体土地所有权人，但我国集体土地所有制的法律表达存在一定的抽象性，导致试点地区对入市主体的规定存在较为明显的差异，主要有四种做法：一是农民集体代表集体土地所有权，二是农民集体为集体土地所有权人，三是农村集体经济组织代表集体土地所有权，四是农村集体经济组织为集体土地所有权人。而且在历史和现实因素的影响下，享有集体土地所有权的主体并不统一，各地作了进一步细化。例如，福建省晋江市入市管理办法对入市主体规定了三种情形，一是农村集体经营性建设用地依法属于村农民集体所有的，由村集体经济组织或者村民委员会代表集体行使所有权；二是分属村内两个以上农村集体经济组织或村民小组的，由相应主体代表集体行使所有权；三是属于镇集体所有的，由镇农村集体经济组织代表集体行使所有权。[1]

2. 集体经营性建设用地入市实施主体

为提高入市工作的效率与专业性，试点地区管理办法通常会对入市实施主体进行规定，以引导入市主体根据自身实际情况选择是否委托其他主体进行入市，受委托主体一般与入市主体之间存在紧密关联。例如，江苏省常州市武进区规定，集体经营性建设用地属镇集体经济组织的，可由镇资产管理公司或其代理人作为入市代理实施主体；属村集体经济组织或村内其他集体经济组织的，可委托镇资产管理公司作为入市代理实施主体。[2] 有的试点地区管理办法倡导有条件的村、镇成立具有法人资格的土地股份合作社、土地专营公司，作为入市实

---

〔1〕《晋江市农村集体经营性建设用地入市管理暂行规定》（已失效）"二、入市主体"第2点。

〔2〕《常州市武进区农村集体经营性建设用地入市管理办法（试行）》第14、15条。

施主体以代表入市主体行使所有权,如辽宁省海城市。[3] 此外,北京市大兴区以镇级统筹为主轴开展入市试点工作,各镇在镇集体资产管理委员会指导下组建镇级土地联营公司,作为入市实施主体负责开展入市事宜,各村经济合作社为联营公司的股东,联营公司享有各村集体入股的集体建设用地使用权。北京市农村工作委员会印发了《北京市乡镇统筹利用集体产业用地试点民主决策程序及实施主体组建运行管理暂行办法》以规范实施主体的组建运行问题。《大兴区农村集体经营性建设用地入市试点工作方案》提出:"……通过履行民主程序,全权委托镇级土地联营公司(股份合作社)代表集体行使所有权;强化镇级土地联营公司市场法人地位,完善股份经济合作社公司章程,推行股东制现代企业治理模式,由联营公司及时向各集体公布农村集体经营性建设用地入市、收益分配等信息,实现'资本经营、股份合作、科学决策、独立核算、风险共担、收益共享'。"

(二)集体经营性建设用地入市条件

总体而言,大多试点地区的入市管理办法对农村集体经营性建设用地的内涵、入市宗地的基本要求作出规定,规制的重点要求主要为符合规划、用途管制、办理土地登记、符合产业和环保等政策、无权属争议、未被限制权利等,在具体规定上各地有所不同。例如,江苏省常州市武进区规定,入市地块应"土地补偿到位,缴清相关规费"。[4] 辽宁省海城市则列出负面清单,将未按规定办理土地确权登记手续并取得土地使用权证,未按入市合同约定履行义务转让、出租、抵押农村集体建设用地使用权,未按国家政策落实农民社会保障列入不得入市的情形。[5] 在福建省晋江市,入市还需满足宗地上无其他权利障碍,即"如不存在高压电杆线迁移、河流改道、已发现文物保护单位迁移等问题";同时,地上建筑物、构筑物以全部拆除为原则,确需保留的应无权属争议。[6]

(三)集体经营性建设用地入市方式

根据《"三块地"改革试点意见》的要求,入市改革试点地区将出让、租赁、作价出资(入股)作为入市方式。

---

〔3〕《海城市农村集体经营性建设用地入市管理办法》第12条第2款。

〔4〕《常州市武进区农村集体经营性建设用地入市管理办法(试行)》第11条。

〔5〕《海城市农村集体经营性建设用地入市管理办法》第11条。

〔6〕《晋江市农村集体经营性建设用地入市管理暂行规定》(已失效)"三、入市途径、范围"第4点。

1. 集体经营性建设用地总体安排

在出让、租赁、作价出资(入股)的基础上,部分试点地区将农村集体经营性建设用地使用权的转让、出租、抵押也作为入市方式一并予以调整,前者构成农村集体经营性建设用地的一级市场,后者为二级市场。例如,辽宁省《海城市农村集体经营性建设用地入市管理办法》第3条第2款规定,农村集体经营性建设用地使用权的土地使用者,以转让、出租、抵押等形式处分农村集体经营性建设用地使用权的行为被纳入农村集体经营性建设用地入市的内涵之中。也有的试点地区将转让、出租、抵押作为集体经营性建设用地使用权人的权利,而非规定为入市方式,即依法取得的集体经营性建设用地使用权,在使用期限内可以转让、出租、抵押。[7]

对于是否享有转让、出租和抵押的权利,大体上存在以下规制模式:其一,通过入市合同予以明确。海南省文昌市要求,出租合同应明确约定宗地出租后,是否允许承租人转租及转租的条件。[8] 其二,具体列举条件,如取得土地所有权人同意、通过行政机关审核等。天津市蓟州区规定两种情况不得办理转让手续,一是土地使用权人不按照批准的用途和规划条件擅自使用土地;二是土地使用权人开发总面积不足1/3或已投资额占总投资额不足25%。[9]

2. 集体经营性建设用地入市用途

在入市用途方面,试点地区的主要差异在于是否允许进行商品住宅开发。通过对试点地区的相关规定进行梳理可知,入市用途主要集中于工矿仓储和商服,极个别试点扩展至商住和住宅。

多数地区采取间接规定模式,没有直接对入市用途进行规定,而是在农村集体经营性建设用地使用权出让最高年限的规定中,对不同类型的用途加以列举,包括工业仓储用地,商业、旅游、娱乐用地,教育、科技、文化、医卫慈善、体育用地,综合或者其他用地。海南省文昌市对入市产业项目作出一定指引:"优先用于发展农村地区仓储物流、住宿餐饮、商务金融、旅游娱乐、休闲度假等实体经济产业项目"。[10]

对于用于住宅建设开发,一般以明确禁止为原则。例如,江苏省常州市武进

[7] 《泸县农村集体经营性建设用地入市管理办法(试行)》第10条。

[8] 《文昌市农村集体经营性建设用地入市试点暂行办法》第7条。

[9] 《天津市蓟州区农村集体经营性建设用地入市试点管理办法(试行)》第38条。

[10] 《文昌市农村集体经营性建设用地入市试点暂行办法》第6条。

区明确规定:“农村集体经营性建设用地不得用于商品住宅开发。”[11]个别试点地区间接允许集体经营性建设用地用于住宅建设。海南省文昌市在入市年限的规定中体现出对集体经营性建设用地用于住宅建设的允许。[12]

对于具体用途的改变,也有试点地区作出相应规定。例如,福建省晋江市就规定,入市后需要改变土地用途的,必须经过土地所有权人和市政府同意,重新签订合同,缴纳土地增值收益,市政府按规定收取土地增值收益调节金。[13]

3. 集体经营性建设用地一级市场

集体经营性建设用地一级市场是指集体将其建设用地以出让、出租等方式流转出去给使用者使用而形成的市场,主要表现为集体创设土地使用权。

(1)出让入市。分析试点地区入市管理办法可知,出让通常需经过形成入市决议、入市方案审核、用地手续办理、不动产登记等程序。公开出让一般参照国有建设用地出让程序开展,需要委托国土资源部门或公共资产交易平台进行公告、招拍挂等交易程序,签订成交确认书。同时,为避免入市价格过低损害土地所有权人利益,管理办法通常要求入市时进行宗地价格评估。例如,辽宁省海城市规定,具体宗地出让底价由市国土资源行政主管部门组织专家根据估价结果、产业政策、土地市场情况等因素,提出底价建议,报出让协调决策机构集体决定;确定出让底价时,应吸收土地所有者代表参加,尊重入市主体的意见;位于城市、村镇建设规划区内的,入市价格可参照城镇基准地价标准确定,但不得低于当地同等条件国有土地使用权协议出让最低价标准。[14]

(2)作价出资(入股)。各试点地区对作价出资(入股)的界定与要求不尽相同。一方面,对于作价的客体,多数地方指将一定期限的集体经营性建设用地使用权作价出资,也有试点地区规定作价的客体是相关收益金而非集体经营性建设用地使用权。另一方面,对于出资(入股)的投向,有试点地区规定作价后与他人组建新企业或增资入股到已有企业,而有的地方限于与农村集体经营性建设用地使用者共同举办联营企业,还有的地方规定作为出资投入新设企业。

(3)租赁入市。对租赁入市,试点地区通常从以下几方面进行规定:第一,对集体经营性建设用地租赁合同的基本内容进行规定,包括宗地信息、租赁期限、土地使用条件、租金标准、支付方式、租金调整时间与幅度等;第二,租金标准的

[11] 《常州市武进区农村集体经营性建设用地入市管理办法(试行)》第43条第2款。

[12] 《文昌市农村集体经营性建设用地入市试点暂行办法》第19条。

[13] 《晋江市农村集体经营性建设用地入市管理暂行规定》(已失效)“六、收益分配”第7点。

[14] 《海城市农村集体经营性建设用地入市管理办法》第25条。

确定与调整,可在土地市场状况评估后通过协议或招拍挂方式确定,还应与出让金相协调,不得低于出租底价和以国家规定最低地价折算的最低租金标准,通常每3年或5年根据市场租金变动调整一次。第三,租赁期限,分为长期与短期租赁,长期租赁不得超过同类用途的出让最高年限,短期租赁不得超过5年。

4. 集体经营性建设用地二级市场

集体经营性建设用地二级市场主要是指权利人对从集体处受让获得的土地使用权予以流转而形成的市场。

集体经营性建设用地二级市场的流转方式主要有:(1)转让。转让应根据出让合同的约定确定,如合同未约定则须经出让方集体表决确定;同时还要符合相应条件,如支付全额出让价款,领取土地使用权证,完成开发投资总额25%以上,形成工业用地或其他建设用地条件。(2)出租。出租条件方面,大致需要满足以下要求:一是要按土地使用合同开发、利用土地;二是双方签订出租合同,并上报区相关主管部门备案;三是出租后,出租人应继续履行原土地使用合同。有的地方规定,土地使用权人出租土地使用权的,应先拟定出租方案,报经县(区)政府同意。还有的地区对部分入市方式取得土地使用权的出租进行限制,如以租赁、作价入股方式取得土地使用权的,须经土地所有权人即原集体经济组织同意。(3)抵押。分析入市试点地区的管理办法可知,并非所有入市方式取得的集体经营性建设用地使用权皆可进行抵押,主要有以下方面区别:一是入市主体能否设定抵押权进行融资,有地区直接明确了入市主体的抵押权利。二是在入市方式中,通过出让、作价出资(入股)取得土地使用权的,大多数地区规定可以抵押。三是通过租赁、转让方式取得的土地使用权能否进行抵押,入市试点地区的规定差异较大。例如,天津市蓟州区规定:“以租赁方式取得的集体经营性建设用地使用权抵押的,其抵押最高期限不得超过租金支付期限,抵押登记证应当注明租赁土地的租赁期限和租金交纳情况。”〔15〕

5. 集体经营性建设用地入市年限

(1)最高与最低期限。在出让入市方面,入市地区的管理办法通常会对最高年限进行规定,要求出让最高年限不得超过同用途国有建设用地使用权等。对于租赁入市,有的地区对租赁进行最低和最高期限的限制,如一般不少于5年,最高不得超过20年,有的地区只对租赁进行最高20年的限制。

(2)提前回收。土地使用权提前收回问题上,辽宁省海城市规定,基于农村

---

〔15〕《天津市蓟州区农村集体经营性建设用地入市试点管理办法(试行)》第22条。

集体公共利益需要，土地所有者可以依规报市政府批准后，提前收回土地使用权，并根据土地实际使用年限、开发情况等给予土地使用者适当补偿。[16] 依据天津市蓟州区的入市办法，因城乡规划、公共利益需要，政府依法征收土地的，经区政府批准后集体土地所有权人可提前收回土地使用权，但应依法补偿相关权益人。[17]

(3)年限届满。续期通常需要与入市主体进行协商，经入市主体表决同意后，重新签订合同。有的地方规定，续期还需要取得县(区)住房和城乡建设局、原国土资源局等部门和乡(镇)政府的同意。地上建筑物、附着物归属方面，有地方直接规定由土地所有权人无偿取得，也有入市管理办法规定按照合同约定处理。

6. 集体经营性建设用地交易方式

入市试点地区通常会对不同入市方式配置不同的交易方式，如规定出让、租赁入市应采取招标、拍卖、挂牌方式，严格限制协议入市的适用，并对竞买保证金、履约保证金等进行规范。

从实践来看，入市交易方式主要有两类：(1)招拍挂方式。例如，天津市蓟州区明确规定，集体经营性建设用地出让、租赁原则上采用招标、拍卖和挂牌形式交易。[18] (2)协议方式。对于协议方式的适用条件，有的试点地区规定，在改革试点前已签订合作协议、已使用的集体建设用地才能采取协议方式入市。例如，辽宁省海城市规定，以协议方式进行出让应符合以下情形，"属于原集体经营性建设用地使用权人申请办理土地出让手续的，或者现土地使用者具有地上建筑物、构筑物及其他附着物的产权证明申请补办土地出让手续的，以及出让年限届满土地使用权人申请续期的"。[19]

(四)集体经营性建设用地入市程序

农村集体经营性建设用地使用权入市的流程通常由作出入市决议、提出入市申请、通过行政审核、组织入市交易、签订合同、不动产登记等环节构成，不同试点地区在制定入市管理办法时，在决议形成、审核范围、程序设计、材料要求等方面存在一定差异。例如，在一些地区，入市主体作出入市决议后，取得乡(镇)政府(街道办事处)、市相关主管部门审核同意的，才能向市国土部门提出入市申请；而按照另一些地区的流程，入市主体准备好相关材料后，即可向乡(镇)农村

〔16〕《海城市农村集体经营性建设用地入市管理办法》第21条。

〔17〕《天津市蓟州区农村集体经营性建设用地入市试点管理办法(试行)》第39条。

〔18〕《天津市蓟州区农村集体经营性建设用地入市试点管理办法(试行)》第23条。

〔19〕《海城市农村集体经营性建设用地入市管理办法》第14条。

集体资产管理部门提出入市申请,随后进入到立项审批阶段。

大体上,入市流程主要由以下步骤组成:第一,形成入市决议,按土地所有权归属分别设定不同的决议规则,有的试点地区分为属村集体经济组织、属村内其他集体经济组织、属乡(镇)集体经济组织三种情况。第二,乡(镇)政府(办事处)、相关部门审核同意,包括发展改革、城乡规划、环境保护、国土资源等部门。第三,提出入市申请,经上述审核同意后,由入市实施主体向县(区)国土资源部门正式提出申请。第四,县(区)政府审核,由县(区)国土资源部门、县(区)政府审核后,核发入市核准书。第五,对不同入市方式、交易方式和不动产登记等进行规范。第六,明确集体经营性建设用地使用权人的义务和相关行政部门的监管职责。

在地价管理问题上,除了直接对地价进行调整、限制外,入市试点地区通常还会给地方政府配置优先购买权。一方面,是直接对地价进行管控。四川省泸县规定,入市主体应在政府部门认定的评估机构库中抽取有资质的评估公司对拟入市地块进行地价评估,也可自行委托有资质的评估机构进行评估;同时,土地使用权出让、作价出资(入股)的,其供地地价原则上不得低于所在区域的基准地价。[20] 另一方面,是赋予政府优先购买权。一是入市价格低于有关规定时的优先购买权。如有入市试点管理办法规定县(区)政府在入市价格低于基准地价80%时享有优先购买权。二是入市后,土地使用权转让价格低于有关规定时的优先购买权,如福建省晋江市规定,入市后农村集体经营性建设用地使用权转让价格低于基准地价80%的,市政府享有优先购买权。[21]

三、调研结论:成效与启示

(一)集体经营性建设用地入市试点主要成效

集体经营性建设用地入市是土地公有制实现形式多元化的新成果,也是新时代中国特色土地管理法律制度的创新举措。"使市场在资源配置中起决定性作用和更好发挥政府作用"是党的十八届三中全会提出的重大理论创新,入市制度的改革试点与最终入法是在这项原则指导下的重要实践。在严守土地公有制性质不改变、耕地红线不突破、农民利益不受损等改革红线的前提下,集体经营性建设用地入市制度顺应了构建更加完善的土地要素市场化配置体制机制的改

---

〔20〕《泸县农村集体经营性建设用地入市管理暂行办法(修订稿)》第17、18条。

〔21〕《晋江市农村集体经营性建设用地入市管理暂行规定》(已失效)"六、收益分配"第5点。

革趋势,有利于进一步提高土地资源优化配置的效率。

对农村发展而言,集体经营性建设用地入市改革试点为乡村振兴注入新动能,进一步释放农村地区的发展活力,增强农民的获得感、幸福感;在制度层面上,集体经营性建设用地入市在民法体系下促进了集体土地所有权与使用权的"两权分离",对巩固集体所有制、落实集体土地所有权有重要现实意义,为入市制度正式进入土地管理法中提供基础素材。

1. 进一步释放农村发展的新活力

2018年12月国务院《关于农村土地征收、集体经营性建设用地入市、宅基地制度改革试点情况的总结报告》(以下简称《总结报告》)显示:33个试点县(市、区)的集体经营性建设用地已入市地块1万余宗,面积9万余亩,总价款约257亿元,收取调节金28.6亿元,办理集体经营性建设用地抵押贷款228宗、38.6亿元。入市改革试点现实成效表现在为农村产业发展提供新的供地形式,有效缓解了产业用地压力,大大增加了农民的土地财产收入,广大农民群体直接享受到改革红利。

(1)提高农村产业发展用地保障能力

从农村产业发展来看,将存量集体经营性建设用地盘活后优先在农村配置,为乡村振兴增添了动力。例如,浙江省湖州市德清县、山西省泽州县、河南省长垣县(现为河南省长垣市)、辽宁省海城市等地在进行土地调整后,将集体建设用地入市用于兴建乡镇工业园区等项目,为乡村产业聚集提供了平台与载体,有力推动了当地产业的发展与转型。

浙江省德清县通过集体经营性建设用地入市,为小微企业用地需求的解决提供新路径,也由此进一步激活了民间资本,带动了一批农产品加工企业、农业科研企业、小微企业创业园和乡村民宿等项目进驻。据德清县农业农村局初步测算,截至2020年德清县仅入市的新建项目已实现新增投资35亿元。〔22〕山西省泽州县所辖的南村镇有丰富的煤炭资源,为全国冶炼铸造强镇。为应对市场竞争与环保压力,泽州县在南村镇将零星的建设用地复垦,通过调整入市打造绿色铸造工业园区,为铸造业升级提档提供有力支持。〔23〕截至2019年,河南省长垣县(现为河南省长垣市)共出让集体经营性建设用地22宗,分别为工业用地14

〔22〕浙江省德清县农业农村局:《德清农村集体经营性建设用地入市路径研究》,载《新农村》2020年第5期。

〔23〕郭锋、晓敏:《泽州农村集体经营性建设用地改革试点成效显著　截至11月底52宗集体经营性建设用地入市　居全国前列》,载《华北国土资源》2018年第6期。

宗、商业用地7宗、商住混合用地1宗，其中工业用地的建设、投资需要符合当地要求，如投资强度不低于233万元/亩，产出效益不低于350万元/亩，入市改革试点有效带动了当地经济发展。[24]

(2)增加农民土地财产收入

多地的统计数据显示，入市改革试点实实在在地提高了农民的收入水平。《总结报告》显示，“集体经营性建设用地入市进一步显化了集体土地价值，试点地区共获得入市收益178.1亿元。浙江省湖州市德清县已入市集体经营性建设用地183宗、1347亩，农村集体经济组织和农民获得净收益2.7亿元，惠及农民18万余人，覆盖面达65%。”

据新华社2018年1月的报道，广西壮族自治区北流市注重将集体经营性建设用地入市与土地征收进行联动，使农民的土地财产收入显著增加。与改革前征地补偿现金收益对比，农民入市现金收益提高41.94%；总收益方面，农民获得的入市收益也比改革前征地补偿收益提高13.2%。[25] 截至2019年，辽宁省海城市已有132宗、共141.4公顷集体经营性建设用地入市，实现土地增值收益1.53亿元，村集体增加收益7000万元，抵押融资2270万元。[26] 自2015年成为“三块地”改革试点以来，上海市松江区已累计入市9宗集体建设用地，出让金达11.3亿元，农民集体收益2.8亿元；[27]海南省文昌市成功入市43宗集体建设用地，成交总价为4.99亿元，其中3.99亿元直接归村集体和农民所有。[28]

2. 为集体经营性建设用地入市制度立法提供重要参考

在改革试点地区，集体经营性建设用地可以直接进入市场进行公开交易，使市场在土地资源配置中的决定性作用得到充分释放。入市改革试点激发了农村土地资源活力，随着入市制度的宣传、推进，市场对其认知也不断加深，越来越多资本投入到集体经营性建设用地市场中。入市改革试点实践的成功，为入市制度正式进入《土地管理法》奠定基础，而且试点地区入市管理办法的相关规定，也

---

[24] 王宏召：《集体经营性建设用地入市中的问题与对策——以河南省长垣县为例》，载《现代农村科技》2019年第11期。

[25] 黄浩铭：《广西北流：“农地入市”开创用地保障新模式》，载中国政府网，http://www.gov.cn/xinwen/2018-01/24/content_5260191.htm，2021年7月23日最后访问。

[26] 裴沛：《辽宁海城市农村集体经营性建设用地入市经济理论、实践经验与启示》，载《鞍山师范学院学报》2020年第1期。

[27] 计思敏：《上海松江先行先试，68亩农村集体土地将入市》，载澎湃新闻网，https://www.thepaper.cn/newsDetail_forward_7982812，2021年7月23日最后访问。

[28] 闫磊：《海南农村集体经营性建设用地入市价值困境与破解路径》，载《农业与技术》2021年第9期。

成为入市制度进一步完善的重要依据。

(1)集体经营性建设用地入市的立法情况

入市制度立法主要表现为《土地管理法》的第三次修正,主要经过以下过程:其一,2017年5月原国土资源部发布《土地管理法(修正案)》(征求意见稿),入市制度内容主要有建立城乡统一的建设用地市场,入市范围是符合土地利用总体规划的集体经营性建设用地,入市方式包括出让、租赁、作价出资或者入股,取得的集体经营性建设用地使用权可以转让、出租或者抵押等。其二,2019年1月,《土地管理法修正案(草案)》公开征求意见。一方面,该草案明确了入市条件,即对土地利用总体规划确定为工业、商业等经营性用途,并经依法登记的集体经营性建设用地;入市应当签订书面合同,明确用地供应、动工期限、使用期限、规划用途和其他权利义务;建设用地使用权的收回依照书面合同办理。另一方面,明确入市后的管理措施,即严格按照土地利用总体规划确定的用途使用土地;集体经营性建设用地使用权的最高年限、登记等,参照同类用途的国有建设用地执行,具体办法由国务院自然资源主管部门制定。其三,2019年7月,《土地管理法修正案(草案)》(二次审议稿)发布,该草案主要对入市条件、程序以及入市办法制定等作出修改:一是增加"城乡规划"作为确定集体经营性建设用地的依据;二是健全入市民主决策程序,规定集体经营性建设用地出让、出租等,应当经本集体经济组织成员的村民会议2/3以上成员或者2/3以上村民代表的同意;三是将入市具体办法的制定主体由"国务院自然资源主管部门"修改为"国务院"。

2019年8月全国人大常委会通过的《土地管理法》修正案,关于入市规定与《土地管理法修正案(草案)》(二次审议稿)基本保持一致,只在个别术语、语序、条款顺序等方面作了修订。首先,在入市范围方面,新《土地管理法》第63条第1款将"集体建设用地"改成"集体经营性建设用地",主要目的在于统一法律术语的使用,减少出现前后不一致的情况。其次,将两处"法律、法规另有规定"修改为"法律、行政法规另有规定",使法律用语更加精确,避免因为对"法规"的解读存在歧义,导致效力低于行政法规的其他法规对入市制度作出不必要的规定。最后,新《土地管理法》在立法技术上进行优化,通过调整术语、条款的语序与位置,删除冗余内容等方式,使条文更为严谨、科学。

(2)集体经营性建设用地入市改革试点的制度贡献

通过本轮土地管理法修法,集体经营性建设用地入市制度正式进入我国法律体系中,彻底脱离试点的特殊性、局限性,成为一项具有普遍意义的法律制度。

《土地管理法》对入市条件、入市决议、权能范围等问题加以规范，虽然条文数量不多，但已构建出入市制度的基本架构。分析法律文本可以发现，试点地区的入市实践及制度成果，为集体经营性建设用地入市的最终入法作出重要贡献。

将试点地区的入市规定与新《土地管理法》进行对比分析，可得出以下结论：第一，新《土地管理法》突破了存量集体经营性建设用地的限制，将存量与增量建设用地都统摄在入市规则之中，使入市制度有更大的发挥空间，从而也对土地规划制度、建设用地指标制度等带来新挑战。第二，新《土地管理法》对入市制度的重要问题进行统一规定，如农村集体经济组织的决议程序、要式合同及法定条款的规定等，体现了对试点地区入市经验与制度的总结与提炼，同时也要求试点地区的入市实施办法应据此作出调整。入市试点地区主要围绕入市主体、入市条件、入市方式、入市程序等进行制度设计，按照“同等入市、同权同价”原则的要求对集体经营性建设用地使用权进行赋能，扩充其权利内涵与明确行权规则，这些内容大体被《土地管理法》所吸收，其中的共性规则构成第 63 条的核心要义。第三，改革试点地区除了直接围绕集体经营性建设用地入市进行规范外，还制定了一系列配套制度，如交易办法、地价管理、登记管理、抵押融资等方面的规定，对打破集体土地与国有土地在交易平台、地价管控、交易规则与登记制度方面的制度壁垒和构建城乡统一的建设用地市场具有决定性作用。试点地区的相关配套规定也为入市制度的进一步完善提供了方向与指引。

总而言之，本轮集体经营性建设用地入市改革试点，通过局部试点为整体立法作出积极探索，较为充分地发挥出“试点”的实践效益，从中提取行之有效的制度成果为入市制度的立法确立夯实基础。集体经营性建设用地入市是健全城乡融合发展体制机制、推进新型城镇化的关键举措。集体经营性建设用地入市制度的确立打破了依赖土地征收作为主要供地渠道的土地供给模式，让集体建设用地资源更好地服务于农村经济产业发展，有助于进一步提高农民的收入水平、生活水平，有望成为全面实施乡村振兴战略、深化城乡融合发展体制机制改革和推进新型城镇化纵深发展的重要抓手。

（二）对后续立法的启示

新《土地管理法》的入市条款较为简单，尚不足以应对入市过程中可能产生的各种问题，如调整入市、整治入市等入市途径未在法律中规定，入市规则仍未系统构建，入市增值收益分配尚不明确等，因而中央和地方还应结合实际情况制定更为具体的实施条例、办法。对此，入市改革试点过程中形成了大量成果，虽然学术界对此已有所总结、评析，在《土地管理法》修改过程中也有吸纳，但目前的研究仍不够深入,试点地区的入市政策制度仍未在整体上得到充分归纳与提炼,试点与立法、实践与理论之间的融合也有待进一步加强。因此,集体经营性建设用地入市制度的再立法,应当在继续挖掘、总结试点经验基础上不断完善。

1. 理性对待集体经营性建设用地入市,优化土地管理体制

2004年《土地管理法》第43条将集体建设用地使用权基本排除在市场交易之外,该条款早已受到学界、实务界和社会大众的诸多批评。自2015年起,"三块地"改革试点正式启动,集体经营性建设用地入市为其中重要内容。2019年8月,《土地管理法》第三次修正,充分吸收了入市改革试点成果,明确规定了入市的基本前提、入市方式、决议程序、合同条款等基本问题,大体上为入市制度扫除障碍、奠定基础。入市制度正式进入《土地管理法》在很大程度上充实了集体建设用地使用权的权能,纠正了集体建设用地与国家建设用地法律地位不平等的问题。在肯定入市制度积极作用的同时,我们也要对土地制度的整体性、系统性有更为清晰的认识,因为农村土地承载了多种功能,建设用地也只是农村土地类型之一,入市制度的法律化并不意味着集体经营性建设用地入市越多越快,农村土地的价值就越能得到更好的实现。因此,对待集体经营性建设用地入市应当秉持理性、审慎的态度,需要结合农村土地的多元价值与不同土地类型的主要功能,对入市制度的应然定位与基本原则进行深入探讨,并对当前的土地管理体制进行全面反思、检讨。

集体经营性建设用地入市受制于既有体制机制的约束,如不对土地管理体系进行适当调整、整体优化,则难以落地、发展。以集体经营性建设用地入市制度与耕地保护的关系为例,耕地红线事关粮食安全、社会稳定,严格保护耕地是我国的一项基本国策,新《土地管理法》已把基本农田制度提升为永久基本农田制度,2021年中央一号文件明确提出"落实最严格的耕地保护制度",这些举措、要求均彰显了中央对粮食安全、耕地保护的重视与决心。不能因为集体经营性建设用地入市制度可能给农村地区带来更大的经济利益,就借此削弱耕地保护制度的力度与广度,盲目扩大入市范围、大幅降低入市门槛。新时代土地管理体系的完善,应当是在坚守18亿亩耕地红线的前提下将耕地保护与建设用地入市予以统筹考量、协同推进。

集体经营性建设用地入市制度的增设对原有土地管理体系造成一定冲击,也为政府在土地领域推进治理体系与治理能力现代化提供了新的机遇与抓手。行政机关能否在合理的制度框架内行使公权力,直接影响集体经营性建设用地入市制度的运行与效益。对于土地权力行使的规范,既要重视其刚性约束

功能的发挥,同时也要为弹性调整留下空间。集体经营性建设用地入市的有序、可控与高效开展,一方面,取决于妥当处理政府与市场关系,既要充分发挥市场在土地资源配置中的基础性作用,建立交易成本低、运行便捷的入市制度,也要促进政府在土地治理中的多元目标的实现,以及预防、减少"市场失灵"。另一方面,需要明确,集体建设用地使用权的法律地位是政府对其入市进行有效规制的逻辑前提。《民法典》第 344 条规定的建设用地使用权以国有土地为基础,集体建设用地使用权未被明确承认为一种独立的用益物权类型,现实中其权能与权利行使规则无法被基于国有土地构建的建设用地使用权规范所涵盖,法律地位的缺失使集体建设用地使用权入市制度存在"先天不足"。根据《民法典》第 361 条的规定,应当通过制定相关行政法规、部门规章进一步完善、丰富集体建设用地使用权的内涵与入市规则,实现与《民法典》规定的衔接。

2. 提炼试点成果,明确集体经营性建设用地入市机制规则

新《土地管理法》已对集体经营性建设用地入市的基本规则进行明确,但内容比较简单,尚未对入市试点改革成果进行全面吸收、转化,有待后续立法予以跟进。入市制度的正式确立有助于打破城乡二元体制,但仍存在"经营性"一词使用不合理、入市规则尚不明朗、将出租混入出让制度之中、土地增值收益调节金缺位等问题。[29] 也有学者质疑集体经营性建设用地出租问题:一方面,不宜将出租作为入市方式,否则将与现行法规定产生冲突,也不符合"同等入市"的精神;另一方面,集体经营性建设用地的二级市场中反而并未规定出租,违背了基本的民法原理。[30] 以上问题和不足,虽然新《土地管理法》没有具体细致的明确规定,但试点地区的入市管理办法已有所规定,因此在制定《土地管理法》的实施办法时应当对入市试点形成的制度、经验进行充分研判,评估其绩效与问题,进一步提炼和吸收。

(1)入市用途未规定。依据新《土地管理法》第 63 条第 1 款的规定,土地利用总体规划、城乡规划确定为工业、商业等经营性用途,并经登记的集体经营性建设用地可以入市。这一条款规范的是入市宗地的基本条件,并非规定建设用地入市的用途。这是否表明入市后用途应与入市前一致?对此,入市试点地区已有相关制度可供借鉴。一方面,在入市宗地基本条件中,除了满足属于经营性用途、已登记外,试点地区的入市管理办法的规定更为具体,通常包括产权无争

〔29〕 陈小君:《〈土地管理法〉修法与新一轮土地改革》,载《中国法律评论》2019 年第 5 期。

〔30〕 房绍坤、唐冉:《新〈土地管理法〉的进步与不足》,载《东岳论丛》2019 年第 10 期。

议、未被司法或行政机关限制权利、尚未依法报请征收等,有的地方还规定已办理抵押登记的,未取得抵押权人书面同意不得入市。另一方面,入市用途上,试点地区有直接规定与间接规定两种模式,其中间接规定指入市用途依附于出让入市的最高年限条款中。对于具体用途,争议焦点集中在能否用于住宅建设,试点地区可分为明确禁止、间接允许、明确允许三种做法。同时,入市后土地用途能否变更、如何变更等问题也同样需要在综合考量后作出安排。

(2)入市方式有遗漏。新《土地管理法》中入市方式为出让、出租等方式。出租作为入市方式的一种类型虽然受到学界的诸多批判,但目前已写入法律之中,需要从更具建设性的角度出发加以规范。中央改革文件和试点地区入市管理办法中屡见不鲜的作价出资(入股)并未明确列入,这一方式是否为法律所准许?立法机关倾向于谨慎对待有争议的问题也无可厚非,我们要做的是对此继续探索,总结经验。试点地区入市管理办法对作价出资(入股)的规定存在一定差异,这些不同点主要表现在以下方面:一是作价的客体问题,有的地方规定将集体经营性建设用地使用权进行作价,而有地方规定作价客体是一定年期使用权的收益金;二是出资(入股)的投向,有的规定可以与他人组建新企业或入股到已有企业,有的则限定在共同举办联营企业等;三是入市要求,有地方规定地上建筑物、其他附着物也应一同估价、作价等。

(3)入市决议不周延。新《土地管理法》入市条款规定,入市应当经本集体经济组织成员的村民会议2/3以上成员或者2/3以上村民代表的同意。这一规定在某种层面上是合理的,但是不够全面,特别是在集体土地三级所有制度的历史背景下,可能与一些地方集体土地所有权的归属情况存在出入。对于拟入市建设用地归属于乡(镇)政府(街道办事处)或乡镇集体经济组织的,有地方规定由乡(镇)政府(街道办事处)进行集体决策,有的要求经乡镇党政联席会议或乡镇长办公会议集体研究决定。同时,形成入市决议之后,新《土地管理法》没有明确地方政府对入市事项的审批权。按照试点地区经验,行政审批是集体经营性建设用地入市的必经步骤,相关行政主管部门需要依照规定与职权对入市主体提交的申请材料进行审查,判断其是否符合入市的形式与实质要求。行政审批权的正当行使对入市制度的运行有重要影响,审批缺位将会造成不当入市、无序入市,审批过严又将在客观上削弱、限制入市主体的权利,法律法规应当对政府审批的依据、标准作出更为细致的指引与规定。

(4)交易方式不明确。新《土地管理法》第63条并未对集体经营性建设用地入市的交易方式作出具体安排,但其第4款规定:“集体经营性建设用地的出租,集体建设用地使用权的出让及其最高年限、转让、互换、出资、赠与、抵押等,参照同类用途的国有建设用地执行。具体办法由国务院制定。"据此,入市交易可参照同类用途国有建设用地开展,而国务院在制定具体办法时应对试点地区的相关规定进行全面梳理。试点地区中,采用招标、拍卖、挂牌等公开竞价方式进行入市交易为常态,协议方式的适用具有更为严格的条件,且为确保协议入市交易的公开公正,有的试点地区规定了较为具体、细致的程序要求。例如,北京市规定在入市批准文件公示结束后,只有一个意向用地者才能协议入市;山西省泽州县要求,如入市价格低于基准地价的80%,县政府享有优先购买权;长春市九台区则通过引入土地交易代理机构以增强协议入市的公开性和透明度。

总体而言,集体经营性建设用地入市制度的建立健全需要从理念更新、体系构建与规则设计三个层面着手。首先,在基本理念方面,应从传统以硬性管制为主要特点的管制模式向规制模式转型,跳出权力范式的窠臼,在权利范式的导引下以权利本位思维构建入市制度,在充分尊重市场规律的基础上重新界定政府的作用与功能。〔31〕其次,在入市制度体系上,正如有学者指出,入市规则体系应包括入市的对象与目的、入市方式、入市程序、入市收益分配和入市风险防控等内容,应当围绕入市的各阶段各环节予以研究,同时还需要搭建集体建设用地交易平台、完善集体建设用地价值评估机制、丰富与流转相关的服务(如信息中介、法律咨询和金融服务)等。〔32〕最后,对于入市机制、规则,较为现实的做法是先以国有土地建设用地使用权的相关制度作为参照、借鉴,从集体建设用地使用权的特点、两种权利的异同、入市改革的目的、新发展理念等角度出发,探讨集体建设用地使用权入市的特殊性,在此基础上明确、丰富入市规则。

3. 梳理关联制度,加强协同立法修法

集体建设用地使用权内嵌于我国现行土地法律秩序当中,其入市需要有相关制度作为支撑,如制度之间连接不畅,不能互相衔接,将会影响入市的运行与效果。新《土地管理法》已初步建立入市制度,为关联制度的衔接提供了切入口与连接点。如不将入市制度与集体土地所有权主体制度、土地利用规划制度、土地用途管制、宅基地管理、土地征收等相关制度结合、全面统筹,入市制度的意义和价值将大打折扣。对此,应在科学立法原则下,通过加强土地领域协同立法以达到立法协调的效果。

---

〔31〕 肖顺武:《从管制到规制:集体经营性建设用地入市的理念转变与制度构造》,载《现代法学》2018年第3期。

〔32〕 温世扬:《集体经营性建设用地"同等入市"的法制革新》,载《中国法学》2015年第4期。

(1)集体土地所有权主体制度。入市主体应为集体土地所有权人,但结合现行规定与现实情况,我国集体土地所有权制度存在立法过于简单、粗糙,所有权主体与行使主体关系尚不明晰等问题,落实集体土地所有权仍面临权利性质错位、主体制度残缺和权利内容贫乏等困境,农民集体成员权也未得到充分重视。[33] 基于集体土地所有权主体制度对入市的重要性,入市试点地区基本上都会在入市试点管理办法中规定入市主体、实施主体,明确入市决议的形成程序、表决比例和方式等内容;有的试点地区还专门制定了配套文件,如成都市《郫都区农村集体组织管理办法》、河南省《长垣县农村集体经营性建设用地入市民主决策办法》、重庆市《大足区农村集体经济组织成员资格认定指导意见》等。这些规定为完善集体土地所有权主体制度提供了有益的经验,但其通常是围绕集体经营性建设用地入市而设计,囿于制度目的、调整范围等,仍存在一定的局限。农村集体经济组织作为入市主体,尚需建立一套符合自身特点的法人治理机制,以支撑自身运行的现实需求,充分体现集体成员的意志。在某种意义上,入市制度创设目的在于壮大集体经济,使集体成员分享更多土地收益。因此,应当结合集体土地所有权、农民集体成员权等权利的立法与现实状况,对入市制度与集体土地所有权主体制度进行双向构建。

(2)土地利用规划制度。新《土地管理法》第63条的入市制度也对此予以确认,规定集体建设用地使用权入市的前提是该宗集体建设用地经规划确定为经营性用途,并经依法登记。入市制度与规划制度密切相关,需要明确规划体系如何实现对集体建设用地进行管控,如何对城乡集体建设用地进行统筹安排,以及建设用地指标的分配与调整等问题。对此,试点地区的入市管理办法通常将符合规划作为入市宗地的基本要求,如吉林省《长春市九台区农村集体经营性建设用地规划管理办法(试行)》、海南省《文昌市农村集体经营性建设用地城乡规划修改和调整暂行办法》,对与入市制度相关的规划问题进行安排。有学者强调,应当完善规划管理工作,将农村建设用地与城镇土地予以统筹安排、统一规划,编制科学的土地利用规划,协调城市、集镇和村庄规划。也有学者呼吁健全城乡统一的土地利用规划法律制度,建立城乡统一的增量建设用地指标分配体

[33] 高飞:《落实集体土地所有权的法制路径——以民法典物权编编纂为线索》,载《云南社会科学》2019年第1期。

系与建设用地使用权总量控制制度,以实现对城乡建设用地的总量控制。[34]

(3)"三块地"改革成果的后续联动。一是与土地征收的联动。农村土地征收改革与入市制度之间联系紧密,有观点认为当土地征收范围缩小后,如未能安排相应数量的集体经营性建设用地入市,将造成实际供地面积减少等问题。[35]为了协调两者关系,有学者提出应发挥市场在土地资源配置中的决定作用,以市价作为征收补偿的标准,允许村集体享有入市优先权,当村集体怠于行使权利损害公共利益时,政府应当征收集体建设用地使用权;入市时,政府有权优先受让、收储。[36] 二是与宅基地制度的联动。有学者指出,当前农村闲置土地多为宅基地,如不允许闲置宅基地转变为集体经营性土地,入市制度的现实意义将大打折扣。因此,应在法律上明确界定可直接入市与可转变后入市的集体土地范围,落实中央文件提出的村集体依法把有偿收回的闲置宅基地、废弃的集体公益性建设用地转变为集体经营性建设用地入市。[37] 当然,依法收回的宅基地,其使用应当符合自身的属性与定位,即应先提供给满足宅基地申请条件的成员使用,同时这类型土地用途的转变也需要有更为明确的依据与程序。

4. 科学解决集体经营性建设用地入市收益分配问题

农村集体建设用地使用权入市涉及多方主体的博弈,应妥善处理、平衡各方之间的利益关系,将收益在政府与农民集体、农民集体与其他农民集体、农民集体与集体成员、集体成员之间合理分配,解决影响收益分配的主要因素如何确定、政府如何分配入市收益、收益分配方式的私法自治空间及其限度等问题。

具体而言,一方面应完善土地入市增值收益在政府与村集体之间的分配方式。对于集体经营性建设用地入市,政府应综合考虑形成土地增值收益的因素,从当地实际情况出发,设定分类标准、确定合理比例以收取土地入市增值收益调节金,以实现土地征收与集体经营性建设用地入市取得的土地增值收益在政府和村集体之间分享比例的大体平衡。用发展的眼光来看,应当在国家层面上完善相关税制,通过税收制度规范政府行为与保障村集体财产权益,同时也能

---

〔34〕 陆剑、陈振涛:《集体经营性建设用地入市改革试点的困境与出路》,载《南京农业大学学报(社会科学版)》2019 年第 2 期。

〔35〕 耿卓:《〈土地管理法〉修正的宏观审视与微观设计——以〈土地管理法(修正案草案)〉(第二次征求意见稿)为分析对象》,载《社会科学》2018 年第 8 期。

〔36〕 韩松:《城镇化进程中入市集体经营性建设用地所有权归属及其与土地征收制度的协调》,载《当代法学》2016 年第 6 期。

〔37〕 杨遂全:《论集体经营性建设用地平等入市的条件与路径》,载《郑州大学学报(哲学社会科学版)》2019 年第 4 期。

确保政府将取得的收益用于合理的用途。另一方面,应健全土地入市增值收益在村集体内部的分配机制。在扣除入市成本、税费之后,村集体有权留存一定比例的收益用于满足村内生产生活的公共需要,发展壮大集体经济;集体成员也有权直接分享入市所带来的收益,改善自身生活条件。新《土地管理法》对这些问题尚未提供原则指引、具体规则,因此下一步要做的就是健全具体规则,如规定村集体留存净收益的最低比例,村集体取得的收益应作为集体资产进行统一管理,明确收益分配方案的决议规则,健全村务公开制度等。

5. 建立健全集体经营性建设用地入市相关配套制度

除了构建系统的入市法律规则外,相关配套制度、监管制度的建立健全也对集体经营性建设用地入市的落地运行有着举足轻重的影响。在入市试点地区中,较为常见的配套规定主要涉及出让底价管理制度、登记管理实施办法、抵押贷款指导意见、收益分配指导意见、集体资产管理交易规则、入市纠纷解决办法等。

总之,入市配套制度的建立健全是一个持续的过程,需要结合入市活动与政府监管的需求进行分析研判,具体可从以下方面开展:一是统一国有建设用地与集体经营性建设用地市场交易规则,建立农村集体经营性建设用地公开交易的平台和制度;二是探索建立城乡统一的基准地价和土地税收制度;三是按照社会主义市场经济和乡村治理的要求,健全完善集体土地资产处置决策程序,防止管理人以权谋私;四是完善规划、投资、金融、税收、审计等相关服务和监管制度;五是培育和规范土地市场中介组织等。

(责任编辑:耿卓)

“三块地”改革试点之宅基地制度改革调研报告*

陈小君教授课题组**

|摘　要|

始于2015年的宅基地制度改革在明确宅基地申请条件、扩展农民住房保障形式、实行宅基地有偿使用、推动宅基地流转、引导宅基地自愿有偿退出和盘活利用、分类处理宅基地历史遗留问题、落实宅基地“三权分置”等方面进行了有益探索。随后在《土地管理法》修改中,宅基地制度改革经验集中贡献于第62条,相较于“三块地”改革中的其他两项改革,制度成效甚微。通过对改革举措梳理与总结发现,宅基地制度改革仍然存在土地所有权人主体地位不明、宅基地流转受限、宅基地退出机制尚未建立、宅基地有偿使用推进困难等诸多问题。在持续深化宅基地改革和未来制度完善中,应侧重明确并做实农村集体经济组织主体地位,明晰宅基地资格权的成员权属性,确立以宅基地法定租赁权为权利构造的流转模式,拓展宅基地有偿使用至分配环节,建立宅基地收回机制,以期建构管理有效和利用高效的宅基地制度体系。

|关键词|

宅基地“三权分置”　宅基地有偿使用　宅基地流转　自愿有偿退出

|目　次|

---

* 基金项目:国家社会科学基金重大项目“新时代中国特色土地管理法律制度完善研究”(18ZDA151)阶段性研究成果。

** 执笔人:曹益凤,广东外语外贸大学土地法制研究院助理研究员、法学博士,国家社会科学基金重大项目(18ZDA151)课题组成员。

一、研究说明:背景、对象与方法

(一)宅基地制度改革背景

自2013年党的十八届三中全会通过《中共中央关于全面深化改革若干重大问题的决定》以来,土地制度改革成为深化改革的重头戏。土地制度作为国家发展战略考量的核心内容,是国民经济发展、人民财富增长的重要基础。[1] 近年来随着社会经济的发展和城乡一体化进程的不断推进,土地要素市场化成为必然趋势,而当前农村土地囿于其独有的保障功能,其制度设计无法完全适应土地资源紧缺和土地经济价值彰显的现实需求。作为保障农民居住的农村宅基地,其问题更甚。由农村集体成员享有,仅用于农民建房居住,且受"一户一宅"规则和面积法定限制的宅基地制度,已经遭遇实践中宅基地资源分配不均、流转受限、退出不畅等诸多困境。尤其是在当前实施乡村振兴战略背景下,宅基地制度已不能完全适应城乡融合和农村经济社会发展的迫切需要,不利于建立产业兴旺、生态宜居、乡风文明、治理有效、生活富裕的乡村振兴格局,改革势在必行。2015年年初,以切实保障和维护农民宅基地权益为出发点和落脚点,致力于完善宅基地权益保障和取得方式,探索宅基地有偿使用制度,探索宅基地自愿有偿退出机制,建立健全"依法公平取得、节约集约使用、自愿有偿退出"宅基地管理制度,探索形成可复制、可推广、利修法的宅基地制度改革正式启动。[2]

(二)宅基地制度改革试点范围和进程

2015年2月,全国人大常委会授权国务院在北京市大兴区等33个试点县(市、区)开展农村土地征收、集体经营性建设用地入市、宅基地制度改革试点,天津市蓟州区、江苏省常州市武进区、浙江省金华市义乌市等15个县(市、区)成为第一批宅基地制度改革试点地区。此时每个试点地区只开展一项试点工作。2016年9月,土地征收和集体经营性建设用地入市制度改革扩大至全部33个试点地区,但宅基地制度改革仍限制在首批试点范围。直至2017年11月,宅基地制度改革试点范围才拓展至33个地区,形成"三块地"改革联动。

原定于2017年年底收官的"三块地"改革试点,因"三块地"初步形成改革联

---

〔1〕 陈小君:《〈土地管理法〉修法与新一轮土地改革》,载《中国法律评论》2019年第5期。

〔2〕 中共中央办公厅、国务院办公厅印发《关于农村土地征收、集体经营性建设用地入市、宅基地制度改革试点工作的意见》。

动之后，改革的整体性、系统性、协同性和综合效益需要进一步显化，也需要与相关修法工作做好衔接，因此将期限延长1年至2018年12月31日。后因改革涉及多方面利益调整，须审慎稳妥推进，“三块地”改革试点再次延期至2019年年底。历经两次延期后，历时近5年的“三块地”改革收官。作为其中利益牵涉最复杂、实践推进最艰难的宅基地制度改革，在宅基地有偿使用和退出等方面有较多探索，但在宅基地“三权分置”改革等诸多方面的探索尚在起步阶段，部分重难点问题尚未破冰，这也成为后续进一步深化改革所着力解决的问题。

（三）研究方法

1. 实地调研法

课题组以实地调研为主，实地走访全国33个改革试点地区，深入察看试点样板村庄，与参与试点改革实践的各类主体展开座谈交流，听取他们关于宅基地制度完善的意见建议。通过实地调研，课题组不仅直观感受改革基本样貌，也获得了丰富的访谈记录，这成为研究宅基地制度改革的宝贵资料。

2. 文献分析法

课题组分类整理宅基地制度改革所涉及的政策性、规范性文件，包括但不限于中共中央办公厅、国务院办公厅印发《关于农村土地征收、集体经营性建设用地入市、宅基地制度改革试点工作的意见》（以下简称《“三块地”改革试点意见》），《农村宅基地制度改革试点实施细则》和各地区关于农村集体经济组织成员认定或宅基地资格权确认、宅基地审批管理、宅基地流转、宅基地退出、宅基地有偿使用等规范，以及宅基地制度改革总结报告。此外，课题组还研读学界关于宅基地制度改革的研究文献、评论文章等，深入考察宅基地制度改革顶层设计和各地区改革举措。

3. 比较分析法

课题组采用对比分析的研究方法，综合考虑经济发展、地理位置、区位优势等多方面因素，比较类似试点地区的改革举措，凸显问题的共性和个性；同时，对比分析相同改革举措在不同地区呈现的不同效果，从而更客观、细致总结归纳试点成功经验与存在不足，为准确定位未来宅基地改革方向与路径奠定坚实基础。

二、改革举措：方向与内容

（一）改革方向

为保障宅基地制度改革顺利推进，在坚守土地公有制性质不改变、耕地红线不突破、农民利益不受损的底线，坚持从实际出发、因地制宜的前提下，《中共中央关于全面深化改革若干重大问题的决定》对宅基地制度改革作出总体部署,要求"保障农户宅基地用益物权,改革完善农村宅基地制度,选择若干试点,慎重稳妥推进农民住房财产权抵押、担保、转让,探索农民增加财产性收入渠道。"《"三块地"改革试点意见》对"三块地"改革作出了具体部署,关于宅基地制度改革内容主要包括确权颁证、完善农民住宅用地取得方式、探索宅基地有偿使用制度、审慎开展抵押担保、探索宅基地资源有偿退出机制、改革宅基地审批制度、发挥村民自治组织的民主管理作用等。2015年3月,原国土资源部印发《关于农村土地征收、集体经营性建设用地入市、农村宅基地制度改革试点实施细则》,将改革任务进一步细化为:改革完善农村宅基地权益保障和取得方式、探索宅基地有偿使用制度、探索宅基地自愿有偿退出机制、完善宅基地管理制度。2015年8月,国务院对农民住房财产权抵押贷款试点作出部署,12月底,全国人大常委会对农民住房财产权抵押贷款试点作出授权。2016年3月,中国人民银行等联合发布《农民住房财产权抵押贷款试点暂行办法》,对抵押的条件、程序、抵押物处置等事项作出了比较具体的规定。上述一系列文件的部署,为宅基地制度改革指明了方向,搭建了框架。

(二)改革具体内容

本报告对宅基地制度改革具体内容的分析以首批入选宅基地制度改革的15个地区为主要分析对象,以2017年11月加入宅基地制度改革的18个试点地区为补充。

1. 明确宅基地申请条件

(1)明确农村集体经济组织成员身份取得

多数试点地区都制定了农村集体经济组织成员认定办法,以"列举+排除"的方法明确成员身份的取得,其中户籍在本村(组)集体经济组织成为诸多试点地区明确列举的条件之一,彰显了以户籍管理为基础的成员认定路径,而长期驻地生产生活或与户籍所在地农村集体经济组织形成权利义务关系,成为户籍认定的有效补充。除此之外,本集体经济组织成员所生子女、合法收养的子女被认定为具有本集体成员资格,正在服役、服刑人员和在校就读的大中专学生也被较多地区认定为本集体成员或保有本集体成员资格。

自然人死亡、取得其他集体经济组织成员身份、自愿放弃本村集体经济组织成员资格、农村集体经济组织解散等情形成为丧失集体成员资格的通常情形。多个试点地区也特别规定了经过农村集体经济组织民主协商认定成员身份的规定。不过,调研资料也显示,部分试点地区并没有制定专门的农村集体经济组织成员认定办法，而是在宅基地资格权认定规则中对成员资格确认有所涉及。

(2)明确分户标准

各试点地区普遍严格界定分户建房条件，如部分试点地区明确规定以领取结婚证作为重要的分户条件。子女分户时，父母必须与其中一个子(女)合并一户(或落为一户)。也有部分试点地区对可以分户建房的情形加以明确列举，并规定了兜底条款。某试点地区还特别规定以依法取得土地承包经营权的家庭承包户作为界定农村居民户的基础数据，农村居民户中每一个成员应当取得所在村组农村集体经济组织的户籍和农村集体经济组织成员身份。此外，部分试点地区在以分户为基本标准的同时，还将征地安置、其他搬迁安置、新迁入落户、现役军人退役回乡等情形列入可申请宅基地的条件，并要求以无住房或者无宅基地为前提。

2. 扩展农村居民住房保障形式

(1)从“一户一宅”向“户有所居”转化

《土地管理法》确立了“农村村民一户只能拥有一处宅基地”原则，但在宅基地资源紧张，宅基地增量有限的情况下，各试点地区不断探索从“一户一宅”向“户有所居”甚至“住有所居”的住房保障方式转变。

各试点地区土地资源分布和存量情况存在差异，每个试点地区内部具体情形也有所不同，因此尽管“一户一宅”仍然是宅基地分配的基本规则，但在部分地区已经难以落实。在以自建房居住为主的地区，“一户一宅”保障农民“居者有其屋”仍然是宅基地承载的重要功能。而在存量宅基地已经无法满足新增人口居住需求的改革试点地区，保障农民居住的方式已经逐渐从分配一处宅基地建房，向多户联建、建设住宅小区和高层公寓等多元化方式转变，农民住房保障的形式得以丰富和扩展。

(2)住房保障方式的多元化发展

改革试点地区探索出农村住房保障“户有所居”的多种实现形式：第一，区分城镇建设用地范围内外不同区域，因地制宜，分类施策。在传统农区，探索优化“一户一宅”、面积法定的宅基地分配制度，通过统一规划、自行建设的方式实现村容村貌提升。在土地利用总体规划确定的城镇建设用地范围内，结合美丽乡村建设等，探索集中建设农民公寓、农民住宅小区等方式。第二，与精准扶贫政策相结合，创新对农村特殊困难群体的住房保障制度，探索通过宅基地“就地配置”“就近配置”“易地配置”“上楼配置”等方式保障农民户有所居，改善村居环境和困难群众的生产生活。第三，人均耕地少且适合第二产业、第三产业发展的乡镇,在农户自愿的基础上实行集中统建、多户联建、返乡创业者与当地农民共建等多种模式,满足多样化需求。

3. 实行宅基地有偿使用

宅基地制度改革政策文件要求试点地区对因历史原因形成超标准占用宅基地和一户多宅等情况,探索实行有偿使用。各试点地区根据自己区域内的宅基地状况,主要从以下几个方面展开了探索。

(1)宅基地有偿使用的范围

宅基地有偿使用的范围主要包括:第一,非本村集体经济组织成员占用的宅基地,但部分试点地区排除了继承取得这一方式;第二,"一户一宅"中超标准占用的宅基地;第三,"一户多宅"中一处以外的宅基地;第四,其他情形,如有试点地区明确规定"其他经农村集体经济组织或村民事务理事会认定,并经乡镇人民政府审核同意实行有偿使用的"的情形。此外,部分试点地区对新批准的农村宅基地,也按照集体土地成本实行有偿使用。

除前述情形下开展宅基地有偿使用外,部分试点地区还创新有偿使用模式,实行宅基地有偿调剂和有偿选位。对于前者,一般是明确宅基地面积超出村庄建设规划确定的户型面积,在落地前可由村集体经济组织统一回购,有偿调剂给本村集体经济组织成员。对于后者,可采用投标等方式竞拍选定宅基地的位置或者获取挑选宅基地的优先顺序。

(2)宅基地有偿使用费的缴纳

宅基地有偿使用费缴纳标准的确定主要有两种,一种是明确规定具体收费数额,另一种是仅规定使用费的上限和下限。在改革实践中,既有采取阶梯累进式方法收取宅基地有偿使用费,也有以农村宅基地基准地价为基础,收取该地价一定比例的有偿使用费。

缴纳方式既有按年度如每年或三年缴纳一次,也有一次性缴纳的方式。

部分试点地区对特殊情形下的宅基地有偿使用费作出减免规定,主要针对家庭困难者、鳏寡孤独户、烈军属等群体。这些人员经本人申请,村集体经济组织同意或村民会议同意并公示无异议,即可酌情减免宅基地有偿使用费。

(3)宅基地有偿使用费的管理

宅基地有偿使用费收取主体较为统一,均为村集体经济组织;但也有个别试点地区涉及镇统一建设的集中居住区,该区的有偿使用费由镇集体经济组织收取。宅基地有偿使用费的管理主要为"村账乡(镇)管"模式,由村集体经济组织负责费用的收取,乡镇人民政府负责费用的使用管理。部分试点地区细分至县财政、审计及农村集体资产管理部门负责有偿使用费的资金监管。

4. 探索宅基地流转

(1)宅基地流转的范围

部分试点地区仍将宅基地流转范围限制为本集体经济组织内部,由村集体经济组织规范引导本集体经济组织成员进行内部流转。亦有部分试点地区将宅基地流转范围扩大至本集体外,但因各地实际情况不同,流转范围也有区别。如有试点地区允许宅基地使用权在市域范围内跨集体经济组织转让,但受最高受让面积、最高使用年限、具有不动产权证书等条件的限制。且在宅基地对外流转中,还设置本集体经济组织的优先回购权和本集体经济组织成员的优先受让权。部分试点地区允许农民在宅基地流转后仍有合法住所的前提下采取转让、出租等方式,实现宅基地在县域范围内符合宅基地申请条件的成员之间流转。也有试点地区针对规划区范围内和范围外划定了不同的流转范围:城市规划区范围内的农村宅基地流转,受让人或承租人可限定在全市农业户口居民范围内;城市规划区范围外的农村宅基地流转,受让人或承租人可限定在宅基地所在镇(街道、区)农业户口居民范围内。

(2)宅基地流转方式和费用标准

农房和宅基地出租情况较为普遍,尤其是在城中村或城郊地区,农房租金收入成为农民的重要经济来源。此外,目前试点地区宅基地使用权流转方式主要包括转让、赠与、抵押、入股、继承等。个别试点地区还规定了宅基地合作经营这一流转模式,允许农民在一定条件下,将住房所有权及所占宅基地使用权以约定方式与他人共同经营。部分试点地区对宅基地流转期限予以限制,且年限不一,租赁最长期限通常为20年,有偿转让取得的宅基地使用年限最高为30年、50年或70年。宅基地流转价格一般由双方协商确定,部分试点地区也特别明确,宅基地流转收益应在集体和个人之间合理分配,农村集体经济组织可以收取部分土地收益金或土地有偿使用费,收取标准与宅基地有偿使用费的收取标准往往一样。

5. 推动宅基地有偿退出和盘活利用

(1)宅基地有偿退出

宅基地有偿退出改革试点主要坚持以下原则:一是依法自愿原则,强调农村宅基地退出应当符合有关法律、法规规定,且充分尊重农民意愿;二是合理补偿原则,农村集体经济组织给予退出农村宅基地原宅基地使用权人合理补偿;三是科学利用原则,即退出的农村宅基地,应当按照“宜耕则耕、宜建则建”等方式合理利用;四是统筹推进原则,即依据土地利用总体规划、土地整治规划,结合村庄整治、美丽乡村建设等统筹推进。

从改革实践来看,宅基地有偿退出适用的情形包括以下几类:一是“一户多宅”的多宅部分;二是因继承或经依法批准的其他方式在农村占有和使用宅基地的;三是农民进城落户后闲置的宅基地、孤寡老人的宅基地;四是其他自愿有偿退出的宅基地等。在实践中,部分试点地区将“一户多宅”的多宅部分、拆旧建新和附属设施的退出等列为农村宅基地无偿退出而非有偿退出的范围。还有个别试点地区将村内无主、绝亡户的宅基地或房屋,以及已破损的废弃房屋纳入由农村集体经济组织无偿收回的范围。

宅基地有偿退出的补偿方式主要包括货币补偿、实物补偿、指标补偿(或置换)、入股分红、享受政府优惠政策等。为了让农民退出多余宅基地资源,有试点地区建立经济补偿和权利保留双重激励机制,推动有条件的农民退出宅基地进城落户:一方面以购房优惠和退出补偿作为经济补偿,对农民退出宅基地进城落户购买安置房、公租房以及商品房实施优惠价;另一方面保留集体资产分配权和宅基地使用权,为不适宜在城市生活的进城农民疏通返乡渠道,让农民放心退出宅基地进城落户。

宅基地有偿退出的货币补偿标准受当地经济发展和地理位置等因素影响而各不相同,多数地区明确规定补偿标准(回购价格)由村集体经济组织和宅基地退出户协商确定,但也有部分试点地区对货币补偿标准直接予以明确,如一试点地区规定宅基地退出的补偿标准为30万元/亩,另一试点地区则规定住房按建筑面积20~150元/平方米补偿,附属房按占地面积10~30元/平方米补偿等。这些试点地区的宅基地退出补偿标准虽已明确,但仍允许村集体与使用权人协商确定具体补偿数额。

宅基地有偿退出的补偿资金主要有三个来源:一是村集体经济组织的收益,包括土地出让部分收益、宅基地流转收益、宅基地有偿使用费、农村土地综合整治增值收益部分等;二是财政补助资金,包括上级拨付改革试点资金、本级财政资金等;三是引入社会资本,发展农村新业态。试点地区结合地方特色,依托现代特色农业示范区和美丽乡村建设等,以农村老宅为载体引入社会资本合作开发建设,改造村落和房屋,发展民宿、休闲旅游、农事体验等农村新业态,从而促进农民增收,为宅基地制度改革提供经济支持。此外,部分试点地区还创新保障资金来源,打通宅基地和集体经营性建设用地入市两项改革,利用入市土地增值收益保障农民宅基地退出补偿,实现改革间的资金平衡。

(2)退出宅基地的盘活利用

改革探索中,对腾退的宅基地予以盘活利用是实现土地资源集约节约利用的必然要求,也是保障农民居住权益和增加农民收入的可行路径。

退回给村集体的宅基地盘活利用方式主要有四种:一是根据村庄规划、结合村庄发展实际,对退回的宅基地予以再分配,满足农村村民申请宅基地建房居住的需求;二是将腾退的宅基地用于村内基础设施建设,改善农民居住环境和生活条件;三是探索零星、分散的宅基地复耕、复绿,形成节余指标进行建设用地指标交易;四是对退回的宅基地和农房开发经营,发展乡村旅游、精品民宿、农家乐等。

6. 分类处理宅基地历史遗留问题

各地区在改革探索中,立足本县(市、区)宅基地现状,按时间点划分,明确宅基地历史遗留问题的范围,并确立了依法依规、尊重历史、一户一宅、面积法定(合规)等解决宅基地历史遗留问题的原则。

试点地区结合实际,梳理了以下历史遗留问题并分类处理。一是因历史原因形成的超标准占用宅基地问题。基本做法为,根据各地区土地管理政策变更的具体情形,以是否有偿以及是否确权登记划定时间节点,对部分宅基地超标情形收取有偿使用费,不确权但登记时予以注明。[3] 二是因历史原因形成一户多宅问题。一方面积极引导其自愿退出,另一方面针对不愿退出者,对其一处以外的宅基地收取有偿使用费且不办理确权登记。[4] 三是因历史原因形成的非本村集体经济组织成员占用宅基地问题。如果这些宅基地是合法取得的,则有引导自愿退出和缴纳有偿使用费继续使用两种处理模式。四是违法占用宅基地问题,如非法购买、未批先建且此后无法补办手续等情形:此类宅基地由村集体引导其自愿退出,不愿退出但符合土地利用总体规划和村庄规划的,按有偿使用处理,但只做地籍调查不确权发证;如所占用宅基地不符合规划,依法限期拆除。此外,对诸如存在审批或规划方面瑕疵、因暂停宅基地审批导致农民未批先建等历史遗留问题,改革试点探索中各地区依据具体情形,予以区分处理。

有试点地区在历史遗留问题分类处理中引入宅基地租赁的做法,对县域内村民购买住房占用宅基地符合“一户一宅”但面积超标的,缴纳有偿使用费;而对

---

〔3〕 参见《佛山市南海区农村宅基地历史遗留问题分类处置实施细则》第2、4条,载南海区人民政府网,http://www.nanhai.gov.cn/fsnh/zwgk/zfwj/zfwj/content/post_1179640.html,2021年3月17日最后访问。

〔4〕 对因继承取得宅基地形成一户多宅的情形,部分试点地区则给予确权登记。

一户多宅,以及县域外村民购买住房占用宅基地的历史遗留问题,采取租赁使用宅基地的方式解决,由宅基地占有人缴纳租赁费,并设置统一的租赁期限(至2027年)。

7. 探索宅基地“三权分置”

根据中央改革文件精神,宅基地“三权分置”主要是指在完善农民闲置宅基地和闲置农房政策的基础上探索宅基地所有权、资格权和使用权的分置,要求落实宅基地集体所有权,保障宅基地农户资格权和农民房屋财产权,适度放活宅基地和农民房屋使用权,同时继续严格实行土地用途管制,禁止违法违规买卖宅基地。

(1)“三权分置”的定性

各试点地区对宅基地“三权分置”展开了积极探索,并制定了《宅基地“三权分置”指导意见》等政策文件予以推进。虽然对宅基地资格权的实现方式有所不同,但以村集体经济组织成员身份确认为基础保障宅基地资格权实现的做法成为主流。对适度放活宅基地使用权的理解:主要因宅基地流转范围和流转方式的不同,致使改革中对宅基地使用权是否为身份性用益物权的认识有差异。

(2)“三权分置”的实现方式

在落实宅基地所有权方面:一是明确农村宅基地所有权属于农村集体(经济组织),重大事项须经村民会议或村民代表会议讨论通过;二是明确宅基地所有权的实现形式,包括宅基地分配权、宅基地收回权、宅基地收益权、宅基地监督管理权等。

在保障农户资格权方面,以农村集体经济组织成员资格得丧变更为基础,部分试点地区还辅之以“户”的界定,保障农户资格权以多元方式实现,包括分配宅基地,入住农民住宅小区、农民公寓等。部分试点地区建立农村宅基地资格权登记制度,通过颁发宅基地资格权证以明确这一权利的取得。改革试点中也有探索宅基地资格权保留的做法,如有试点地区规定农户将宅基地与地上房屋使用权一并流转的,农户宅基地资格权保留至房屋不能使用之时;另一试点地区也明确宅基地使用权流转后,保留原使用权人的宅基地资格权。还有试点地区规定在宅基地退出中,宅基地出租或无偿借给集体使用的,原使用人保留宅基地资格权。事实上,此类情形并非宅基地使用权的退出,而是以债权流转方式转移宅基地的占有,因此此处宅基地资格权的保留,是否应理解为实质上的宅基地使用权保留,还有待研究。

在放活宅基地和农民房屋使用权方面,主要体现为宅基地流转和农房盘活利用。首先,改革试点地区适度扩大农房用途范围。农房的用途从单纯的用于农民居住适当扩大至乡村旅游、健康养老、电商等新产业、新业态和村内公益事业。其次,适度放活农房流转形式,允许农房所有权人或使用权人将农房以租赁、合作、入股等方式进行流转,流转必须设定使用年限及用途。最后,适度扩大宅基地流转范围。部分试点地区将宅基地对外流转范围扩大至市域、县域或行政村范围内。

三、调研结论:问题与建议

(一)存在的问题

相对于土地征收、集体经营性建设用地入市改革而言,作为"三块地"改革中最为复杂的宅基地制度改革,其形成可推广、可复制并被法律吸收的经验偏少,主要的制度贡献集中体现于新《土地管理法》第 62 条。具体而言,第一,第 62 条第 2 款在坚持"一户一宅"原则的同时,针对人均土地少、不能保障一户拥有一处宅基地的地区实际,提出"户有所居"的保障要求。第二,第 62 条第 3 款进一步强调宅基地和住房建设管理中的规划引领作用,并要求规划编制时充分考虑合理的宅基地用地需求。新修订的《土地管理法实施条例》第 33 条更是进一步明确保障宅基地需求的义务主体和保障方式。[5] 第三,第 62 条第 4 款吸纳宅基地改革之试点经验,简政放权,优化宅基地审批流程,将不涉及占用农用地的宅基地用地审批权下放至乡(镇)人民政府。新修订的《土地管理法实施条例》第 34 条第 1 款则进一步细化宅基地申请和审批流程。第四,第 62 条第 6 款明确提出进城落户农民的宅基地自愿有偿退出机制,并鼓励村集体和成员盘活利用闲置宅基地和闲置住宅。新修订的《土地管理法实施条例》第 35 条也进一步强调应当将退出的宅基地优先用于保障该农村集体经济组织成员的宅基地需求,进一步彰显宅基地保障农民居住的价值取向。尽管如此,经过长达 5 年的宅基地制度改革探索,再次修改《土地管理法》,以及成功编纂的《民法典》均未建立起科学系统完备的宅基地制度,仍存在以下 4 个突出问题。

1. 所有权人主体地位不明

宅基地使用权是在农村土地集体所有权基础上产生的权利,推进宅基地制度改革应坚持农村土地集体所有这一前提,这是所有权人通过分配宅基地等多

---

[5] 参见宋志红:《贯彻执行〈土地管理法实施条例〉切实保障广大农户宅基地权益》,载中国政府法制信息网,http://www.moj.gov.cn/pub/sfbgw/flfggz/flfggzfgjd/202107/t20210731_433020.html,2021 年 8 月 8 日最后访问。

元方式保障集体成员居住权益,以及适度显化宅基地财产属性过程中避免集体资产流失的制度基础。无论是农地“三权分置”立法规制抑或是宅基地“三权分置”改革构想,集体所有权均是其不可动摇之重要一权,坚持集体所有权已成为农村土地制度改革的底线要求。

权利的实现倚赖主体加以行使,因此坚持集体所有权,尤为重要的是明确谁为集体所有权人并坐实其主体地位。长期以来,集体土地所有权实质主体于规范中难以确定,于学界中存在争议,于实践中模糊不清,更遑论如何充分行使集体所有权,“主体制度的残缺必然会成为集体土地所有权制度功能正常发挥的障碍”。[6] 而学界关于农村集体土地所有权主体究竟为谁的争论尚未停止,代表性观点有两种:一种观点认为“农民集体”为农村集体土地所有权人,[7]另一种观点则认为农村土地和其他财产归农村集体经济组织所有。[8] 集体所有权主体不明,体现在改革中即为分享宅基地收益、法定情形下收回宅基地等权利主体不明确,权利行使不积极以及宅基地管理责任缺失等。这在法律修改中也有体现,如《土地管理法》第62条第2款将县级人民政府作为保障实现“户有所居”的主体,“既偏离制度规制,又脱离乡村逻辑”。[9] 集体成员享有的宅基地由集体土地所有权人提供,因此保障村民“户有所居”的主体应为集体土地所有权人而非县级人民政府。

2. 宅基地流转受限

目前试点地区在宅基地流转范围方面存在较大差异,部分地区坚持宅基地在本集体经济组织内部流转,部分地区则将范围扩大至镇域范围内,甚至还有试点地区将范围扩展至全市内具有宅基地使用资格的农户。宅基地使用权流转方式中,除租赁外,其他流转方式都在不同程度上受制于转让情形或前提条件的限制,且转让收益尤其是复垦指标置换收益并不能得到充分保障,多种因素致使宅基地流转并不顺畅。宅基地流转是宅基地制度改革的一个重点,亦是一个难点。

---

〔6〕 高飞:《落实集体土地所有权的法制路径——以民法典物权编编纂为线索》,载《云南社会科学》2019年第1期。

〔7〕 于飞:《“农民集体”与“集体经济组织”:谁为集体所有权人?——风险界定视角下两者关系的再辨析》,载《财经法学》2016年第1期;姜红利、宋宗宇:《集体土地所有权归属主体的实践样态与规范解释》,载《中国农村观察》2017年第6期;管洪彦:《农村集体经济组织法人立法的现实基础与未来进路》,载《甘肃政法学院学报》2018年第1期。

〔8〕 李永军:《集体经济组织法人的历史变迁与法律结构》,载《比较法研究》2017年第4期;屈茂辉:《农村集体经济组织法人制度研究》,载《政法论坛》2018年第2期。

〔9〕 陈小君:《〈土地管理法〉修法与新一轮土地改革》,载《中国法律评论》2019年第5期。

遗憾的是，当前宅基地流转的探索并未取得实质性进展，如在流转中如何实现宅基地保障功能与财产价值的平衡，如何区分集体成员通过申请取得的宅基地使用权和受让人通过流转占有、使用宅基地的权利等问题，既未在实践中得到解答，也未在修法中得到回应。

宅基地流转不畅，究其根本原因，仍然是宅基地使用权在取得与保有中的身份属性、一户一宅、面积法定、无偿性等特征，对农房流转中因房地一体原则而不得不面对的宅基地对外流转的限制。为私权保护提供全面关怀的《民法典》，关于宅基地使用权的规范几乎全部承袭原《物权法》的规定。改革中暴露出的宅基地社会保障功能与经济价值利用之间的冲突，以及宅基地使用权利用之重要问题，本有望借助并依托《民法典》物权编实现宅基地使用权完整权能赋予及私权属性回归，然《民法典》却未回应学界和实践的关切和期望，〔10〕其第 363 条仍规定“宅基地使用权的取得、行使和转让，适用土地管理的法律和国家有关规定”。当《民法典》依然对土地管理法保持依赖时，新《土地管理法》却在立法中坚守了行政法应有的品格，未对私权关系作出规范或干涉。〔11〕

3. 宅基地退出机制尚未建立

改革试点中，农民自愿有偿退出宅基地的积极性不高。一是农民对征地拆迁的预期强烈，且征地拆迁的补偿标准明显高于宅基地自愿有偿退出的补偿标准，导致多数农民不愿意退出宅基地。二是农民的乡土情结较重。同时，在乡村振兴战略实施的背景下，农民对农业农村未来的政策性红利有较强的预期，造成农民即便入城，也不愿意轻易退出宅基地。三是受资金制约，宅基地有偿退出推进难。如有试点地区表示在改革探索中，多数村集体经济组织经济薄弱，部分村集体经济组织甚至没有任何收入，仅凭当前村集体的经济实力，无法完成宅基地的有偿退出。四是完全破除二元结构壁垒、实现城乡融合、构建新型城乡关系还需要相当长的一段时间，农村居民半农半工的生存状态还将长期存在，农业人口转移的市民化进程难以较快推进，导致进城农民退出宅基地的意愿弱，实际退出宅基地的少。

尽管新《土地管理法》明确规定“国家允许进城落户的农村村民依法自愿有偿退出宅基地”，但将允许自愿有偿退出宅基地的主体仅限于“进城落户的农村村民”，对一户多宅等情形中有退出宅基地意愿的其他主体，并没有畅通其有偿

〔10〕 陈小君：《〈民法典〉物权编用益物权制度立法得失之我见》，载《当代法学》2021 年第 2 期。

〔11〕 陈小君：《〈土地管理法〉修法与新一轮土地改革》，载《中国法律评论》2019 年第 5 期。

退出通道。此外,在宅基地制度改革探索中,部分地区提出自愿有偿退出宅基地的村民仍可保留“三权分置”中的宅基地资格权。修法对此问题也未给出明确的回应,从而引发争论且不利于实践操作。并且,新修订的《土地管理法实施条例》又未对新《土地管理法》明确宅基地有偿退出的规范进行细化。

概言之,具备实操性和科学性的宅基地退出机制其实并未真正建立。

4. 宅基地有偿使用推进困难

虽然个别试点地区在新申请宅基地时实行有偿使用或有偿调剂、有偿选位,但宅基地有偿使用的探索主要还是针对原有宅基地上历史遗留问题的处理。特别是为部分因政策规范不明、管理不力、地区发展等原因而形成的与现行规定或制度精神不相符的宅基地问题寻求出路,如非本集体成员享有宅基地、一户多宅、超过面积标准占用宅基地等。但由于形成事实上的“一户多宅”和超面积占用宅基地的原因千差万别,且宅基地无偿使用已成为人们的惯性思维,在短期内难以迅速改变,致使即便改革实践在明确有偿使用费收取情形和收取标准时已兼顾了大多数人利益,农民缴纳有偿使用费的意愿依然不高,并且部分村民要求有偿使用费的收取要与补办用地、房屋手续相挂钩。而且,有偿使用费收取主体(无论是农村集体经济组织还是村民自治组织)运作不够规范,自我约束力不强,又缺乏有效的外在制约措施,强制力也不足。此外,部分改革试点地区在制定有偿使用费规则过程中,也存在一定畏难情绪,仅制定(或实际实行)一次性收取较少费用的标准。再者,个别试点地区反映,通过宅基地有偿使用,变相实现了农民建房不合法用地转变为合法用地的目的,多数超面积占用宅基地的农民愿意承担有偿使用费而达到多占土地的目标,通过宅基地有偿使用逐步减少“一户多宅”和超占面积的目的难以实现。

(二)完善建议

2020年中央全面深化改革委员会第十四次会议审议通过《深化农村宅基地制度改革试点方案》,在总结此前改革经验的基础上,对全面深化宅基地制度改革作出新一轮部署。为落实该方案的相关要求,中央农办、农业农村部会同有关部门研究制定了《农村宅基地制度改革试点工作指引》,该指引提出了试点总体要求和试点的具体内容,宅基地“三权分置”改革探索为其重中之重,宅基地自愿有偿退出、宅基地有偿使用同样也是深化宅基地改革所要继续探索的问题。为此,课题组在总结宅基地现存主要问题基础上提出以下深化改革和未来制定法律抑或修法的建议。

1. 明确农村集体经济组织主体地位

坚持农村集体所有权，应确立农村集体经济组织作为农村集体土地所有权人的主体地位，明确其在深化宅基地制度改革中的角色扮演。农村集体经济组织为集体土地所有权人，亦即宅基地所有权人，在改革中应充分发挥其享有的宅基地分配、监督、收益以及收回等权利。具体而言，在宅基地分配方面，应充分发挥农村集体经济组织依据本集体成员申请，为其分配宅基地的职能，完善公平分配机制；在宅基地使用过程中，应充分发挥农村集体经济组织管理监督作用；在宅基地流转方面，基于所有权的收益权能，农村集体经济组织应当享有分享宅基地流转或征收的收益权；在宅基地消灭方面，农村集体经济组织应当享有在收回事由成就时强制收回宅基地的权利。明确农村集体经济组织享有上述权利，有利于避免其在宅基地制度运行中的虚置与异化。

2. 明晰宅基地资格权性质

宅基地“三权分置”改革提出宅基地资格权，学界对该权利的性质和边界并未达成共识，在“三块地”改革之宅基地制度改革中亦呈现有所区别的实现形式。而此次深化宅基地制度改革应当坚持宅基地资格权的成员权性质。“宅基地资格权”实际上反映的是一种因成员身份而享有的资格，应当是一种纯粹的集体成员权，确认其成员权属性不至于陷入违背“一物一权”的理论困境。宅基地资格权的成员权属性决定了未来深化改革应探索以成员权得丧变更机制为基础的宅基地资格权实现路径。

3. 确立宅基地流转基本模式

宅基地流转既有债权性流转也有物权性流转，前者的实现方式主要是出租。在宅基地债权性流转中，权利人取得租赁权，此为意定租赁，适用《民法典》有关租赁合同的规定。尽管在现代经济社会中债权性的经济利用有其优越地位，但仅通过债权性流转实现宅基地利用尚显不足，还应构建宅基地的物权性流转模式，如宅基地转让、抵押等。但在《民法典》沿袭原《物权法》有关宅基地的规定，将宅基地使用权仍然定义为依法利用该土地建造住宅及其附属设施的用益物权的背景下，宅基地物权性流转应成为改革的主要目标。对于本集体经济组织成员之外的主体能否通过流转取得宅基地以及取得的宅基地权利性质为何，学界尚未达成共识，存在“次级使用权说”〔12〕“宅基地经营权说”〔13〕等多种观

〔12〕 刘国栋：《论宅基地三权分置政策中农户资格权的法律表达》，载《法律科学》2019 年第 1 期。

〔13〕 宋志红：《宅基地“三权分置”的法律内涵和制度设计》，载《法学评论》2018 年第 4 期。

点。在宅基地物权性流转模式中,引入具有准物权性质的宅基地法定租赁权来解决因房屋流转而占有、使用宅基地的问题可能更为合适。

设立宅基地法定租赁权需要明确以下问题:首先,要明确规定宅基地法定租赁权产生的情形,以区别于意定租赁。其次,应继续坚持房地一体主义,明确宅基地随其上房屋一并流转的前提,禁止宅基地单独流转。宅基地法定租赁权是不具备宅基地资格权的主体取得农房所有权时,基于房地一体原则而由法律明确规定的权利。因此,合法取得宅基地上房屋及建筑物是宅基地法定租赁权产生的前提。再次,应明确宅基地法定租赁权的期限。宅基地法定租赁权应区别于没有明确期限限制的宅基地使用权,以实现权利的厘清。最后,应明确由村集体和宅基地使用权人共同分享宅基地租金收益。

4. 拓展宅基地有偿使用范围

宅基地有偿使用制度应该拓展至涵盖宅基地规范管理中的有偿使用和宅基地分配中的有偿取得。就宅基地管理中的有偿使用而言,其主要功能在于分类处理宅基地历史遗留问题,因此在起草《农村宅基地使用条例》〔14〕时,有必要将宅基地有偿使用纳入法制轨道,并以农村集体经济组织为宅基地有偿使用的实施主体,继续贯彻"一户一宅"原则并实行面积管控,建立宅基地有偿使用阶梯式收费机制,对"一户多宅"中的多宅部分、宅基地面积超标部分依法收取费用。非本集体经济组织成员因继承或其他原因占有并使用宅基地的,应区分具体情形坚持宅基地有偿使用和引导退出并行的双轨制。就宅基地分配而言,应当适时引入宅基地有偿取得制度。尽管宅基地由本集体成员无偿取得已成为人们的普遍认识,但在部分经济发达地区,宅基地有偿分配情况也较为常见,实践中地理位置优越的宅基地通过投标竞价取得的情况也已存在,加之当前大部分农村地区的宅基地存量严重不足,土地资源十分紧缺,因而允许部分地区立足区域实际,探索宅基地有偿分配机制实有必要。〔15〕 有学者亦指出,对宅基地实行有偿分配有助于促进存量宅基地流转市场的形成,具有现实必要性与可行性。〔16〕

---

〔14〕 中共中央、国务院《关于坚持农业农村优先发展做好"三农"工作的若干意见》(2019年1月3日)提出,稳慎推进农村宅基地制度改革,拓展改革试点,丰富试点内容,完善制度设计。抓紧制定加强农村宅基地管理指导意见。研究起草农村宅基地使用条例。

〔15〕 刑菲、刘雅辉:《泽州县农村土地制度改革试点的探索经验》,载晋城市人民政府网,http://www.jcgov.gov.cn/dwgk/jcgzml/shgg_21427/201906/t20190613_370886.shtml,2021年6月10日最后访问。

〔16〕 韩松:《论宅基地分配政策和分配制度改革》,载《政法论丛》2021年第1期。

5. 建立宅基地收回机制

新《土地管理法》明确赋予进城落户村民有偿退出宅基地的权利，而如何落实这一规定，保障村民的宅基地退出权就成为深化宅基地制度改革的必然内容。除此之外，继续探索宅基地有偿退出适用的其他几类情形，以及退出宅基地的统筹利用，也当然在列。但是，违法违规使用宅基地的惩罚性退出方式，即强制收回，在以往改革和修法中均有所忽视，应当列入此次深化宅基地制度改革和未来立法考量的内容。

宅基地强制收回是农村集体经济组织作为所有权主体在收回条件成就时主动收回宅基地，是其所有权弹复性效力的体现。宅基地强制收回是宅基地规范管理的重要方面，是化解“空心村”、宅基地闲置率居高不下的重要举措。但事实上，宅基地收回制度形同虚设。从规范上看，尽管《确定土地所有权和使用权的若干规定》(1995)第52条早已明确规定“空闲或房屋坍塌、拆除两年以上未恢复使用的宅基地，不确定土地使用权。已经确定使用权的，由集体报经县级人民政府批准，注销其土地登记，土地由集体收回”，新《土地管理法》第66条也对集体土地使用权的收回有所规范，但前者为年代久远的部门规章且未成为实践操作的重要执行规范，后者仅有一个条文且规定尚显粗糙简陋。从实践中来看，农村集体经济组织强制收回宅基地的情况并不多见。因收回主体积极性不足，被收回主体抵触而呈现出宅基地强制收回层层受阻的局面。宅基地强制收回在深化宅基地制度改革探索中应受到重视，应当从收回主体、收回事由、收回程序以及收回补偿4个方面入手，建立起实操性强的宅基地收回制度，推动宅基地资源的回流，从而补足宅基地使用权得丧变更制度中的重要一环。

四、结语

宅基地使用权作为重要的用益物权，关乎亿万农民群众的生存与发展，但已如前述，宅基地使用权制度供给却明显不足：《民法典》中关于宅基地使用权的规定仅有寥寥4条，且基本承袭原《物权法》中粗糙简略的规定。而且《民法典》物权编自甘放弃，采用转介性条款将宅基地使用权流转仍交由土地管理的法律及国家有关规定进行规制，在立法层级与法规性质上亦属指引不明。[17] 新《土地管理法》关于宅基地制度改革的立法回应十分有限，亦没有体现“三块地”联动改

〔17〕 陈小君：《〈民法典〉物权编用益物权制度立法得失之我见》，载《当代法学》2021年第2期。

革之效。[18] 因此,未来的宅基地制度改革和宅基地“三权分置”的进一步探索,应深入总结前一轮改革经验与不足,努力形成更多可复制、可推广、利修法的改革经验,进而在法律制度上呈现。本文建议,应以《农村宅基地使用条例》起草为契机,整合改革经验,完善宅基地从取得、使用到消灭全过程的监督与管理规范,并与民事制度分工合作、有效衔接,共同建立起农村宅基地管理有效和利用高效的公私法规范体系。

(责任编辑:耿卓)

〔18〕 陈小君:《〈土地管理法〉修法与新一轮土地改革》,载《中国法律评论》2019年第5期。

“三块地”改革试点之规划权行使调研报告*

陈小君教授课题组**

|摘　要|

规划权行使虽非农村土地制度改革的试点内容，但规划在现代土地治理中发挥前提和基础作用，在“三块地”改革中规划的管控作用被不断强化，体现在土地征收的公共利益审查、集体经营性建设用地的入市能力、宅基地审批和使用等各方面，并被 2019 年修改的《土地管理法》所吸纳。改革试点地区对规划权及其行使进行积极探索，形成诸多创新做法，尽管规划权未被上升为立法，但其仍有制度价值。从改革实践来看，对规划权及其行使的探索主要体现为，规划分区在农村土地征收领域的作用弱化，规划权行使在集体经营性建设用地入市中的拓展，以及对宅基地制度改革的保障作用。本报告对此进行系统梳理总结，相信有助于为《土地管理法》实施和国土空间规划立法中规划权的科学配置与规范行使积累实践经验、提供制度样本。

|关键词|

规划权　农村土地征收　集体经营性建设用地入市　宅基地管理

|目　次|

---

* 基金项目：国家社会科学基金重大项目“新时代中国特色土地管理法律制度完善研究”(18ZDA151)阶段性成果。

** 执笔人：高飞，广东外语外贸大学土地法制研究院教授，国家社会科学基金重大项目(18ZDA151)子课题负责人；孙聪聪，广东外语外贸大学土地法制研究院讲师、法学博士，国家社会科学基金重大项目(18ZDA151)课题组成员。

进入近现代社会以来,规划以其科学性、民主性与正当性日益在土地管理领域发挥关键作用,并经由立法确认其引导和控制土地开发保护活动的法律效力,得以合法限制土地财产权行使,有效排除公权恣意和私权滥用。我国于2015年3月启动的农村土地制度改革,包括农村土地征收、集体经营性建设用地入市和宅基地制度改革三项内容(以下简称"三块地"改革),旨在缩小土地征收范围、拓展建设用地入市来源、规范农村宅基地制度,使市场在农村集体土地资源配置中发挥决定性作用,更好地发挥政府作用,为科学立法和修法积累实践经验。规划权行使虽不是此次试点改革的主要内容,但因规划在土地管理中发挥引领、管控作用,因此成为农村土地制度改革的前提和依据。

国家社会科学基金重大项目"新时代中国特色土地管理法律制度完善研究"(18ZDA151)课题组持续关注农村土地制度改革试点工作及国土空间规划体系构建进程,经过科学论证和精心筹划,于2019年9~12月改革收官之际同时也是国土空间规划体系构建的关键时点,对全国31省(自治区、直辖市)的33个试点地区进行全域调研,就其中规划的管控作用与国土空间规划体系构建的重难点问题进行实地走访。本文在收集整理有关工作报告、政策汇编和访谈笔录的基础上展开,以期从中发现农村土地制度改革的规划管控模式,以及县域国土空间规划体系构建的进展,为国土空间规划体系构建与立法研究提供实证分析基础。本文侧重于挖掘未被修法所采纳的试点做法,探究其背后的实践逻辑,公开其可能代表的基层共识,为在新时代以国土空间规划为工具理性实现从土地管理到国土空间治理的转变升级开拓路径方向。

一、规划分区在农村土地征收中的作用弱化

新《土地管理法》以公共利益限缩土地征收范围,要求所列举的公益建设活动符合国民经济和社会发展规划、土地利用总体规划、城乡规划和专项规划;由政府组织实施的扶贫搬迁、保障性安居工程建设需要用地或土地利用总体规划确定的城镇建设用地范围内,经省级以上人民政府批准由县级以上地方人民政府组织实施的成片开发建设,还应当纳入国民经济和社会发展年度计划。除此之外,试点地区以规划分区管控土地征收的做法被新《土地管理法》所扬弃,规划权和征收权的行使更趋科学合理。

(一)规划分区与公共利益认定相区隔

以公共利益限缩土地征收范围,是试点地区的普遍做法。大多数试点地区均不区分城镇规划区内外适用同样的土地征收目录或者公共利益用地判定标

准,但亦有区分城镇规划区和乡村规划区适用不同的公共利益判断标准的做法,具体又可分为两种情况:一是在城镇规划区内实施城市规划即可纳入征收范围,在城镇规划区外则区分是否适用公共利益用地,纳入公共利益用地范围或土地征收目录方可实施征收;二是反其道而行之,仅在城市规划区适用公共利益征收,在乡镇规划区则通过集体经营性建设用地入市满足建设需求。这种两种做法各有其不足。前者以城镇规划区确定征收范围,混淆了城镇规划与土地征收,且有违征收的公共利益目的,有征收适用范围扩大化之嫌;后者忽视了乡镇规划区可能存在的公共利益,进而不当限缩了土地征收的适用范围。概言之,区分城镇规划区内外适用不同的公共利益判断标准,进而决定是否将集体土地征收为国有,并无充分的正当性依据。因为城镇规划区本身亦是政府行使规划权划定的,在城镇规划区范围内实施的开发建设活动并非均为公共利益目的,在城镇规划区范围外亦非不可进行公共设施或公益事业建设。此为新《土地管理法》未采纳以规划区范围辅助界定公共利益判断标准的根本原因所在。部分试点地区之所以会采取此种方式,根源在于过于简单化地界定城镇规划区范围内集体土地功能,并忽视了乡村规划区公共设施和公益事业建设的现实需求。

1.城镇开发边界内外集体经营性建设用地入市的正当性

城镇规划区范围内的集体土地不再承担农业生产功能,集体建设用地主要用以居住和工商业生产经营活动,若不予征收,自然应当允许其与国有建设用地同等入市、同权同价。因集体土地属于特定社区范围内的一部分人也即农村集体经济组织成员集体所有,可能导致产生特殊的土地食利阶层,造成城中村居民与城市、农村居民之间的不公:城市居民不得享有集体土地所有权;[1]农村居民尽管与城中村居民同样拥有集体土地所有权,但农村土地受制于耕地与生态保护限制,较难利用集体土地从事工商业生产经营活动,发展壮大集体经济。然而,以上理由并不能成为在城镇规划区内一律通过征收利用集体建设用地,而不允许农村集体经济组织自主开发或者入市利用的依据。

因公共利益需要实行征收是我国《宪法》所确立的基本秩序,农民集体所有既是我国公有制的组成部分,亦是我国《民法典》确认的民事权利,农村集体土地在承担保障国家粮食安全、农民生存和居住等公共职能之余,尚承载集体和农民财产权益实现的价值目标。城镇规划区内的集体土地虽大多不再用于农业生

〔1〕 韩松:《城镇化进程中入市集体经营性建设用地所有权归属及其与土地征收制度的协调》,载《当代法学》2016年第6期。

产,但集体成员的就业、医疗、养老等社会保障职能仍主要由集体承担,在城乡统一的社会保障体系健全之前,土地集体所有仍有其存在的正当性与必要性,利用集体土地从事生产经营活动仍是发展壮大集体经济的必然要求。这在城镇规划区外的农村更是如此。新的国土空间规划体系不再区分城镇规划区内外,而以城镇开发边界区分城镇空间和农业空间,城镇开发边界外的农业空间虽主要承担农业生产职能,但发展乡村产业需要与农业生产相关的第二产业、第三产业予以支撑,试点地区均允许城镇规划区外集体经营性建设用地有条件入市即体现了该实践需求,新《土地管理法》不区分城镇规划区内外适用公共利益认定标准是对试点地区做法的辨别吸收,值得肯定。

但是,新《土地管理法》第45条第1款第5项仍保留了"在土地利用总体规划确定的城镇建设用地范围内"实施成片开发建设需要用地的可以依法实施征收的规定,这既在一定程度上限制了城镇规划区范围内纯粹公共利益征收的适用,又对该区域集体经营性建设用地入市进行了限制。在城镇建设用地范围内将成片开发作为公共利益类型有其时代价值,[2]"三块地"改革试点中亦有迹可循,将来是否会被国土空间开发保护等国土空间治理法律所修改,仍有待观察。

2. 乡(镇)村公共设施和公益事业用地改革

仅在城市规划区实施公共利益征收,在乡镇规划区一律采取入市的方式满足建设用地需求,则存在忽视乡(镇)村公共设施和公益事业建设用地的问题。基于同样的理由,即便乡镇规划区或者乡村发展区主要承担农业生产职能,但农村居民生产生活仍需要均等的基础设施和公共服务予以配套。

目前乡(镇)村公共设施、公益事业建设需要使用土地的,须经乡(镇)人民政府审核,向县级以上地方人民政府自然资源主管部门提出申请,按照省、自治区、直辖市规定的批准权限,经县级以上地方人民政府批准,并未要求必须办理土地征收手续;为乡(镇)村公共设施和公益事业建设需要使用土地的,农村集体经济组织报经原批准用地的人民政府批准,可以收回土地使用权并给予土地使用权人适当补偿。实践中因集体公益性建设用地的所有权和使用权人仍为农民集体,乡(镇)村公共设施和公益事业建设的用地补偿、建设成本和管护费用,通常须由农村集体经济组织通过"一事一议"等方式筹资筹劳解决,[3]本该由政府承

---

[2] 于凤瑞:《〈土地管理法〉成片开发征收标准的体系阐释》,载《中国土地科学》2020年第8期。

[3] 王振标:《论村内公共权力的强制性——从一事一议的制度困境谈起》,载《中国农村观察》2018年第6期。

担的公共产品提供职能被虚置。

新《土地管理法》第 45 条不区分城镇建设用地范围内外,统一规定因政府组织实施的基础设施建设和公共事业需要用地的,可以依法实施征收,这意味着因政府组织实施的乡(镇)村公共设施和公共事业建设需要使用土地,可以通过征收将集体土地转变为国有,由政府承担对农民集体和原土地使用权人的征收补偿、建设成本和管护费用,可谓正确认识到政府在农村公共基础设施建设中的主体责任,此乃建立城乡公共基础设施一体化发展机制的应然之义。

(二)统一区片综合地价确定补偿标准

统一以区片综合地价取代原产值倍数作为征地补偿标准,是此次"三块地"改革试点与新《土地管理法》取得的重大立法成果,试点地区大多分区片制定了城乡统一的综合地价。区片与规划分区不同,根据新《土地管理法》规定,制定区片综合地价应当综合考虑土地原用途、土地资源条件、土地产值、土地区位、土地供求关系、人口以及经济社会发展水平等因素,并至少每 3 年调整或者重新公布一次。另根据自然资源部办公厅《关于加快制定征收农用地区片综合地价工作的通知》(以下简称《区片综合地价通知》)规定,区片以县(市、区)为单位,将县域划分为一个或几个区片,作为测算区片综合地价的基本单元,划定区片原则上不打破村级行政界限,可以将同一乡镇的多个行政村归并为一个区片,也可以将不同乡镇的多个行政村归并为一个区片。以行政区划作为区片划分标准,进而测算综合地价,作为征收农民集体农用地的土地补偿费和安置补助费标准,相较于以往以规划分区分别适用年产值标准和区片综合地价更具合理性。〔4〕

以 2015 年《青海省征地统一年产值标准和征地区片综合地价》(青政〔2015〕61 号,已失效)为例。根据该地价标准,对城市规划圈外区域实行统一年产值标准,对乡镇纳入城市规划区以内区域实行区片综合地价。据此西宁市湟源县城关镇国光村等 8 个村位于城市规划区以外的区域实行统一年产值标准,征收补偿标准最高的水浇地补偿金额为 4.94 万元/亩,而上述 8 个村位于城市规划区以

〔4〕 2004 年《土地管理法》修改后,原国土资源部根据《国务院关于深化改革严格土地管理的决定》(国发〔2004〕28 号)发布《关于开展制订征地统一年产值标准和征地区片综合地价工作的通知》(国土资发〔2005〕144 号,已失效),要求各地因地制宜,东部地区城市土地利用总体规划确定的建设用地范围,应制订区片综合地价;中、西部地区大中城市郊区和其他有条件的地区,也应积极推进区片综合地价制订工作;其他暂不具备条件的地区可制订征地统一年产值标准。部分省级政府据此区分城市规划区内外分别适用统一年产值倍数和区片综合地价标准计算征地补偿费用,如内蒙古自治区、青海省等。

内的区域区片综合地价的补偿标准为7.41万元/亩,因行政区划与规划分区并不重合,同一个村位于不同规划区域的补偿标准差异如此之大,其合理性存疑。而以行政区划作为区片综合地价的判断标准则相对科学合理,仍以青海省为例,2020年青海省人民政府《关于公布青海省征收农用地区片综合地价的通知》(青政〔2020〕64号)废止了《青海省征地统一年产值标准和征地区片综合地价》,以行政区划作为划分区片的单元,根据农用地条件相近的原则,西宁市湟源县城关镇的国光村等8个村适用统一的区片综合地价,即7.41万元/亩,更能体现公平正义,从而更容易为被征地农民接受。

从试点地区运行的情况来看,以区片综合地价取代年产值标准普遍提高了征地补偿标准。不过,区片综合地价仍然是以政府主导而非市场调节的方式计算征地补偿标准,难以反映集体土地应有的开发价值。[5] 而且根据《区片综合地价通知》的规定,区片综合地价采用农用地产值修订法、征地案例比较法等方法综合测算,"不低于内涵可比的现行征地补偿标准",理论上并不必然高于原产值倍数标准。随着农村土地制度改革的深入推进,集体土地的财产价值进一步显化,相信以区片综合地价取代年产值标准将合理提高征地补偿。可见,不区分规划分区统一适用区片综合地价作为计算征地补偿的标准,是规划权在农村土地征收领域限缩的体现。

(三)土地征收与规划之间的联结互动

我国农村土地征收与土地利用规划之间存在联结互动机制。各级人民政府通过下达土地利用年度计划,确定农用地转用计划指标、耕地保有量计划指标与土地开发整理计划指标,从而在一定程度上决定本年度可得征收的土地规模。[6] 新《土地管理法》以公共利益限缩土地征收范围,且要求为公共利益开展的建设活动,应符合国民经济和社会发展规划、土地利用总体规划、城乡规划和专项规划,成片开发建设仅能在土地利用总体规划确定的城镇建设用地范围内进行。各级各类规划作为前置条件,通过对公共利益予以合规划性审查,决定可得征收的土地范围。在规划修改事由和程序不尽清晰规范的情况下,不排除地方政府修改规划以推进征收实施的情况。

规划权的行使旨在使国土空间的开发、保护、利用和修复更为科学、高效和正当,是面向未来的行政行为;征收权的行使则意在将集体或者私人所有的财产

---

〔5〕 高飞:《征地补偿中财产权实现之制度缺失及矫正》,载《江西社会科学》2020年第2期。

〔6〕 彭錞:《中国集体土地征收决策机制:现状、由来与前景》,载《华东政法大学学报》2017年第1期。

转变为国家所有,是立足当下的行政行为。在我国目前以土地利用规划指标管控征地面积的管理模式下,因规划权和征收权的主体均为各级人民政府,虽然两者均以公共利益为目的,但两者的相互纠葛又导致彼此的正当性缺失。以规划分区确定不同的公共利益认定和征收补偿标准即为明证。

从试点运行的整体效果和《土地管理法》修改的导向来看,公权力的运行更趋向科学规范,规划权和征收权从纠缠不清更趋向于各司其职、并行不悖。土地征收回归公共利益目的,仅将经省级以上人民政府批准由县级以上地方人民政府实施的成片开发建设,限定在土地利用总体规划确定的城镇建设用地范围内;征地补偿统一适用区片综合地价,不再区分城镇建设用地规模内外适用不同的征地补偿标准。根据《土地管理法》规定,我国土地利用总体规划的制定和审批主体为各级人民政府,《城乡规划法》则在城乡规划审批之前增加了各级人大、各级人大常委会的审议程序,中共中央、国务院《关于建立国土空间规划体系并监督实施的若干意见》基本上延续了《城乡规划法》关于规划制定的审批机制,除全国国土空间规划由党中央、国务院审定后印发外,各级国土空间总体规划在报送审批前,须经同级人大常委会审议,将规划权在立法机关和行政机关之间进行了适度区隔,同时经立法机关的审议强化了国土空间规划的法定约束力。

规划虽为实现抽象意义上的公共利益,但实施规划本身不能成为行使征收权的理由,征收作为对集体和私人财产权利的强制性剥夺,必须经过具体公共利益标准的审查,成片开发在实现其城市化的阶段性使命后应当退出历史舞台。随着我国国土空间规划和国土空间开发保护立法的进一步完善,规划权和征收权之间的关系将被进一步理顺,这既是建立城乡统一的建设用地市场、推进土地要素市场化配置的路径方向,亦是实现国家治理体系和治理能力现代化的必然要求。

二、规划权行使在集体经营性建设用地入市中的拓展

中共中央办公厅、国务院办公厅印发《关于农村土地征收、集体经营性建设用地入市、宅基地制度改革试点工作的意见》(以下简称《"三块地"改革试点意见》)要求,土地利用总体规划和城乡规划确定为工矿仓储、商服等经营性用途的存量农村集体建设用地,在符合规划、用途管制和依法取得的前提下可以出让、租赁、入股,与国有建设用地实行同等入市、同权同价。在调研中课题组了解到,试点地区集体经营性建设用地入市大多采取就地入市、调整入市和整治入市三种途径,而无论采取何种途径入市,规划均在集体经营性建设用地入市过程中

发挥关键作用。

(一)集体经营性建设用地入市能力和规划用途

新《土地管理法》第63条基本延续了《"三块地"改革试点意见》关于集体经营性建设用地入市的政策要求,唯将"工矿仓储、商服等"修改为"工业、商业等",且入市的集体经营性建设用地不限于存量,新《土地管理法》第23条还要求土地利用年度计划对集体经营性建设用地作出合理安排。与此同时,新《土地管理法》第64条规定,集体建设用地的使用者应当严格按照土地利用总体规划、城乡规划确定的用途使用土地。因此,土地利用总体规划和城乡规划确定的工业、商业等经营性用途,既是集体经营性建设用地入市必须具备的资格条件,又是其入市之后的开发建设条件,限定较为严格。

1. 存量集体建设用地的入市能力

我国实行最严格的耕地保护制度,控制建设用地总量,规划管控指标通过各级土地利用总体规划层层落实,具体地块土地用途的确定受制于土地利用现状、耕地保有量、基本农田保护面积、建设用地规模和土地整治安排等;农村土地的主体功能是农业生产,加之此次《土地管理法》修改之前,建设用地采取一元制供应体制,除乡镇企业、村民建设住宅或乡(镇)村公共设施和公益事业建设需要使用农民集体所有的土地外,任何单位和个人从事建设活动必须依法申请使用国有土地,新增建设用地指标主要被投放至城镇及其周边的农村地区,用以扩大城镇建设用地规模。[7] 存量集体建设用地规模本就有限,目前主要是乡镇企业、乡(镇)村公共设施、公益事业和农村村民住宅用地,所谓"经营性"建设用地,即乡镇企业用地,在集体建设用地中占比较小。现有符合土地利用总体规划和城乡规划并被确认为工业、商业等经营性用途的乡镇企业用地,同样占比较小。

集体存量建设用地中经营性用地占比较小,与地理区位、乡镇村企业发展状况有关;而存量经营性建设用地中符合入市条件的占比较小,主要原因有两个方面:一是囿于上述用地指标限制,乡镇村办企业用地未依法依规办理农用地转用

---

[7] 参见耿卓、孙聪聪:《乡村振兴用地难的理论表达与法治破解之道》,载《求是学刊》2020年第5期。自然资源部"土地调查成果共享应用服务平台"根据第二次全国土地调查和年度全国土地变更调查的数据显示,2009年我国城市和建制镇用地10,875.5万亩,村庄用地27,709.2万亩,2016年城镇用地增加到14,147万亩,村庄用地增加至28,800.5万亩,同比增长分别为30%和4%。

手续，导致用地性质与土地利用总体规划不符，可能涉及违法用地行为；二是工业、商业等在建设用地之上的具体土地使用性质，是根据城市、镇控制性详细规划和村庄规划确定的，而我国当前村庄规划的覆盖率不高，确定了具体地块用途的村庄规划更少。2014 年 12 月 23 日，时任农业部部长韩长赋在第十二届全国人民代表大会常务委员会第十二次会议上作国务院《关于推进新农村建设工作情况的报告》时指出，当时全国行政村村庄规划编制率仅为 59.6%，且指导性和约束力不强。“三块地”改革过程中，试点地区大多编制了多规合一的村庄规划，或者通过对原有的城乡规划进行修改和调整，由规划主管部门为集体建设用地分配工矿仓储、商服、旅游用地等规划指标，明确其具体用途和规划条件。在符合土地利用总体规划、城乡规划及其他相关规划、用途管制、依法取得用地手续的前提下，对入市的地块补齐办理集体经营性建设用地使用权证，允许存量农村集体经营性建设用地使用权以出让、租赁、作价出资（入股）等方式入市，完善农村集体经营性建设用地产权制度，从中可以发现试点地区为了推动入市工作在主动编制或者修改规划方面所做的努力。

2. 集体经营性建设用地的规划条件

根据《城乡规划法》第 38 条的规定，国有建设用地的规划条件是指出让地块的位置、使用性质、开发强度等。[8] 新《土地管理法》第 63 条规定，符合条件的集体经营性建设用地，土地所有权人可以通过出让、出租等方式签订书面合同，载明土地界址、面积、动工期限、使用期限、土地用途、规划条件和双方其他权利义务。此处“土地用途”是外在于规划条件的。《城乡规划法》中土地的“使用性质”含义如何，与《土地管理法》中的“土地用途”是何关系，不无疑问。

根据《土地管理法》授权编制的土地利用总体规划中的“土地用途”，是指农用地、建设用地和未利用地等不同的用地分类；根据《土地利用现状分类》（GBT 21010—2017）的规定，《土地管理法》规定的三大类，又有 12 个二级分类。《城乡规划法》中土地的“使用性质”，应是在城镇规划区建设用地上进一步细分的具体土地用途；《城市用地分类与规划建设用地标准》（GB 50137—2011），用地分类包括城乡用地分类、城市建设用地分类两部分，并规定应按土地使用的主要性质进行划分。究其根本，土地用途是其使用性质的规范表达和类型划分，土地用途

---

[8] 《城乡规划法》第 38 条第 1 款规定：“在城市、镇规划区内以出让方式提供国有土地使用权的，在国有土地使用权出让前，城市、县人民政府城乡规划主管部门应当依据控制性详细规划，提出出让地块的位置、使用性质、开发强度等规划条件，作为国有土地使用权出让合同的组成部分。未确定规划条件的地块，不得出让国有土地使用权。”

的本质即其使用性质。土地用途、使用性质和开发强度等规划条件,通过土地利用总体规划、城市规划、控制性详细规划和村庄规划等层层落实,在国家建设用地和集体经营性建设用地入市时由市、县人民政府自然资源主管部门予以明确,且在使用过程中不得随意变更。〔9〕 试点地区大都规定,集体经营性建设用地的规划条件由市、县自然资源主管部门提出;与此相适应,有试点地区同时规定,县(市、区)城乡规划主管部门在其法定职责范围内,依照法律、法规、规章的规定,可以委托乡、镇人民政府实施乡村建设规划许可。

《民法典》延续原《物权法》的做法在第347条规定,建设用地使用权可以用于工业、商业、旅游、娱乐和商品住宅等经营性用途。有疑问的是,集体经营性建设用地在"工业、商业"之外,能否用于旅游、娱乐和商品住宅开发等,目前尚不明确,学界亦有争论。〔10〕 个别人地矛盾突出、居住需求旺盛的试点地区允许集体经营性建设用地入市开发商品住宅或者保障性住房,如广西壮族自治区北流市〔11〕、海南省文昌市〔12〕等。此外,根据中共中央、国务院《关于建立国土空间规划体系并监督实施的若干意见》,村庄规划作为国土空间规划体系中的详细规划,需对具体地块用途和开发建设强度作出实施性安排;村庄规划由乡镇人民政府组织编制,规划条件由市、县人民政府自然资源主管部门提出,可能存在事权重叠或职权交叉,在实施过程中需注意统筹和协调。

(二)集体土地复垦置换建设用地指标异地入市

除不符合规划外,存量集体经营性建设用地难以实际入市的原因还在于其细碎、分散,较难实现规模利用。《"三块地"改革试点意见》规定,对村庄内零星、

---

〔9〕《土地管理法实施条例》第39条规定:"土地所有权人拟出让、出租集体经营性建设用地的,市、县人民政府自然资源主管部门应当依据国土空间规划提出拟出让、出租的集体经营性建设用地的规划条件,明确土地界址、面积、用途和开发建设强度等。"

〔10〕岳晓武:《土地管理法的延续与变革》,载《中国土地》2019年第10期;高圣平:《论集体建设用地使用权的法律构造》,载《法学杂志》2019年第4期;宋志红:《集体建设用地使用权设立的难点问题探讨:兼析〈民法典〉和〈土地管理法〉有关规则的理解与适用》,载《中外法学》2020年第4期。

〔11〕余述琼、周小平、王军艳:《农村集体经营性建设用地入市用于商品住宅的改革探索与风险分析——以广西壮族自治区北流市的改革创新为例》,载《改革与战略》2020年第6期。

〔12〕《文昌市农村集体经营性建设用地入市试点暂行办法》第19条规定:"农村集体经营性建设用地使用权出让、作价出资(入股)最高年限,不得超过国家规定国有建设用地同类土地用途的最高年限,具体年限按下列用途确定:(一)住宅用地七十年;(二)工业用地五十年;(三)教育、科技、文化、卫生、体育用地五十年;(四)商业、旅游、娱乐用地四十年;(五)综合或者其他用地五十年。农村集体经营性建设用地使用权出租可根据具体项目需要确定使用年限,但最长不得超过二十年。"

分散的集体经营性建设用地,经试点地区上一级政府批准后,可按规划和计划调整到本县(市)域范围内的产业集中区入市。集体经营性建设用地使用权调整入市,往往涉及调出方集体建设用地(包括集体经营性建设用地、宅基地和公益性建设用地等)复垦折算指标的异地使用,还有复垦地块原土地使用权的收回补偿、复垦地块原建设用地转变为耕地的发展权益损失以及新建地块原土地承包经营权的收回补偿等问题。其实质是城乡建设用地增减挂钩政策的扩大适用,在此过程中能否给予原土地使用权人足额补偿,能否保证复垦之后耕地面积不减少、耕地质量有提高,仍有待观察。

1. 集体经营性建设用地异地调整入市的方式

试点地区根据《"三块地"改革试点意见》,对集体经营性建设用地实施复垦,将置换的建设用地指标调整到有入市需求的村镇或者产业集中区,再通过农用地转用等方式新增集体经营性建设用地连片入市。如根据《文昌市农村集体经营性建设用地入市试点暂行办法》规定,村庄内零星、分散的集体经营性建设用地,可以由市自然资源和规划局拟定调整方案,并报市人民政府批准后,调整到本市辖区内的产业集中区入市。待调整地块需符合就地入市的条件,包括符合文昌市各级各类规划及环保要求、地类现状为建设用地、依法取得集体土地所有权证和集体建设用地使用权证,以及地上建筑物、构筑物及其他附着物已补偿完毕等;除此之外,待调整地块应当复垦为农用地,且复垦后的农用地面积不得小于拟入市地块面积;调整涉及占用耕地的,复垦为耕地的面积不得小于所占用耕地面积,且质量不得低于所占用耕地;拟入市地块不属于基本农田,且为文昌市土地利用总体规划划定的建设用地,城乡规划划定为工业用地、物流仓储用地、商业服务业设施用地等经营性用途的土地;调整完毕后的建设用地面积总量不得大于调整之前。

在调研中课题组还了解到,大多数试点地区突破了将集体经营性建设用地复垦的规定,将复垦的建设用地拓展到闲置宅基地、公益性建设用地等。在广西壮族自治区北流市、四川省泸县、安徽省金寨县、山西省泽州县等地,都存在将闲置宅基地纳入入市范围的情况,具体做法是在农民自愿的基础上收回宅基地,通过开展村庄整治、宅基地复垦,节余的建设用地指标经规划布局、指标调整、补偿安置等,作为集体经营性建设用地实现异地调整入市。[13]

2. 原土地使用权人复垦或发展权益损失补偿

在试点地区集体经营性建设用地异地调整入市的,一般由调入方从入市成交价中对调出方和调出方的原土地使用权人进行补偿,亦有政府对复垦形成的节余指标进行收储代替补偿的例外情况。

原土地使用权人复垦或发展权益损失补偿的具体模式如下:

(1)由调入方和调出方参照特定的标准协商确定补偿金额。参照标准有新增建设用地有偿使用费、征地补偿费等。一是参照新增建设用地有偿使用费补偿,如宁夏回族自治区平罗县在坚持集体建设用地总量不增的前提下,依据规划将农村闲置宅基地复垦后的新增建设用地指标调整到产业集中区入市,规定从入市地块的成交价款中,按照新增建设用地有偿使用费的标准对调整指标的集体经济组织进行补偿。[14] 二是参照征地费用补偿,如《文昌市农村集体经营性建设用地异地调整入市实施办法》规定,复垦地块的复垦补偿金由入市主体支付,标准可参照复垦地块所在区域的征地区片综合地价的一定倍数确定,一般为1~2倍。参照新增建设用地有偿使用费给予补偿,着眼于调入方或者建新区新增建设用地本应支付的成本;参照征地补偿费用给予补偿,则着眼于调出方或者调入方原土地使用权人(包括调出方原建设用地使用权人和调入方原土地承包经营权人)的损失,但前者事实上并未使用新增建设用地指标,后者亦未将集体土地征收为国有,因而试点实践中使用了"参照",立法和理论上仍需深入探讨其正当性与妥适性。

(2)由政府规定复垦指标交易价格并予以兜底收储。在河南省长垣县(现为河南省长垣市),建设用地指标实现了市场流转,农民集体将节余的建设用地指标,以10万元/亩的价格流转给县土地储备中心,中心再以市场价格流转给本县土地使用者。[15] 又如依据泸县人民政府《关于印发〈泸县农村宅基地有偿退出管理暂行办法〉的通知》(泸县府发〔2017〕64号)规定,宅基地复垦验收节余指标

〔13〕 参见吴宇哲、于浩洋:《农村集体建设用地住宅用途入市的现实约束与赋能探索》,载《中国土地科学》2021年第5期。

〔14〕 参见《平罗县农村零散宅基地整治复垦实施办法》,载平罗县人民政府网,https:www.pingluo.gov.cn,2020年8月5日最后访问。

〔15〕 参见陈卫华、吕萍:《产粮核心区农村土地三项改革:经验、难题与破解——以河南长垣为例》,载《农村经济》2019年第9期。

按7万元/亩的标准兜底收购;需新建中心村(集聚点)住户达10户及以上的,有基础设施配套建设的节余指标(“一户一宅”退出节余指标),按照12万元/亩的标准兜底收购,其中包含1万元/亩的政府工作经费。但从泸县的指标落地情况来看,县内对于指标的需求较小,无法满足规划规模的指标落地。这具体体现为96.44%的节余指标都由政府进行收储,直接入市与调整入市的比例很小,指标落地速度无法与指标产出规模相匹配。已落地指标的92.89%用于城镇新区建设,且其中52.37%是落地在县域外市域内的。为此,泸县相关部门建议扩大复垦指标流转范围。

由政府直接规定复垦费用或者复垦指标交易费用的上下限,更具可操作性,但亦存在政府拟定的标准能否涵盖原土地使用权收回补偿以及原建设用地发展权益损失的疑问,且该标准一经确定,即存在僵化的风险,其能否如征地区片综合地价按期调整,同样值得研究。

3. 城乡建设用地增减挂钩法律政策的扩大适用

所谓集体经营性建设用地调整入市,本质上是城乡建设用地增减挂钩的地方实践,只是部分试点地区未严格按照城乡建设用地增减挂钩政策纳入项目管理。这种做法难以有效保障全国范围内建设用地总量不增加、耕地面积不减少、质量不降低。虽然新《土地管理法》强调,规划确定为工业、商业等经营性用途并经依法登记的集体经营性建设用地方可入市,但调整入市并未新增建设用地,加之试点地区调整入市如火如荼,不排除地方政府通过调整规划使集体土地具备入市条件再推动其入市的情况。在此过程中,须慎重对待规划调整事由、原土地使用权的收回补偿以及发展权益损失、复垦耕地数量和质量、建设用地规模等,使其在现有的立法和政策框架下合法规范地运作并获得公平合理的补偿,避免借由立法空白和政策漏洞恣意侵害原土地所有权人和使用权人的合法权益。

三、集体经营性建设用地入市的产权归属调整

原国土资源部《关于印发农村土地征收、集体经营性建设用地入市和宅基地制度改革试点实施细则的通知》(以下简称《“三块地”改革试点实施细则》)进一步细化集体经营性建设用地入市的范围和途径,涉及调整入市和整治入市的土地产权关系调整。集体经营性建设用地入市的产权归属调整,虽非规划权行使的直接后果,但离不开规划上的用途调整和地籍重划,因此有赖于规划权的科学行使。

(一)调整入市的农村集体经济组织间产权置换

就调整入市而言,《“三块地”改革试点实施细则》明确在确保建设用地不增加、耕地数量不减少、质量有提高的前提下,对村庄内零星、分散的集体经营性建设用地先复垦,后按计划调整到本县(市、区)域范围内的产业集中区入市;到产业集中区入市,涉及农村土地产权关系调整的,县(市、区)人民政府要做好政策指导。上文述及,试点地区大多突破了将集体经营性建设用地复垦以调整入市的范围限制,而将可调整入市的集体建设用地范围拓展到宅基地和集体公益性建设用地等;不仅如此,试点地区还依据《“三块地”改革试点实施细则》规定,调整入市的集体建设用地可以在不同的农村集体经济组织之间调换土地所有权。例如,《德清县农村集体经营性建设用地入市管理办法(试行)》明确规定,异地调整地块涉及不同集体经济组织的,可相互调换土地所有权;涉及不同级差的,可以采用货币补差等方式调换所有权;无法以地换地的,可采用纯货币补偿方式调换所有权,调出土地方可参照被征地农民纳入社会养老保障体系。又如,《义乌市农村集体经营性建设用地入市管理办法(试行)》规定,进行跨村异地调整的,不同集体经济组织之间可相互调整土地所有权。[16]

(二)整治入市的国有和集体建设用地产权调整

《“三块地”改革试点实施细则》重申,对历史形成的城中村集体建设用地,按照政府主导、多方参与的原则,依据经批准的规划开展土地整治,对规划范围内各类土地统一进行复垦、基础设施配套、重新划分宗地和确定产权归属;对不予征收的,在优先保障城中村居民住房安置等用地后,属于经营性用途的集体建设用地,由农民集体入市。试点地区大多据此开展集体经营性建设用地入市的权属调整,若调整入市主要涉及不同农村集体经济组织之间的产权置换,整治入市则可能涉及国有土地与集体土地之间的权属调整。

目前国有土地与集体土地之间权属置换的法定途径主要是集体土地的国家征收,但亦有试点地区尝试打破了该路径限制,如《佛山市南海区关于开展农村集体建设用地片区综合整治的指导意见》规定,片区综合整治范围内的集体建设用地与集体建设用地或集体建设用地与国有建设用地之间的宗地位置与面积可以相互调整,建设用地置换应在权属清晰、程序合法且满足净地条件的前提下,遵循“面积相近、双方自愿、凭证置换”的原则进行,并按土地变更登记的有关

[16] 参见《义乌市农村集体经营性建设用地入市管理办法(试行)》,载义乌政府门户网,http://www.yw.gov.cn/art/2018/1/20/art_1229355313_894269.html,2020年8月6日最后访问。

程序和要求办理变更登记手续。

事实上，无论是集体土地与集体土地还是国有土地与集体土地，亦无论是否允许以货币或者非货币方式补足差价，所有权互换的本质即为转让，而我国《宪法》《土地管理法》等明确规定，任何组织或者个人不得侵占、买卖或者以其他形式非法转让土地。目前随着征地补偿标准不断提高，地方政府通过征收将集体土地转变为国有的动力逐步减弱，而尝试通过其他方式将集体土地转变为国有，尤其以广东省开展的“三旧”改造（城市更新）为典型。广东省允许农村集体经济组织在“三旧”改造中，“申请”将集体土地转变为国有，[17]以集体动议引发国家征收权的启动；同时允许地方政府与农村集体经济组织协商收购集体土地，继而以国有土地储备入市。正如有学者所指出的，国有土地储备可能涉嫌违反《宪法》有关土地所有权不得转让的规定，[18]集体土地相互之间、集体土地与国有土地之间的置换，无论采取何种方式，其实质仍属于广义上的土地所有权转让，在《宪法》未做修改之前，均应当审慎地推进。而且，大规模的整治入市项目，往往涉及复杂的土地权属关系，若农户和集体的权利意识不强，土地权属关系的调整则很可能被项目本身遮蔽掉，农户通过搬迁满足了居住需求，但事实上可能已然丧失集体成员资格和原土地承包经营权、宅基地使用权、集体资产分配权等一系列财产权利。唯有在尊重和保护既有财产权体系的前提下，依循法治思维和路径方能妥适地安排和救济。

（三）集体经营性建设用地整备入市的试点尝试

部分试点地区还参照国有土地储备机制建立了农村集体经营性建设用地整备制度。根据佛山市南海区人民政府《关于印发佛山市南海区农村集体经营性建设用地入市管理试行办法的通知》（南府〔2015〕50号）规定，农村集体经营性建设用地整备是指为提升土地利用效益、促进产业转型升级，依据土地利用总体规划和城乡规划，经区集体土地整备中心通过收购、托管等方式，对产业落后、利用低效、零星分散的存量农村集体经营性建设用地进行整合、土地清理

[17] 《广东省旧城镇旧厂房旧村庄改造管理办法》（粤府令第279号）第16条；《广州市人民政府关于提升城市更新水平促进节约集约用地的实施意见》（穗府规〔2017〕6号）规定，鼓励集体用地转为国有用地，参照国有土地旧厂房政策实施改造。《广州市人民政府办公厅关于印发广州市城市更新办法配套文件的通知》（穗府办〔2015〕56号）第25条规定，融资地块由村集体经济组织在组织完成房屋拆迁补偿安置后，再按规定申请转为国有土地，直接协议出让给原农村集体经济组织与市场主体组成的合作企业；经批准后，由合作企业与市国土部门直接签订土地出让合同。

[18] 王磊：《论我国土地征收征用中的违宪问题》，载《法学评论》2016年第5期。

及前期开发,以备统一招商、统一入市的行为。南海区参照国有土地储备制度,经区人民政府批准设立区集体土地整备中心,行使农村集体经营性建设用地整备职能,具体负责土地整合清理、产业规划、前期开发、招商引资、土地入市和物业管理等工作。区集体土地储备中心可采用收购、托管等方式将农村集体经营性建设用地纳入土地整备范围。浙江省义乌市也有类似的实践,由村集体经济组织将入市地块所有权委托给镇街农村土地整备公司,进行统一整理开发和招商入市。

集体土地储备亦可能违反《宪法》关于土地所有权不得转让的规定。新《土地管理法》回归土地征收的公共利益认定标准,并严格限定国有土地划拨的适用范围,同时允许集体经营性建设用地有条件入市,集体土地和国有土地之间相互转换的通道唯有经过公共利益审查,将集体土地征收转为国有土地;在新《土地管理法》实施过程中,应逐步形成公共利益征收、非公共利益入市的法律秩序,不应随意突破宪法和法律的规定。

四、宅基地制度改革的规划权保障

与规划权在农村土地征收领域的限缩和集体经营性建设用地入市过程中的拓展不同,在宅基地制度改革中,规划权更多地体现为对闲置宅基地利用和户有所居的保障作用。

(一)依职权修改规划将宅基地调整为经营性建设用地

此种模式不经复垦置换程序,直接把腾退的宅基地通过规划调整为经营性建设用地。此时涉及规划调整的实体和程序要件是否合法问题。由于规划调整涉及利害关系人的财产权益和信赖利益,无论是通过调整规划赋予集体经营性建设用地入市能力抑或改变规划用途和开发强度,都必须严格依据法定的条件和程序进行,不可恣意而为。《城乡规划法》规定了村庄规划的内容和修改程序,但是没有规定村庄规划修改的事由,也即在何种情形下可以修改村庄规划。《城乡规划法》第48条只是规定“修改乡规划、村庄规划的,应当依照本法第二十二条规定的审批程序报批”,即“乡、镇人民政府组织编制乡规划、村庄规划,报上一级人民政府审批。村庄规划在报送审批前,应当经村民会议或者村民代表会议讨论同意”。村庄规划和控制性详细规划的修改直接关涉权利人的利益,在村庄规划中由宅基地修改为经营性建设用地,在城镇控制性详细规划中将工业用地修改为商业用地或者将商业用地修改为住宅用地,对利害关系人影响甚巨,依据依法行政的信赖保护原则,行政行为一经作出,非因法定事由、非经法定程序不得变更。国土空间规划立法应明确规划的法定修改事由，在规划的前瞻性、稳定性和适应性之间寻求平衡。

（二）依规划分区确立多元农民住房保障制度体系

农村宅基地旨在为农民提供居住保障，但此种保障仅满足农民住房的用地需求。随着城市化进程的推进，农村宅基地和房屋闲置与新分户难以分得宅基地的资源错配现象时有发生，宅基地制度改革的内容之一即探索农村住房保障“户有所居”的多种实现形式。试点地区多以规划范围作为确立“户有所居”不同实现形式的依据。总体而言，依据规划区确立多元的农民住房保障制度体系，表现为在土地利用总体规划确定的城镇建设扩展边界范围内，原则上不再进行单宗宅基地分配，鼓励集中建设农民公寓等；土地利用总体规划确定的城镇建设用地规模范围外的传统农区，继续实行“一户一宅”的宅基地分配制度；而在生态环境恶劣的地区，则采取易地搬迁等方式重新安排居住用地。是否集中建设农民公寓，严格来说取决于宅基地用地需求与集体可供建设的土地之间的供需关系。根据《土地管理法》第 62 条的规定，人均土地少、不能保障一户拥有一处宅基地的地区，县级人民政府在充分尊重农村村民意愿的基础上，可以采取措施，按照省、自治区、直辖市规定的标准保障农村村民实现户有所居，并未将户有所居严格限定在城镇开发边界以内。事实上城镇开发边界以外的传统农区，若人地矛盾突出，亦应允许其集中建设农民公寓保障农村村民实现户有所居。

五、结语

我国土地利用和城乡建设规划等分而治之、多规并立的规划体系存在交叉、重叠乃至冲突的现象。自《中共中央关于全面深化改革若干重大问题的决定》提出建立空间规划体系以来，我国国土空间规划政策框架逐步形成，经由新《土地管理法》原则性规定国土空间规划的编制要求和法律效力，明确“已经编制国土空间规划的，不再编制土地利用总体规划和城乡规划”。国土空间规划并非各类空间规划的简单叠加，其从根本上涉及规划理念革新与规划体制重构，须树立均衡与可持续发展的价值目标，革新国土空间用途管制工具，统筹区域和城乡发展。国土空间规划体系构建虽非农村土地制度改革的核心内容，但改革试点一再推延，与构建国土空间规划体系并监督实施的政策形成几近同步，一方面因在改革中强化规划的管控作用，从而事实上推动了试点地区多规合一的国土空间规划体系构建进程；另一方面也因规划体制处于变革之中，国土空间规划体系尚未完全建立，制约土地制度改革向纵深推进。

据调研了解,试点县(市、区)大多因上级国土空间规划尚未编制审批,而未实质性开展国土空间规划编制工作。鉴于规划在上述农村土地征收、集体经营性建设用地入市、宅基地制度改革中发挥的引领管控作用,以及建立国土空间规划并监督实施的政策要求,各试点地区大多进行了"多规合一"的村庄规划编制。值得注意的是,试点地区编制的"多规合一"的村庄规划须与上级国土空间规划相协调,尤其是要符合市级国土空间规划划定的生态保护红线、永久基本农田和城镇开发边界等控制线的要求。目前,自然资源部等相继出台省级、市级国土空间规划编制指南等技术性规范文件,构建国土空间规划体系并监督实施具备操作性的指引。鉴于生态保护红线、永久基本农田、城镇开发边界等对土地财产权行使和保护形成限制,应该尽快制定出台实体法意义上的国土空间规划法,以满足国土空间规划的实质合法性要求,真正保障规划权的科学规范行使。

(责任编辑:耿卓)

“三块地”改革试点之土地增值收益分配制度改革调研报告*

陈小君教授课题组**

| 摘　要 |

土地增值收益分配制度改革是“三块地”改革试点的主要内容。试点地区大多采取在土地征收中国家和集体土地增值收益分配比例倒推入市收益调节金比例的做法，在农村土地征收中制定区片综合地价提高补偿标准，建立多元补偿方式保障农民长远生计，在此基础上测算土地征收中增值收益分配比例。集体经营性建设用地入市土地增值收益调节金的征收模式可概括为按成交总价确定比例征收、按成交亩均单价分段累进征收、按土地增值收益确定比例征收和按土地增值收益超率累进征收等四种，集体土地增值收益在农村集体经济组织内部的分配又可分为由农村集体经济组织所有、由政府确定集体和成员的分配比例以及在政府划定的比例范围内由集体成员民主决定三种方式。土地增值收益分配制度改革中普遍存在的问题是存量集体经营性建设用地成本难核算、国家和集体在征收与入市中所获收益比例大体平衡难实现以及宅基地增值收益分配制度未建立等，应在土地增值税立法中建立城乡统一土地税制，制定超率累进土地增值税征收比例，同时将集体土地增值收益适当向成员倾斜，在农村集体经济组织内部合理分配。

| 关键词 |

土地增值收益分配　土地征收增值收益核算　土地增值收益调节金

---

* 基金项目：国家社会科学基金重大项目“新时代中国特色土地管理法律制度完善研究”（18ZDA151）阶段性成果。

** 执笔人：孙聪聪，广东外语外贸大学土地法制研究院讲师、法学博士，国家社会科学基金重大项目（18ZDA151）课题组成员。

土地增值税

|目　次|

一、土地增值收益分配制度改革导向与调研时机

在我国2015年启动农村土地制度改革之前,土地增值税作为调节土地增值收益的制度工具,仅针对转让国有土地使用权、地上的建筑物及其附着物(以下简称房地产)的单位和个人征收,也即仅在土地二级市场征收。在土地一级市场,集体土地用途受到严格管控,农用地转变为建设用地须履行审批手续,利用集体土地从事的生产建设活动,仅限于乡镇企业、乡(镇)村公共设施和公益事业以及村民住宅,且同样需要经过各级政府审核批准。建设用地的市场化供给采用国有土地一元模式,集体土地唯有经过征收转变为国有土地,方能进入市场从事建设活动;未经征收在集体土地上建造的建筑物或者构筑物,如乡镇企业、乡(镇)村公共设施和公益事业以及村民住宅等,连同其所依附的集体土地使用权流转受到严格限制,[1]因未形成完全市场价格而几乎难言有增值收益。与此同时,农村土地征收补偿适用原产值标准,补偿的目的在于使农民恢复到未征收之前的状态,也即原有生活水平不降低,集体土地转变为国有并因用途转变而产生的增值收益几乎全被国家代表的公共利益所吸收。由此可以认为,在此之前我国土地一级市场并未建立增值收益分配制度,改变土地用途和开发建设强度的权力被国家所垄断,农民和集体事实上不享有改变土地用途和开发建设强度的土地发展权。因征地问题积累的社会矛盾日益增多,由此引发的社会冲突时有发生,学界对此展开了诸多有益的讨论,其中不乏重新配置土地发展权以实现土

[1] 1998年《土地管理法》修订删除城镇非农业户口居民建设住宅可以使用集体所有土地的规定,新增第63条规定:"农民集体所有的土地的使用权不得出让、转让或者出租用于非农业建设;但是,符合土地利用总体规划并依法取得建设用地的企业,因破产、兼并等情形致使土地使用权依法发生转移的除外。"该条在2019年修改的《土地管理法》允许集体经营性建设用地有条件入市后被废除。

地增值收益公平分配的主张。[2]

2013年,党的十八届三中全会通过的《中共中央关于全面深化改革若干重大问题的决定》提出,建立城乡统一的建设用地市场,在符合规划和用途管制的前提下,允许农村集体经营性建设用地出让、租赁、入股,实行与国有土地同等入市、同权同价;缩小征地范围,规范征地程序,完善对被征地农民合理、规范、多元保障机制;建立兼顾国家、集体、个人的土地增值收益分配机制,合理提高个人收益,保障农民公平分享土地增值收益。为此,2015年1月,中共中央办公厅、国务院办公厅印发《关于农村土地征收、集体经营性建设用地入市、宅基地制度改革试点工作的意见》(以下简称《“三块地”改革试点意见》),要求在经全国人大授权后暂时调整适用相关法律的33个试点县(市、区)建立土地增值收益分配制度,完善土地增值收益在国家与集体之间的分配机制,实现土地征收转用与集体经营性建设用地入市取得的土地增值收益在国家和集体之间分享比例的大体平衡,同时健全土地增值收益在农村集体经济组织内部的分配机制,包括土地增值收益分配制度改革在内的农村土地征收、集体经营性建设用地入市、宅基地制度改革试点工作正式启动。

(一)改革导向

1. 建立兼顾国家、集体和个人的土地增值收益分配机制

土地增值收益分配制度改革作为“三块地”改革试点的主要内容,贯穿“三块地”改革试点工作始终,覆盖“三块地”改革试点的全领域,是其联动机制之一。如前所述,在此之前,我国土地一级市场未建立形式意义上的增值收益分配制度,实质上因土地用途转变和开发建设强度提升而产生的增值收益悉数归国家所有,表现为国有土地出让金与土地取得成本之间的差额,土地取得成本又包括土地征收补偿和整理费用等。“三块地”改革试点工作要求建立兼顾国家、集体、个人的土地增值收益分配制度,这说明我们不仅要在农村土地征收制度中完善对被征地农民合理、规范、多元保障机制,提高土地征收中农民和集体的补偿标准,确保被征地农民长远生计有保障,而且要在集体经营性建设用地入市中探索

---

[2] 何格、刘立、陈明红:《还权优于让利——征地制度改革应有价值取向及实现路径》,载《农村经济》2012年第8期;郭亮:《土地征收中的利益主体及其权利配置——对当前征地冲突的法社会学探析》,载《华中科技大学学报(社会科学版)》2012年第5期;陈柏峰:《土地发展权的理论基础与制度前景》,载《法学研究》2012年第4期;程雪阳:《土地发展权与土地增值收益的分配》,载《法学研究》2014年第5期;彭錞:《土地发展权与土地增值收益分配:中国问题与英国经验》,载《中外法学》2016年第6期。

建立城乡统一的基准地价和土地税收制度,由国家对集体经营性建设用地入市收益收取调节金,健全土地增值收益在农村集体经济组织内部的分配机制,由集体成员公平分享剩余部分入市收益。不仅如此,农户宅基地有偿使用或流转退出后集体取得的收益部分,亦应当作为集体经济组织的土地增值收益,由集体成员共同分享。

2. 集体经营性建设用地入市与农村土地征收增值收益分配比例大体平衡

集体经营性建设用地入市改革,旨在逐步建立“同权同价、流转顺畅、收益共享”的集体经营性建设用地入市制度,最终构建城乡统一的建设用地市场。所谓“同权同价”,应指同区位、同基础设施、同用途的集体建设用地和国有建设用地在同时期具有相同的价格,也即结果同价。正如有学者所认为的,就集体建设用地价格而言,本质上是要形成以集体经济合作组织为主导的土地市场决策机制以及相应的价格形成机制。[3]

农村土地征收制度改革,意在探索形成“程序规范、补偿合理、保障多元”的土地征收制度。《“三块地”改革试点意见》要求,缩小土地征收范围,探索制定土地征收目录,严格界定公共利益用地范围,政府不予征收的农村集体经营性建设用地,允许农村集体经济组织经营开发或直接入市。一方面,以是否符合公共利益为标准判断是否启动土地征收程序;另一方面,以集体经营性建设用地入市为手段补充由此带来的非公共利益用地缺口。就制度设计而言,非公益目的入市与公益征收并驾齐驱、并行不悖,但事实上,非公益征收长期存在,即便在2019年修改的《土地管理法》实施以后,因成片开发可作为公共利益,集体经营性建设用地入市和农村土地征收之间仍存在较大张力。为避免入市对征收造成冲击,“三块地”改革试点工作要求土地征收转用和集体建设用地入市的土地增值收益在国家和集体之间分配比例大体平衡,试点地区大多据此确定集体经营性建设用地入市中土地增值收益调节金的征收比例。

(二)调研时机

1. “三块地”改革试点即将收官

“三块地”改革试点启动之时,一个试点地区只开展一项试点,其中集体经营性建设用地入市和宅基地制度改革试点各15个,土地征收制度改革试点3个。2016年9月,原中央全面深化改革领导小组决定将土地征收制度改革和集体经

〔3〕 黄贤金:《论构建城乡统一的建设用地市场体系——兼论“同地、同权、同价、同责”的理论圈层特征》,载《中国土地科学》2019年第8期。

营性建设用地入市扩大到全部33个试点县(市、区);2017年11月,原国土资源部决定将宅基地制度改革拓展到全部33个试点县(市、区)。为更好显化"三块地"改革试点工作的整体性、系统性、协同性和综合效益,与《土地管理法》修改工作做好衔接,2017年11月4日,第十二届全国人大常委会第三十次会议决定,授权在试点地区暂时调整实施有关法律规定的期限延长至2018年12月31日;2018年12月29日,第十三届全国人大常委会第七次会议决定,将调整实施有关法律规定的期限再次延长至2019年12月31日。"三块地"改革试点工作前后历时5年,土地增值收益分配制度改革始终贯穿其中,不仅表现为在农村土地征收中提高征地补偿标准,更重要的是建立集体经营性建设用地入市收益在国家、集体和农民之间的分配机制。

课题组始终关注"三块地"改革试点工作,经过科学筹划和精心准备,2019年8月开始,用了两个多月时间通过网络搜集和追踪,初步掌握了农村土地制度改革试点的进展实况和基本成效。2019年9~12月,课题组先后组织13个调研小组,对全国31个省(市、自治区)33个县(市、区)"三块地"改革试点开展全覆盖调研,实地走访,学习察看,与参与试点改革实践的各类主体座谈交流,全面听取他们对我国土地管理法律制度运行与立法的真意和建议。课题组抓住了这项历时近5年的改革收官时机,因此获得了最为珍贵、全面丰富的一手资料,行万里长路,读百份经验,收获满满。课题组结合现行法律法规和学界重要观点展开规范解读与实证分析,形成此调研报告。

2. 集体经营性建设用地入市收益分配制度仍处于立法空白

2019年8月26日,第十三届全国人大常委会第十二次会议通过《关于修改〈中华人民共和国土地管理法〉、〈中华人民共和国城市房地产管理法〉的决定》,吸纳"三块地"改革试点成熟有效的经验做法,如缩小土地征收范围、规范土地征收程序、提高征收补偿标准,集体经营性建设用地有条件入市,宅基地管理审批权下放等。但土地增值收益分配制度改革因尚未形成可复制、可推广的制度模式,并未进入此次修法视野。2019年7月16日,财政部会同国家税务总局起草了《土地增值税法(征求意见稿)》并向社会公开征求意见。该征求意见稿在《土地增值税暂行条例》及《土地增值税暂行条例实施细则》的基础上,将出让集体土地使用权、地上的建筑物及其附着物,或以集体土地使用权、地上的建筑物及其附着物作价出资、入股等纳入征税范围,实行超率累进税率。《土地增值税法(征求意见稿)》考虑到集体、国有房地产的成本构成差异较大,且不同地区集体经营性建设用地入市方式、途径、形态、用途等差异也很大,成本构成和级差收益千差万别,再者集体房地产入市目前仍处于试点阶段,相关管理制度还在探索和逐步健全过程中,相关扣除项目难以作出统一规定,[4]遂规定集体经营性建设用地入市扣除项目金额无法确定的,可按照转移房地产收入的一定比例征收土地增值税,具体征收办法由省级人民政府提出并报同级人民代表大会常务委员会决定。该征求意见稿一方面吸纳改革试点的成熟经验,另一方面为改革实践预留制度空间。但是《土地增值税法》仍处于立法征求意见阶段,《土地增值税暂行条例》及其实施细则并无关于集体经营性建设用地入市税收调节的具体规定。2019年《土地管理法》虽允许集体经营性建设用地有条件入市,但其土地增值收益分配制度却仍未建立。

二、土地增值收益分配制度改革试点做法与经验模式

(一)以土地征收中农民和集体补偿倒推入市收益

土地征收转用与集体经营性建设用地入市取得的土地增值收益在国家和集体之间分享比例大体平衡,但存在以何者为基准的问题。土地征收转用取得和整理成本容易计算,国有建设用地使用权有偿使用制度亦较为完善,土地征收转用中农民和集体所获补偿相对稳定,试点大多以土地征收转用中国家和集体"收益"比例倒推集体经营性建设用地入市的增值收益调节金征收比例。以征收定入市,关键是要测算出土地征收中国家、集体和农民之间的收益分配比例,这在集体经营性建设用地可入市之前国家垄断建设用地一级市场的供地模式下是没有必要的,但在以征收收益分配倒推入市收益分配比例的情况下则是必需的。

1. 制定征地区片综合地价提高补偿标准

制定区片综合地价以提高土地征收补偿标准,是此次"三块地"改革试点及《土地管理法》修改所取得的重大立法成果。如山西省晋城市泽州县制定了《泽州县征地区片综合地价标准》,确定了6个等级的综合区片地价标准,从4.5万元到11万元不等,比按年产值标准补偿增长近10%;[5]又如,根据内蒙古自治区人民政府办公厅《关于公布实施自治区征地统一年产值标准和征地区片综合地价的通知》(内政办发〔2009〕129号),呼和浩特市和林格尔县确定的征地统一

---

〔4〕 财政部、国家税务总局《关于〈中华人民共和国土地增值税法(征求意见稿)〉的说明》。

〔5〕 《泽州县农村土地制度改革试点的探索实践》,载晋城市人民政府网,http://www.jcgov.gov.cn/dwgk/jcgzml/shgg_21427/201906/t20190613_370886.shtml,2020年6月20日最后访问。

年产值标准为8326.80元/亩,而根据内蒙古自治区人民政府办公厅《关于公布自治区征地区片综合地价的通知》(内政办发〔2020〕16号),呼和浩特市和林格尔县4个区片的耕地、园地、林地征收综合地价分别提升为39,470元/亩、32,500元/亩、28,020元/亩和23,550元/亩。征地补偿标准的提高无疑有助于提高农村土地征收中农民和集体分享土地增值收益的比例。

2. 建立多元补偿方式保障农民长远生计

在货币补偿的基础上,试点地区探索建立多元化的补偿方式确保被征地农民长远生计有保障。

(1)农村村民住宅补偿。2004年《土地管理法》未规定农村村民住宅的独立补偿客体地位,而是将其作为被征收土地上的附着物,规定其征收标准由省、自治区、直辖市规定。《"三块地"改革试点意见》要求完善对被征地农民的合理、规范、多元保障机制,涉及征收农民住房的,要探索保障和改善农民居住条件的多种安置途径,确保农民住房财产权益。事实上,实践基础较好的试点地区在改革之前即以多元化的方式保障被征地农民的住房财产权益。如根据湖北省原襄樊市人民政府《襄樊市市区征收集体所有土地上的建筑物构筑物等地上附着物补偿暂行办法》(襄樊政发〔2008〕27号),对于集体所有土地上住宅补偿,被征收方可选择货币补偿、实物还房或者另辟宅基地进行安置;具备条件的,也可由农村集体经济组织建设多层住宅,统一集中安置。只是以实物还房的,仍以使用集体土地为一般情况,一方面使还建房的流转受到限制,另一方面还建房还可能再次被征收;另辟宅基地安置的,更是如此。考虑到此种实践困境,试点地区大多以产权置换或者货币安置的方式探索农村村民住宅的多种安置途径。如根据襄阳市人民政府办公室印发的《襄阳市市区集体所有土地上附着物征收补偿指导标准》,被征收集体所有土地上的住宅补偿安置,以就近实行产权调换结合货币补偿安置,或另辟宅基地安置;所谓产权调换,是指依据被征收方家庭集体经济组织成员,按人均建筑面积33平方米(国有出让土地上的房屋,下同)的标准实行实物还房;还房时无论分户与否,一处宅基地上还房总面积不得超过300平方米;被征收补偿安置面积大于规定还房面积的,超出部分按房地产价格评估机构评估的重置价给予货币补偿。以国有出让土地上的房屋进行产权调换的,被征收人取得房屋的所有权及其所依附土地的国有建设用地使用权,流转不受限制,往往具有更高的升值空间,且再次被征收的可能性降低,因此无论被征地农民抑或地方政府均倾向于选用。

(2)粮食补贴。课题组发现,试点地区建立被征地农民多元保障机制,多在土地征收补偿之外增设粮食补贴。同样以山西省晋城市泽州县为例,其在土地补偿费外,给予被征地农民粮食补贴,粮食补贴标准按照每年每亩300公斤小麦和100公斤大豆执行;且在土地征收后,由被征地村将土地承包时预留的部分耕地优先分给被征地农户,给予被征地农户土地财产权利和再就业的双重保障。[6] 又如,河北省定州市在严格按照区片综合地价进行征地补偿的同时,提出对被征地农户实行每年每亩补贴400公斤小麦和500公斤玉米,或按当年粮食市场价格折换现金兑付。粮食补贴所需资金列入政府年度预算,由市财政在年度预算内拨出专款,实行专款专用,并承诺只要国家土地承包政策不改变,粮食补贴就一直执行。[7] 对于传统农业大省尤其是较难保障被征地农民充分再就业的地区,粮食补贴无疑极具现实意义。

(3)养老保险保障。当前我国的社会保障体系中,城乡差距最大的应是养老保险。城镇职工的养老保险,主要是以城镇居民的职业保障和工资水平为前提和依据的,城乡居民养老保险则由个人缴费、集体补助、政府补贴构成。对于被征地农民而言,其通常情况下不仅丧失了土地财产权,更丧失了赖以生存的职业保障,欲达到与城镇居民同等的养老保险水平往往较为困难。为此,河北省定州市提出,被征地农民参加养老保险,实行城乡居民养老保险和城镇职工养老保险"两扇门"全部打开,参加何种保险、参加几个人、谁参加,都让被征地农民自愿选择。[8] 又如,江苏省常州市严格落实被征地农民社会保障政策,根据常州市政府办公室《关于进一步做好常州市区征地补偿安置和被征地农民社会保障工作的通知》(常政办发〔2019〕95号)要求,在被征地农民名单经区人民政府确定之日起10个工作日内,市、区自然资源部门应当从预存征地补偿款账户中将16周岁以下被征地农民生活补助费足额划入镇人民政府(街道办事处)财政专户,并由镇人民政府(街道办事处)按规定支付到位;将16周岁以上被征地农民社会保障资金一次性划入区财政设立的社会保障资金专户。被征地农民社会保障资金到账后10个工作日内,区人力资源和社会保障部门按照相关规定将处于劳动年龄段被征地农民的社会保障资金记入其在保障资金专户中的个人分账户,用于逐期代缴其参加企业职工基本养老保险的个人缴费部分;将处于养老年龄段被

[6] 《泽州县农村土地制度改革试点的探索实践》,载晋城市人民法院网,http://www.jcgov.gov.cn/dwgk/jcgzml/shgg_21427/201906/t20190613_370886.shtml,2020年6月20日最后访问。

[7] 许光辉、梁小珍:《河北定州:蹚出征地制度改革新路》,载《中国国土资源报》2017年6月16日。

[8] 许光辉、梁小珍:《河北定州:蹚出征地制度改革新路》,载《中国国土资源报》2017年6月16日。

征地农民的社会保障资金记入其在保障资金专户中的个人分账户,用于逐月发放养老补助金。

此外,试点地区亦有采留用地安置的,即按照征收面积的一定比例,留用地给被征地村或者社区,用以发展集体经济。但因留用地利用效率低下,容易造成新的"城中村"等问题,部分试点地区也允许将留用地面积按实际征收补偿标准兑现成货币,实行留用地货币补偿,如河北省定州市;或者取消留用地安置,改为按同等面积开发利用的纯收益(原则上按征地统一年产值补偿标准或区片综合地价的10倍)给予集体货币补偿,并明确该项补偿主要用于发展集体经济,如云南省大理市。

3. 合理测算土地征收中增值收益分配比例

在提高征地补偿标准、完善对被征地农民多元保障机制的基础上,试点地区大多以近3年或近5年的土地征收案例测算土地增值收益在政府、集体和农民之间的分配比例。所谓农村土地征收中的增值收益,对于被征地农民和集体而言,即为所取得的补偿安置费用,包括土地补偿费、安置补助费、附着物和青苗等补偿费、粮食补贴折算、养老保险保障所得、留用地安置所得等;对于国家而言,则为国有建设用地有偿使用收入扣除征地补偿安置费用、土地开发支出等成本后产生的收益。值得注意的是,在测算土地征收增值收益分配比例时,各试点地区普遍将非货币化补偿折算为货币补偿予以测算。鉴于非货币化补偿同样占用财政资金,这种做法理所当然,只是在以将来的养老金支付等折算当下的调节金征收比例时须综合考虑通货膨胀、人口平均寿命等因素。

(二)集体经营性建设用地入市土地增值收益调节金征收模式

1. 按成交总价确定比例征收

《调节金暂行办法》规定,集体经营性建设用地入市的土地增值收益调节金按土地增值收益的20%~50%比例征收,无法核定土地成本的,可制定按成交总价一定比例征收调节金的简易办法。集体存量建设用地入市因土地成本较难核算,在以就地入市为主的试点地区大多按照成交总价的一定比例征收土地增值收益调节金;在此基础上,又依据区位、入市方式、规划用途等确定具体的征收比例。例如,浙江省德清县按照规划分区并结合集体经营性建设用地使用权的不同入市方式和用地类型,对交易双方征收不同比例的调节金。集体经营性建设用地使用权出让、租赁的,出让(出租)人按成交地价总额区分不同情况按比例缴纳调节金。入市土地位于县城规划区的,商服类用地按48%缴纳,工矿仓储类用地按24%缴纳;入市地块位于乡镇规划区的,商服类用地按40%缴纳,工矿仓储类用地按20%缴纳;其他地块商服类用地按32%缴纳,工矿仓储类用地按16%缴纳;受让(承租)人按成交地价总额的3%缴纳调节金。集体经营性建设用地使用权作价出资(入股)的,等同出让行为缴纳调节金,土地所有权人等同出让方,新成立或入股的企业等同受让方。依法取得的集体经营性建设用地使用权再转让的,转让方应当按照使用权(包括地上的建筑物及其附着物)转让收入总额的一定比例缴纳调节金;其中:商服类用地按3%缴纳;工矿仓储类用地按2%缴纳。[9] 又如,《郫都区集体经营性建设用地入市增值收益调节金征收使用管理暂行办法》规定,郫都区在核算土地增值收益调节金征收比例上,按照入市成交价,结合基准地价、规划用途以及入市方式的差异性以13%~40%分级计提,同时按成交价款的3%向受让方征收与契税相当的调节金。[10] 按照成交总价的确定比例征收,可以针对不同区位和土地用途确定不同的调节金比例,体现区位和地类差别。但是,这种方式一方面未扣除土地取得和开发成本,所谓的"成交总价"事实上并非集体经营性建设用地入市的土地增值收益;另一方面,即使同一区位的相同用地类型,在实际入市过程中,也可能会出现实际成交单价的区别,按照相同的比例征收调节金,较难实现真正的调节功能。

2. 按成交亩均单价分段累进征收

按照确定的比例征收调节金无法体现增值收益税收的调节功能,因此试点地区亦有依据成交亩均单价分段累进征收调节金的。也就是说,将集体经营性建设用地入市的成交亩均单价划分为不同的区间,按照"价高多调、价低少调"的原则分段累进征收土地增值收益调节金。具体而言,针对城市规划区的商服类用地,通常分段征收较高比例的调节金,针对城市规划区以外的工矿仓储类用途,分段征收较低比例的调节金。例如,湖北省宜城市采用分段累进法确定土地增值收益调节金比例,形成公平共享的国家、集体、个人土地增值收益

[9] 德清县人民政府办公室《关于印发德清县农村集体经营性建设用地使用权出让规定(试行)等若干规定的通知》附件4《德清县农村集体经营性建设用地使用权入市土地增值收益调节金征收和使用规定(试行)》,载德清县人民政府网,http://www.deqing.gov.cn/art/2015/9/17/art_1229518656_1639790.html,2020年6月25日最后访问。

[10] 《成都市郫都区人民政府关于印发〈郫都区农村集体经营性建设用地入市规定〉等28个农村土地制度改革配套文件的通知》,载成都市人民政府网,http://gk.chengdu.gov.cn/govInfo/detail.action?id=1630178&tn=2,2020年6月25日最后访问。

分配机制。[11] 在成交亩均单价的基础上,按照不同的规划分区和土地用途实行不同的调节金比例,既可以体现土地增值收益调节金针对不同实际成交价的调节功能,又能够反映不同区位、不同用途的集体经营性建设用地入市价款之间的差额。只是与按成交总价确定比例征收类似,无法据实扣除集体经营性建设用地的取得或开发成本。

3. 按土地增值收益确定比例征收

按成交总价的一定比例征收土地增值收益调节金,因无法扣除土地成本,在以调整入市和整治入市为主的试点地区,对农民和集体有失公平。因此,此类试点地区多按照土地增值净收益的一定比例征收调节金,如贵州省湄潭县、新疆维吾尔自治区伊宁市等。所谓土地增值净收益,即集体经营性建设用地入市成交价总额扣除取得、开发成本之后的净收益。集体经营性建设用地使用权调整入市,往往涉及调出方集体建设用地(包括集体经营性建设用地、宅基地和公益性建设用地等)复垦折算指标的异地使用,其中取得开发成本通常包括复垦地块原土地使用权的收回补偿、复垦地块原建设用地转变为耕地的发展权益损失、建新地块原土地承包经营权的收回补偿、农用地转用等系列费用。若以集体经营性建设用地入市成交总价或者单价征收调节金,则无法扣除上述取得和开发成本,在以农民和集体为主体实施复垦、开发等情况下,尤为不公。相比就地入市,此种情形下土地取得和开发成本比较容易计算,理应扣除。

4. 按土地增值收益超率累进征收

在以土地增值收益为基准征收调节金的基础上,个别试点地区尝试更为科学的超率累进征收模式。所谓农村集体经营性建设用地土地增值收益,是指成交地价(租金)总额减去扣除项目后的余额。根据《义乌市农村集体经营性建设用地入市土地增值收益调节金征收和使用规定(试行)》,集体经营性建设用地使用权出让、租赁的,对出让(出租)人实行三级超率累进征收率征收调节金,具体规定如下:增值收益未超过扣除项目 50%的部分,征收率为 30%;增值收益超过扣除项目 50%未超过 100%的部分,征收率为 40%;增值收益超过扣除项目 100%的部分,征收率为 50%。出让的扣除项目,是指实际出让年限÷最高出让年限×当年该地块"集地券"指导价;租赁的扣除项目,是指出租年限÷最高出让年限×当年该地块"集地券"指导价。商服旅游最高出让年限为 40 年,工矿仓储最高出让年

---

〔11〕 参见《宜城农村土地制度改革取得阶段性成果》,载宜城市人民政府网,http://yc.xiangyang.gov.cn/xwzx/zwyw/201810/t20181030_1679084.shtml,2020 年 6 月 28 日最后访问。

限为50年。[12] 所谓的"集地券",是指宅基地使用权人自愿退出宅基地并复垦为耕地等农用地后产生的建设用地指标,义乌市每年根据"集地券"取得成本等因素确定并公布"集地券"指导价格,即为扣除项目中的"集地券"指导价。[13]"集地券"指导价因已考虑了取得成本,且在全市范围内统一,具有相对的客观性和公正性,在集体经营性建设用地的实际取得和开发成本较难计算时,作为替代取得和开发成本的方式,具有相当的合理性。

(三)土地增值收益在集体内部的分配模式

1. 入市收益归农村集体经济组织所有

此种模式下,农村集体经济组织等在向政府缴纳土地增值收益调节金后,集体经营性建设用地入市剩余部分收益归农村集体经济组织所有,用于发展壮大集体经济,再投资取得的收益方在农村集体经济组织内部按股份分红。例如,《义乌市农村集体经营性建设用地入市管理办法(试行)》规定,农村集体经济组织获得的农村集体经营性建设用地入市收益,归农村集体经济组织所有,资金全额纳入乡镇(街道)农村集体"三资"代理服务中心统一管理,实行收支两条线运作,严格执行农村集体三资管理的相关规定。[14] 又如,《德清县农村集体经营性建设用地入市土地增值收益调节金征收和使用规定(试行)》规定,集体经营性建设用地以出让方式入市的,其入市收益作为集体积累,统一列入集体公积公益金进行管理。该收益作为村股份经济合作社(或村经济合作社)经营性资产,以股权增值方式追加量化到成员股权中。出让收益可通过对外投资、购买物业、股份合作、购买政府性债券等用于发展壮大集体经济。如确需用于村级公益事业支出的,须乡镇人民政府审核同意,但支出总额不得超过出让收益的50%。[15] 集体经营性建设用地大多以农村集体经济组织为主体入市,入市收益不直接在集体成员间分配,有助于农村集体经济的长远发展,在农村集体经济组织建构完

[12] 《义乌市农村集体经营性建设用地入市土地增值收益调节金征收和使用规定(试行)》,载义乌政府门户网,http://www.yw.gov.cn/art/2017/12/21/art_1229355313_894265.html,2020年7月1日最后访问。

[13] 《义乌市"集地券"管理细则(试行)》,载义乌政府门户网,http://www.yw.gov.cn/art/2020/7/13/art_1229485618_52994162.html,2020年7月1日最后访问。

[14] 《义乌市农村集体经营性建设用地入市管理办法(试行)》,载义乌政府门户网,http://www.yw.gov.cn/art/2018/1/20/art_1229355313_894269.html,2020年7月3日最后访问。

[15] 德清县人民政府办公室《关于印发德清县农村集体经营性建设用地使用权出让规定(试行)等若干规定的通知》附件4《德清县农村集体经营性建设用地入市土地增值收益调节金征收和使用规定(试行)》,载德清县人民政府网,http://www.deqing.gov.cn/art/2015/9/17/art_1229518656_1639790.html,2020年7月3日最后访问。

整、集体资产管理规范的地区,能够与集体资产产权制度改革相衔接,发挥政策叠加协同的效果,使农民长期分享土地增值收益。

2. 政府确定集体和成员分配比例

课题组在调研中了解到,试点地区大多在确定土地增值收益调节金征收比例之后,就集体留存的部分再设置集体与成员之间的分配比例。如中部某试点地区规定,农村集体经济组织以现金形式取得土地收益的,在扣除直接成本后以70%的比例支付给集体经济组织成员,其他30%留给村集体经济组织,主要用于村集体经济组织的各项基础设施建设和社会福利事业;对以非现金形式取得的土地增值收益加强管理并及时在农村集体经济组织内部公示。又如,北部某试点地区参照国有土地征地的比例标准,将入市增值收益和征地补偿收益的集体、个人分配比例统一为2∶8,为规范集体、个人的收益分配提供了基本遵循。在农村集体经济组织建构尚不完整的地区,由政府确定集体经营性建设用地入市在集体和成员间的分配比例,在现阶段仍具有一定的必要性。

3. 在政府划定比例范围内由集体成员民主决定

亦有试点地区划定了土地增值收益在集体和农民之间分配的比例范围,在此范围内由集体民主程序决议,但是该比例范围却相差较大,具体又可分为规定集体留存部分上限或者下限两种方式。前者如西南部某试点地区规定,集体提取公积金不得少于20%、公益金不得高于10%,公积金和公益金总额不得超过50%;集体经济组织成员分配比例不得少于净收益的50%,具体分配比例和分配形式由集体经济组织召开股东代表大会集体决议。后者如西北部某试点地区原则上要求村集体留取土地增值收益不低于60%,其余可以在村集体经济组织成员中公平分配。又如,《文昌市农村集体经营性建设用地入市土地收益集体和个人分配指导意见》规定,农村集体经济组织分配土地收益应当拟定分配方案,经村民大会或者村民代表会议2/3以上村民或村民代表表决同意生效;分配方案应包含预留不少于30%的土地收益,用于集体成员社会保障、村内公益事业建设、土地交易合同履行费用、发展第二产业和第三产业等事项的必要内容。[16]此两种分别确定集体收益比例上限和下限的方式,体现了政府在尊重农民现实土地权益和长远发展生计上不同的价值取向。

---

〔16〕 文昌市人民政府《关于印发文昌市农村集体经营性建设用地入市试点暂行办法等3个文件的通知》(文府〔2015〕252号)。

三、土地增值收益分配制度改革的共性问题与政策建议

(一)共性问题

1. 存量集体经营性建设用地入市成本难核算

大多试点地区反映,集体经营性建设用地入市土地增值收益计算过于烦琐,入市地块涉及的土地开发成本和取得成本构成复杂,包含大量直接成本和间接成本,国家尚无可供参照的标准,且试点入市地块以存量集体经营性建设用地为主,时间跨度长,实物、劳务投入情况已无法统计,受让方可能故意压低增值收益,从而达到少缴纳调节金的目的。严格来说,集体经营性建设用地入市的土地取得成本包括土地使用权退出补偿费、地上建筑物和构筑物及附着物补偿费、建设用地异地调整费、社保资金、其他费用,土地开发成本包括测绘费、评估费、配套设施及土地平整费和其他费用。在存量集体经营性建设用地入市的情形下,上述土地取得费用和开发费用几乎是没有的。这也是部分试点地区以入市成交总价为基准征收土地增值收益调节金的主要原因。事实上,就地入市的集体经营性建设用地没有取得成本和开发成本,与入市成本难以计算是不同的情况。若没有取得成本和开发成本,入市成交价即为入市收益,以之为基准计算土地增值收益调节金并无理论和实践障碍。相反,在调整入市和整治入市的情况下,如果前期农村集体经济组织进行了投入,却并没有在征收土地增值收益调节金时予以扣除,则对入市主体相对不公。还有部分试点地区反映,集体负担的社会公共事业成本无法核算计入地价,如养老社会保险等均需以土地收益负担,存在社会成本如何计算与支付的问题。笔者认为,集体土地承担对其成员的社会保障职能,是农民集体对其土地享有所有权的现实性基础,亦是集体经营性建设用地可得与国有建设用地同等入市的正当性来源,集体收益用作社会公共事业支出,不应算作集体经营性建设用地入市的前期成本,而是应该从集体提取的入市收益中列支,因果倒置可能引发逻辑混乱。

2. 农民和集体在征收与入市中所获收益大体平衡难实现

从试点地区了解的情况来看,集体经营性建设用地入市与农村土地征收所获增值收益分配比例大体平衡较难实现:一方面,国家和集体在征收和入市中所获收益比例大体平衡的理据不充分。征收的情形下,农民集体丧失了土地所有权,所获得的补偿是一次性财产补偿和安置费用等;入市则并不丧失土地所有权,集体经营性建设用地使用权到期后,土地所有权恢复圆满状态,农民和集体即可恢复对土地的使用和收益,且在入市的情形下,农民集体大多和受让方约

定,出让或租赁合同到期后,由农民集体取得土地上建筑物或构筑物的所有权。农村土地征收以公益为目的,农民和集体应当获得与集体经营性建设用地入市同等的收益水平,而不应反其道而行之。另一方面,国家和集体在征收与入市中所获收益比例大体平衡的实现难度大。公共利益用地多采用划拨形式供应,国家几乎无经济收益。试点地区为实现大体平衡,大多以农村土地征收中集体和农民所得土地补偿费倒推集体经营性建设用地入市收益,但前者是公共利益主导的政府行为,后者是经济利益驱动的市场行为,以前者倒推后者必然影响市场价格形成。如要使征收转用农民集体获得的收益与集体经营性建设用地入市产生的收益大体平衡,必然难以达到“同地同价”;如达到“同地同价”,则农民集体在农村集体经营性建设用地入市中获得的收益必然高于在征收转用中获得的收益,将会严重影响土地征收工作的顺利推进。因 2019 年《土地管理法》允许成片开发征收,可以预见入市和征收收益难以大体平衡的情况还将继续存在。

3. 宅基地制度改革中尚未形成行之有效的土地增值收益分配模式

《“三块地”改革试点意见》要求,农户宅基地有偿使用或退出后集体取得的收益部分,应当作为集体经济组织的土地增值收益,由集体成员共同分享。但是由于试点地区宅基地制度改革做法各异,且宅基地使用和管理情况全国区域性差异较大,而宅基地又关乎广大农民的切身利益,因此,此次试点改革亦未形成关于宅基地有偿使用和退出可复制、可推广的制度成果。因宅基地及其上住宅流转机制尚未建立,更遑论在此基础上构建宅基地增值收益分配制度。据调研了解,33 个试点中仅有个别地区制定了专门的宅基地增值收益分配指导意见,其他试点地区有关宅基地增值收益分配的制度设计散见于有关宅基地制度改革的一般性政策文件中。与之形成鲜明对比的是,33 个试点地区几乎全部制定了集体经营性建设用地入市增值收益调节金征收与收益分配的暂行办法或者指导意见。根据《民法典》第 362 条规定,宅基地使用权的权能为占有和使用,相较于其他用益物权制度欠缺了收益权能。因法律和国家政策限制宅基地使用权流转,其财产价值未被市场充分发现。即便如此,宅基地及其上住宅私下流转、利用集体土地建设小产权房等时有发生,农村村民利用宅基地及其上住宅从事生产经营活动在乡村振兴背景下愈加常见。宅基地使用权的财产价值属性凸显而社会保障功能弱化。在此实践背景下,一味地限制宅基地及其上住宅流转无益于社会矛盾的有效化解,应当疏堵结合,在疏通宅基地及其上住宅流转机制的同时建立宅基地增值收益分配制度,使国家和集体均得参与宅基地增值收益分配,提升国家为农村提供与城市均等化基础设施和公共服务的能力,增加集体收入,以集体收益为未分配宅基地的成员提供居住保障。

(二)政策建议

1. 建立城乡统一土地税制

2019年《土地管理法》已允许集体经营性建设用地有条件入市,所谓的入市条件有二:一是土地利用总体规划、城乡规划确定为工业、商业等经营性用途,二是经依法登记。但从农村土地制度改革实践来看,试点地区大多依据《"三块地"改革试点意见》同时探索了调整入市和整治入市,且形成了上述颇具共性特征的制度经验。不仅如此,《土地管理法》第23条新增规定,要求土地利用年度计划应当对第63条规定的集体经营性建设用地作出合理安排;第42条延续2004年《土地管理法》鼓励土地整理的规定;第62条新增一款,允许进城落户的农村村民依法自愿有偿退出宅基地,鼓励农村集体经济组织及其成员盘活利用闲置宅基地和闲置住宅。同样可以认为,在第63条之外,对《土地管理法》的上述规定予以体系解释和适用,宅基地、乡(镇)村公共设施和公益事业用地是可以通过复垦实现集体建设用地调整乃至整治入市的。《土地管理法》第63条第4款授权国务院就集体经营性建设用地的出租、集体建设用地使用权的出让及其最高年限、转让、互换、出资、赠与、抵押等制定具体办法。鉴于该办法尚未出台,应当借此时机积极研究、提炼总结试点地区的制度成果,建立规范、统一、正当的土地增值收益分配制度。

《土地管理法》第63条并未完全实现集体建设用地与国有建设用地"同等入市""同权同价"。规划用途不仅在入市前限制集体建设用地的入市能力,而且在入市后亦不得改变,所谓的"工业、商业等经营性用途"是否包括国有建设用地可开展的旅游、娱乐和商品住宅开发,学界亦有诸多争议。[17] 为实现建立城乡统一建设用地市场的政策目标,集体建设用地应当与国有建设用地同等入市,参照国有建设用地管理,不应对其入市条件和规划用途做过多限制。在此基础上,集体建设用地方能实现与国有建设用地"同权同价"。随后,即可针对集体建设用地使用权流转参照国有建设用地统一征收土地增值税,实现"同权同责"。目前而言,应尽快出台集体经营性建设用地入市管理办法,加快推进《土地增值税法》立法进程;长远来看,仍需对《土地管理法》上的集体经营性建设用地制度予以进

---

〔17〕 岳晓武:《土地管理法的延续与变革》,载《中国土地》2019年第10期;宋志红:《集体建设用地使用权设立的难点问题探讨:兼析〈民法典〉和〈土地管理法〉有关规则的理解与适用》,载《中外法学》2020年第4期。

一步的修改和完善。

2. 制定超额累进土地增值税征收比例

《土地增值税暂行条例》针对国有建设用地上的房地产转让按照纳税人的增值额实行四级超率累进税率。所谓增值额，是指纳税人转让房地产所取得的收入减除扣除项目之后的余额；纳税人转让房地产所取得的收入，包括货币收入、实物收入和其他收入；扣除项目，包括取得土地使用权所支付的金额，开发土地的成本、费用，新建房及配套设施的成本、费用，或者旧房及建筑物的评估价格，与转让房地产有关的税金，以及财政部规定的其他扣除项目。四级超率累进税率，是指增值额未超过扣除项目金额50%的部分，税率为30%；增值额超过扣除项目金额50%、未超过扣除项目金额100%的部分，税率为40%；增值额超过扣除项目金额100%、未超过扣除项目金额200%的部分，税率为50%；增值额超过扣除项目金额200%的部分，税率为60%。

《土地增值税暂行条例》的上述规定，既考虑了纳税人取得房地产所支付的成本，是真正对增值收益征税；又依循现代税收超率累进的先进方法，实现了对较高增值税额部分征收较高税率的目的。通过对试点做法予以梳理总结，发现实践理性已趋于统一城乡土地增值税制，已初步形成对集体经营性建设用地入市收益参照国有建设用地采取超率累进税率的做法。《土地增值税法（征求意见稿）》在《土地增值税暂行条例》的基础上对集体经营性建设用地入市实行超率累进税率，是对试点经验的提取和吸纳，值得肯定。

2021年5月21日，财政部、自然资源部、国家税务总局、中国人民银行发布《关于将国有土地使用权出让收入、矿产资源专项收入、海域使用金、无居民海岛使用金四项政府非税收入划转税务部门征收有关问题的通知》。该通知指出，将由自然资源部门负责征收的国有土地使用权出让收入、矿产资源专项收入、海域使用金、无居民海岛使用金四项政府非税收入，全部划转给税务部门负责征收。国有土地使用权出让收入征管划转工作试点，为进一步统一城乡土地税制奠定了基础，意味着在土地一级市场，针对国有建设用地和集体建设用地出让，可以同样征收土地增值税，地方各级人民政府受国务院自然资源主管部门委托代理行使国有土地所有权，国家在城乡统一建设用地市场上履行管理者职责。土地增值税制度改革应当与土地出让金征管划转试点工作统筹推进。

3. 增值收益适当向农民倾斜，在集体经济组织内部合理分配

从试点地区做法来看，鉴于目前集体土地仍然承担对农民的社会保障职能，土地增值收益在集体经济组织内部分配上普遍向农民集体倾斜，以保障集体

经济进一步发展壮大。但此种分配方式并没有充分尊重农民对集体土地的财产权益,特别是在调整入市和整治入市的情形下,农民自愿或非自愿地腾退了宅基地等集体土地,在集体经营性建设用地入市期间,不得再对集体土地为占有、使用和收益,事实上集体土地丧失了自身的土地财产权益。在集体土地财产价值日益显化的背景下,应逐步将其对农民的社会保障功能剥离,还赋农民和集体对土地的财产权利本质,相信并尊重农民的主体意识和集体民主决议,参考营利性法人组织的公积金提取比例确定土地增值收益在农民和集体间的分配比例。

4. 建立收益分配制度,还赋宅基地使用收益权能

《民法典》虽未明确宅基地使用权的收益权能,但是宅基地使用权作为用益物权,权利人可得占有、使用宅基地并取得收益是其核心要义和本质特征。村民住宅虽主要承担对集体成员的居住保障功能,但在实施乡村振兴战略的背景下,村民自主利用或者以出租、入股等方式将住宅交由他人从事经营活动的需求旺盛,应当还赋宅基地使用权的收益权能,允许村民流转住宅或者利用住宅从事经营活动并取得收益。宅基地属于成员集体所有,集体建设用地使用权流转收益应当纳入集体资产管理,同理村民流转住宅或者利用住宅从事经营活动取得的收益,应当在农村集体经济组织和农村村民之间合理分配,具体的分配办法可交由农村集体经济组织依据法定程序制定。

(责任编辑:耿卓　高飞)

田野采风

农村集体产权制度改革的个案考察

——以辽宁省调兵山市为调研对象*

房绍坤** 杨贺迪***

|摘 要|

在农村集体产权制度改革中,清产核资是基础和前提,股权量化是关键。通过对辽宁省调兵山市部分村开展农村集体产权制度改革的调研,本文基本掌握了该市在农村集体产权制度改革方面的做法与经验,也了解到农村集体产权制度改革的目标设计与农民的具体需求还存在一定的差距,农村存在的问题也需要我们进一步研讨并加以解决。

|关键词|

集体产权改革 股权量化 成员资格 调兵山市

|目 次|

一、调研地区基本情况

调兵山市是由辽宁省铁岭市代管的县级市,总面积263平方公里,下辖3个镇、2个街道,总人口25万人,其中农村人口6万人。全市耕地208,798亩、园地

* 基金项目:国家社会科学基金重大项目“农村集体产权制度改革的法治保障研究”(19ZDA156)。

** 房绍坤,吉林大学法学院教授、博士生导师。

*** 杨贺迪,吉林大学法学院博士研究生。

1668亩、林地60,484亩、草地8485亩。受煤炭生产的影响,调兵山市的矿区压煤面积194,400亩,占全市土地面积的49.3%。压煤村庄达23个,其中因采煤沉陷的村达20个,沉陷面积达28,590亩,属于国家262个采煤沉陷比较严重、土地资源较为稀缺的资源型城市之一。2017年6月,调兵山市被确定为农村集体产权制度改革试点单位。截至2019年,调兵山市农村除土地以外的各类账面资产已达4.36亿元,村均217.4万元。笔者通过向调兵山市农业农村局工作人员了解得知,在全市范围内施荒地村与项荒地村的农村集体产权制度改革成果较为突出,此次调研从中挑选施荒地村作为调查点,同时就近前往兀术街村调研并作为参照。

施荒地村位于调兵山市东南郊区,是典型的城郊村,隶属于调兵山市兀术街街道。全村区域3.2平方公里,其中耕地3600亩。全村总户数720户,分8个村民小组,总人口2100人。兀术街村位于调兵山市城区南侧,区域面积1320亩,全村总户数725户,总人口1215人。2017年,村集体收入48.85万元,农民人均收入17,766元。经清理核实,该村共有经营性资产2062.5万元,非经营性资产926.4万元,林地资源性资产820亩。全村共确认成员614户,1083人,成员已编制成册。

二、调研的主要内容

(一)清产核资与集体资产构成

调兵山全市清产核资结果如下:资源性资产面积252,664亩,其中"二轮"延包地152,975.28亩、机动地2100亩、开荒地10,998亩、林地50,905亩、水面4200亩、其他25,564亩;资产总额43,020.55万元,其中经营性资产14,061.28万元、非经营性资产28,959.27万元;债权7811.2万元,核销2198笔,共2640.31万元;债务12,010.81万元,核销774笔,共2110.62万元。

施荒地村在进行清产核资工作时,多次召开村民代表大会、扩大会议,充分征求老生产队长、老党员的意见和建议,采取了以账找物和以物对账的方法,有效核实核查村集体资产,避免了村集体资产的流失。代表们通过充分讨论,对确实不存在的资产进行核销(如账内的农机、农具、厂房);对本村的资金账目进行逐户征求意见,公开研究、广泛讨论;对负有债务的农户,如人员已经死亡并且无继承人的,通过民主决议进行核销;对尚有资金往来的欠款户(人),经过民主决议,对其进行账目抵顶。经过清查,施荒地村现有资源型资产面积3912.9亩,其中"二轮"延包地3643.5亩、机动地252.1亩、林地17.3亩;经营性资产333.4万元(如商铺、养老院等),非经营性资产 706.7 万元。施荒地村现有债权 216 万元,核销 59 笔,共计 82 万元;核销债务 28 笔,共计 4 万元。通过清产核资,施荒地村共纠正显失公平的合同和无效合同 27 份(如 30 元一亩的"大棚地"),收回了多年"藏起来"的资产,摸清了家底。

由于兀术街村毗邻市中心,其集体资产均为临街商铺,村中土地已经全部被政府征收,村民早已不以承包土地从事农业生产为生。

(二)成员身份的认定

《调兵山市农村集体产权制度改革工作的实施方案》规定,对股权种类设置、股权分配对象确认、股权配置比例确定、资产折股量化范围等,要由村集体经济组织成员代表会议讨论决定,及时张榜公布,并报各镇(街)党委、政府(办事处)审核,经市农经局批准后实施。该方案虽然要求股权分配对象的确认要经过审核和批准等行政程序,但是笔者通过与调兵山市农业农村局工作人员交流和实地走访得知,各村对集体成员认定标准仍存在较大差异且有较大自治空间。据统计,全市共确认农村集体经济组织成员 55,822 人,占农村总人口 56,652 的 98.5%;确认户数 20,047 户,占总户数 20,355 户的 98.5%。对于确认为成员的,村集体颁发成员证书。

《调兵山农村集体经济组织成员身份界定办法》明确了确定农村集体经济组织成员身份的一般规则,即户籍在本村,符合下列条件之一,可以认定为本村集体经济组织成员身份资格:(1)"二轮"延包时取得本集体经济组织土地承包权的农业人口,具有村集体经济组织成员身份。(2)父母双方或者一方为本村集体经济组织成员的家庭婚生人口,为本集体经济组织成员。(3)与本村集体经济组织成员有合法婚姻关系落户的人口。原户籍是农村户口,在《农村土地承包法》实施前与本集体经济组织成员结婚的,应视为本集体经济组织成员,如娶来的媳妇、招来的女婿;在《农村土地承包法》实施后与本集体经济组织成员结婚并分得承包地的,也应视为本集体经济组织成员。(4)外嫁女户口仍在本集体经济组织的人口,享有本村集体经济组织成员身份。离婚后户口仍在本集体经济组织且生活在本村的,享有本村集体经济组织成员身份。(5)依法收养增加的人口。经过民政部门合法程序收养的人口,属于本集体经济组织的成员。(6)政策性移民落户的人口。因国家建设需要安置的移民,政府对承担移民的集体经济组织给予补助并获得承包土地的人口,应享有迁入村的集体经济组织成员身份。(7)将户口迁移至本村居住,承担相应的义务和交纳公共积累,经本集体经济组织成员的村民会议 2/3 以上成员代表同意,接纳为本集体经济组织成员的人口,应享有本村集体组织成员身份,但是其原所在村集体经济组织成员资格终止。

通过上述认定标准可知,首先,户籍在本村为取得集体经济组织成员身份的前提。其次,对于"二轮"延包前出生的农民来说,在"二轮"延包时取得土地承包经营权是确定其集体成员身份的充分条件。对于"二轮"延包后出生或者收养的村民来说,父母或者收养人一方需为集体经济组织成员。再次,"娶来的媳妇和招来的女婿"是否分得承包地也是确定其集体成员身份的充分必要条件。离婚后的外嫁女需在本集体生活才可认定其集体经济组织成员身份。最后,承担相应的义务和交纳公共积累的村民虽未分得承包地,但只要村民会议2/3的成员代表同意也可取得集体经济组织成员身份。此为集体成员意思自治内容,可以独立地决定成员身份,排除行政管制,符合集体产权制度改革的要求。除此之外,现役义务兵、服刑人员、在校学生等有其例外规定,虽户籍暂时迁出村集体,但也不得剥夺其集体经济组织成员身份。

在《调兵山农村集体经济组织成员身份界定办法》规定的村集体经济产权制度改革基准日期前,丧失农村集体经济组织成员资格的几种情形中,户口迁到设区的市并取得非农业户籍的情形值得注意。显然,户口只有迁到设区的市才会丧失农村集体经济组织成员资格。这也就为户口迁到类似于调兵山市这种县级市,取得非农业户籍,却仍保留集体成员身份预留了空间,基层调研发现确实也出现了这种情况。如在施荒地村、锁龙沟村,"二轮"延包后分到了土地的村民,后来自行"以土地换保险",户口已经迁出本村、转为城镇的人员,仍然被确定为本村集体经济组织成员;在兀术街村、锁龙沟村、娘娘庙村、大明村,将"对本村集体经济积累贡献大的已转为公职的人员"界定为集体经济组织成员。

施荒地村成员资格认定遵循"尊重历史,兼顾现实,程序规范,群众认可"的原则,统筹考虑户籍关系、农村土地承包关系及对本集体积累的贡献等因素,协调平衡各方利益,民主确认成员身份。施荒地村经过民主讨论决定,将2018年3月1日零时定为本村成员资格界定基准日。经界定,本村共有集体经济组织成员2007名。施荒地村把"二轮"延包分到地的村民,及至2018年3月1日零时前出生落户的新生儿原则上均列为集体经济组织成员。此外,"二轮"延包分到地的村民,自费以土地换取保险的、户口迁出本村的(包括户口进城的),也被确定为本村集体经济组织成员。

同时,施荒地村还规定了除外情形,即有下列情形之一的,将不被确定为集体经济组织成员:(1)虽然"二轮"延包分到承包地,但是2018年3月1日零时前户口已经迁出本村的,将不确定为本村集体经济组织成员。(2)"二轮"延包后户口迁入本村的"外来户",不确定为本村集体经济组织成员。(3)利用虚假证明,骗得土地承包经营权的村民,虽然在成员界定时间节点前户口落在了本村,但不确定为本村集体经济组织成员。(4)"二轮"延包中分到了承包地,但已有正式工作的政府机关工作人员、事业单位职工、国企员工,户口尚在本村的,不确定为本村集体经济组织成员。由此可知,施荒地村的成员认定标准是包括拥有本村户籍和在本村生产生活两个基本条件。就此解释,嫁到本村但户口没有迁到本村的妇女不具有集体经济组织成员身份,嫁到外村但户口还在本村的妇女则具有本村集体经济组织成员身份。这一观点也得到了施荒地村村干部的认证。

兀术街村因为在城区内,村里没有土地,村民早已变成市民,在确定集体经济组织成员身份时只考虑户籍。在被问到"您认为成员身份认定标准应该考虑哪些因素"时,10 份调查问卷均只选择"户口是否在本村",这也基本印证了这一事实。

(三)股权设置与折股量化

《调兵山市农村集体产权制度改革工作实施方案》明确规定,股权设置应以成员股为主,是否设置集体股由本集体经济组织成员民主讨论决定;股权管理提倡实行不随人口增减变动而调整的方式;建立集体资产股权登记制度,向农村集体经济组织成员出具股权证书;健全集体收益分配制度,明确公积金、公益金提取比例。根据这一规定,在调兵山市范围内,集体股的设置属于集体成员自决范畴,而公积金公益金的设立则是强制性规定。据此,理论上存在集体股与公积金公益金并存的情况。应当说,这两者作用趋同,且公积金公益金提取比例有强制性要求,这就导致在同一集体经济组织内产生重复提取公益性支出的后果。

《调兵山市农村集体经营性资产股权量化工作指导性意见》提供了一种股权设置与折股量化的基本路径,主要包括四种:

(1)基本股。基准日以前确认的本集体成员,每人 1 股基本股。

(2)贡献股。贡献股的设置主要是考虑农村集体资产是农民长期积累创造的财富,以体现村民对集体经济的贡献程度。其设置如下:①1955 年 12 月 31 日前出生的成员,每人 0.04 股;②1956 年 1 月 1 日至 1982 年 12 月 31 日出生的成员,每人 0.03 股;③1983 年 1 月 1 日至 2003 年 12 月 31 日出生的成员,每人 0.02 股。

(3)奖励股。奖励股主要用于为集体作出贡献的成员,主要有:①根据村干部(老干部)的职位和任职时间,由村民代表会议确认奖励股份数额,每人奖励0.02股,计入本人享有的股权;②凡集体经济组织成员取得独生子女光荣证的,奖励父母各0.01股。

(4)其他股。其他股是否设立及如何设立,由村民代表会议讨论决定。上述每个成员股份额合计后算出每个村成员总股份数额,再由每个村经营性资产核实数总额除以全村总股份数额得出每个成员的每股价值,每个成员的股份额乘以每股价值为每个成员的股本金。

施荒地村集体经济组织股权只设置基本股和贡献股。施荒地村将经营性资产及很小部分资源性资产(252.1亩机动地)实行折股量化,非经营性资产不纳入股权量化范围;把经营性资产全部按股份量化到成员,根据清产核资确定的可量化经营性资产总额为总股本,股本金额333.4万元。其中,成员股共计1003.5股:2007人(成员),每人0.5股;贡献股共计927股:2004年10月1日以前"二轮"延包分到承包地的现有成员共计1854人,每人0.5股。成员股加贡献股共计1930.5股,每股1727.01元。之所以设立贡献股,是因为人民公社时期,年纪稍大的村民参加了开垦荒地和造林等运动,早期的集体资产就来自那一时期。该村未设集体股,但村集体每年从经营性净收入提取公积金、公益金和福利费不少于30%。

兀术街村则是典型的城中村,人员流动大,居住特别分散,部分人口长期在外地,将基本股及贡献股按照历史年代分为老户股和新户股。老户股为:1982年以前参加当时生产队劳动的家庭成员(对集体积累的贡献相对较大),每人享有1.08股权;新户股为:1983年至成员界定基准日止,至今未参加过生产队劳动的家庭成员,每人享有0.92股权。

笔者在调兵山市农业农村局还了解到,太平山村的做法也颇有特色,并在全市整体改革股权设置方面起到了引领作用,值得重视。太平山村经营性资产数额较大,折股量化比较详细,设置基本股、贡献股、奖励股和计生股。(1)基本股:以2018年3月1日零时为时间节点,确定为集体经济组织成员的人员,每人享有1股。(2)贡献股:在1955年12月31日前户籍为本村的现有成员,每人享有0.2股。在1956年1月1日至1982年12月31日户籍为本村的成员,每人享有0.1股。(3)计生股(独生子女奖励股):父母每人分别奖励0.5股。(4)奖励股:村干部满三年(一届)以上的成员,村书记、主任(大队长)每人每年加0.1股(在本村任职累计三年股),村常务干部每人每年加0.09股,短务干部每人每年加0.07

股,所有的奖励股封顶为1股。

根据调兵山市各村集体经济组织章程,集体经济组织的股权管理实行"生不增,死不减,进不增,出不减"的静态管理模式。股权仅限在组织成员范围内依法继承、转让、赠送,但股东不得退股提现。其设置有股权占有的最高与最低比例,成员不能一家独大,股权也不能完全出让;同时以户为单位,向成员发放了股权证书。股权分配后,各村章程均明确规定股份不能提现,只做分红依据,理由是确保资产安全。股权流转必须经过股份经济合作社审核,由出让人向理事会提出书面申请,经理事会审核同意,转让双方签订股权转让协议,经公证机构公证后,到本社办理股权变更登记手续。农村集体资产股份有偿退出的方式主要有内部转让和本集体赎回。

(四)集体经济组织的内部治理

1. 集体经济组织的形式和内部机构

施荒地村集体经济组织全称为"调兵山市兀术街街道施荒地村集体经济股份合作社",设有股东代表会议、理事会、监事会等主要机构。

成员大会是本社的最高权力机构。成员大会的主要职权为:制定和修改章程;选举和罢免理事、监事;审议、批准理事会、监事会工作报告;审议、批准年度收支预决算方案及收益分配方案、弥补亏损方案;讨论决定理事、监事的报酬;对本社合并、分立、解散等事项作出决定;按章程规定其他讨论决定事项。成员大会可以授权成员代表大会讨论决定前款规定的事项。但涉及成员切身利益的重大事项,必须提交成员大会讨论决定。成员大会应当由具有选举权的本组织成员的半数以上参加,或者有本组织2/3以上的户的代表参加。讨论表决实行"一人一票制";作出决定或决议时,须经全体成员所持表决权半数以上通过。成员代表会议由全体成员代表组成,在成员大会闭会期间,讨论决定成员大会授权的事项。成员代表会议实行"一人一票"表决制度,采取举手表决等方式进行。成员代表会议形成的决议,须经到会成员代表半数以上通过方能生效。

理事会实行股东代表大会领导下的理事长负责制,是股东代表会议的执行机构和日常工作机构。理事会是由成员(代表)大会选举产生的5名理事组成,是日常管理机构,是成员(代表)大会作出的决定或决议的执行机构,设理事长1名,理事长为本社法定代表人。理事会主要职责包括:负责召集成员(代表)大会并报告工作;制定预决算方案、收益分配方案、弥补亏损方案等;决定其报酬事项;执行成员(代表)大会决定或决议;决定组织内部经营管理机构设置;决定重大生产经营事项;决定资产管理制度和资产保值增值方案;制定增加或减少注册资本方案;拟定组织解散方案;提议召开临时成员(代表)大会;章程赋予的其他职权。理事会成员原则上采取与党组织成员、村民委员会成员交叉任职的形式。

监事会是监督机构,由股东代表大会选举产生,对股东代表会议负责,列席理事会会议,有权定期审查本社财务,对理事会及工作人员的工作行使监督职能,提出建议和批评意见,可以向股东代表会议提出罢免不称职理事的建议。

兀术街村也是按照股东代表会议、理事会、监事会的组织形式设立集体经济股份合作社。

2. 村民委员会和集体经济组织负责人交叉任职的情况

目前,施荒地村集体经济股份合作社和兀术街村集体经济股份合作社的理事长均由该村村委会主任担任,合作社理事会成员主要由村两委成员担任。

(五)股权权能的具体体现

2017年12月1日,调兵山市市长在全市农村集体产权制度改革工作会议上的讲话中提到,为了保护农民的利益,特别是防止外部资本的侵占,改革的范围严格限定在集体经济组织内部,股份流转只能在集体经济组织内部进行,确保封闭运行、风险可控。在股权管理模式上,原则上实行静态管理,不随人口增减变动而调整,可依法继承,可在股份经济合作社内部转让。成员退股,可将股权通过赠与、转让等方式流转给其他成员,但不得退股提现。笔者通过实地走访和与调兵山市农业农村局工作人员交流得知,调兵山市全市范围内均采取集体经济组织成员股份在股份经济合作社内部流转的方式,原因主要是防止外部资本进入农村集体经济组织。

三、集体经济组织发展集体经济的途径

在调研中了解到,集体经济组织发展集体经济的途径主要以下几种。

第一,出租资产。施荒地村和兀术街村都在市郊,集体资产中很大一部分为临街商铺,每年的房屋租金是集体的一笔固定收入。

第二,成立农民专业合作社。施荒地村成立了调兵山市富农水稻农民专业合作社,主要从事批发兼零售袋装、盒装精品香米、大米,于2020年9月被授予铁岭市“十佳农民专业合作社称号”。

第三,发展旅游产业。施荒地村主要通过垂钓园、采摘园等项目吸引城镇居民来村消费。2020年8月28日,施荒地村利用靠近市区的地理优势举办了

"2020首届网红夜市",通过学习外部夜市管理经验,采用小吃、游乐设施等提高客流量。

第四,通过体验农业的方式向城镇居民出租土地。调兵山市特色农业主要是施荒地村的认领园。随着调兵山城市南延步伐的加快,施荒地村利用紧邻市区的区域优势发展认领农业。2017年,施荒地村成立了益禾农业开发有限公司,利用流转的110亩土地打造体验式家庭农场和经济作物种植园,打造现实版的"开心农场"。农场以绿色、生态、农耕体验为定位,通过采取农场托管和市民自管两种方式向市民出租,增加村集体收入。农场形式新颖、紧邻市区,场内有专人管理,水、电、路等基础配套设施齐备,一经推出,先期规划的42个地块很快就认领一空,村集体年增收2万余元。调兵山市计划继续以农业公司发展为重点,将认领农业规模扩大至100个地块,增加温室大棚认领区。

四、村民对改革方案的了解度与满意度

施荒地村的14份调查问卷反映,村民对集体产权制度改革的了解度为100%。由于施荒地村在调兵山市表现十分突出,常常作为样本在辽宁省全省范围内推广,其村主任也常作为宣讲人在全省推广集体产权制度改革经验。笔者通过走访了解到村民在此次改革中切切实实得到了实惠,对改革满意度较高。施荒地村的14份调查问卷显示,在问到"您觉得集体经济组织的负责人是否应当由党委或政府确定"时,仅有1份认为"需要,上面派的人应该更有水平"。在兀术街村的10份调查问卷中没有选择"需要,上面派的人应该更有水平"。在被问到"您觉得确定集体成员身份的标准由村民自己定好,还是地方政府定好"时,施荒地村有12份选择"应该按照法律规定办",兀术街村的10份问卷全部选择"这是我们村民自己的事,村里自己定就行"。

作为对照的兀术街村的情况就有明显不同。对该村发放的10分调查问卷显示,有6份问卷对集体产权制度改革不太了解。由于兀术街村毗邻市中心,其集体资产均为临街商铺,村中土地已经全部被政府征收,村民早已不以承包土地为生。临街商铺收益在改革之前每年都有分红,改革后并未改变这一模式,村民生活没有变化,不了解集体产权制度改革虽在情理之中,但也在一定程度上说明,农村集体产权改革有待进一步推进。

五、小结

笔者通过调研发现,各地因实际情况存在差异,集体产权制度改革的推进程

度存在差异。

第一,对于带头人积极和公正的施荒地村这类村子来说,取得成果的量级较其他村高,所受荣誉也更多,村民对于改革的满意度和积极性自然相对较高。

第二,对于兀术街村这类已经完全被城市包围,城中土地完全被征收的村来说,以是否在本村生活、生产为认定集体经济组织成员的条件可能不尽合理,现代社会城市人口流动量大,不能按传统村落文化对其过度约束。在这个方面,兀术街村的做法有可取之处。

第三,各村探索多种村级集体经济发展模式对增加村民收入起到了积极作用,村民满意度有显著提升。

第四,农村人才缺口巨大,村支书或村主任兼任集体经济组织理事长在各地普遍存在,这是未来需要重点解决的问题。

第五,根据调兵山市施荒地村农村股权权能的设置可以看出,当地股权权能设置相对而言比较保守,股权流转受到很大限制,股权权能的价值难以有效释放,需要进一步研究和积极探索。

(责任编辑:高飞　耿卓)

外国法译评

日本公寓重建法*

(平成14年6月19日法律第78号)**

杨远舟***　黄梓荣****　译

|目　录|

* 基金项目:国家社科基金一般项目“城市更新中老旧住宅小区重建的私法构造研究”(20BFX112)。

** 日本公寓重建法的全称为日本《关于顺利实施公寓重建等的法律》[マンションの建替え等の円滑化に関する法律(平成14年6月19日法律第78号)],从平成14年(2002年)颁布到平成26年(2014年)历经数次修订,截至平成26年形成了包含179个条文的“179条文本”,其中包括最初版的“141条文本”。此外,令和2年(2020年),日本根据《令和2年6月24日法律第62号》第2条再次对该法做出修订,形成了“232条文本”。依据《令和2年6月24日法律第62号》第2条的规定,部分条款分别在2020年起1年半内、2年内根据政令进一步确定实施日期,易言之,本次翻译“232条文本”目前尚未完全实施。虽然现阶段现行有效的为“179条文本”,但是最迟于2年后,“232条文本”将正式施行。在日本,众议院作为立法机关审议法律,虽然也会在其官方网站上公布相关法律文本,但是一般不会更新后续修订情况。因此,检索法律的最新文本一般使用“e-gov法令检索”等法令数据库。该在线数据库是日本政府运营的法令数据库,更新较为及时,同时也保持了权威性。本文即以“e-gov法令检索”上公布的文本为原文进行翻译。关于法律名称,“マンション”是“mansion”的音译,英文原意为宅邸、公馆、公寓,同义于美国法上的apartment house,或condominium,专指住宅公寓,不包括商住公寓、大厦、商用建筑等建筑物。

*** 杨远舟,广东外语外贸大学土地法制研究院助理研究员、日本早稻田大学法学博士。
**** 黄梓荣,广东外语外贸大学法学院法律硕士研究生。

第一编 总　　则

(目的)〔1〕

第1条 本法律旨在设定相关规定,包括设置公寓重建项目、须拆公寓相关的特别措施、公寓用地出售项目以及用地分割项目等,确保公寓的良好居住环

---

〔1〕 日本法令用语及文本格式和我国法律文本不尽相同,在此做简单说明。条文上一行的括号内的内容,在日语上被称为"見出し"(提要),是以简短的语言总结的条文内容要点,当某一节或某一章仅有一条条文或例如罚则等内容均为罚则的,其内容已由该章节名称概括,因而,不再在条文上方重复设置提要。条文主文前的"第X条"为条文名称或"条名"。法令条文提要作为第二次世界大战后法令文体改革的一环,在现行法中已经成为惯例,但是不包括部分第二次世界大战前制定的法律。平野敏彦「憲法の条文見出し—法令用語釈義その2—」広島法科大学院論集(2014年、第10号)65頁を参照。

境,保护国民生命、身体以及财产不受地震导致的公寓倒塌、陈旧公寓之破损以及其他侵害,以此保障国民生活的安定繁荣和国民经济的健康发展。

(定义)

第2条〔2〕　本法中下列用语的含义,分别参照相应的各项规定:

一、公寓,是指具有用于人居住的专有部分,存在两个以上区分所有权人的建筑物;

二、公寓的重建,是指拆除现存的一个或两个以上公寓的同时,在该公寓用地(包括与之相邻的土地)上新建公寓;

三、再建公寓,是指通过公寓重建工程新建的公寓;

四、公寓重建项目,是指依据本法(除第三编外)的相关规定所实施的,关于重建公寓的项目及其附属项目;

五、实施者,是指实施重建公寓项目的主体;

六、实施对象公寓,是指现存作为实施重建对象的公寓;

七、实施再建公寓,是指实施公寓重建项目所建成的再建公寓;

八、公寓用地出售,是指出售现存公寓以及其用地(公寓的用地利用权是借地权时,出售该借地权);

九、公寓用地出售项目,是指根据本法相关规定实施的关于公寓用地出售的项目;

十、售出公寓,是指实施公寓用地出售项目的现存公寓;

十一、用地分割,是指分割属于住宅区内建筑物[关于建筑物区分所有等的法律(1962年法律第69号,以下简称区分所有法)第69条第1款规定的住宅区内建筑物,仅限于其全部或者部分为公寓的建筑物]的所有者(区分所有法第65条规定的住宅区建筑物所有者,下同)共有的该住宅区内建筑物的用地或者其借地权;

十二、公寓用地分割项目,是指根据本法相关规定实施的关于分割公寓用地的项目;

十三、实施分割用地,是指实施用地分割项目的住宅区内建筑物用地;

十四、区分所有权,是指区分所有法第2条第1款规定的区分所有权;

---

〔2〕　日本法令用语及文本格式和我国法律文本不尽相同,在此做简单说明。关于条文结构,在条文名称之后的内容,当然为第1款一般因而不作特殊标记,从第2款开始,在该款内容之前以罗马数字2、3、4、5分别标记款号。项的序号则是以汉字数字一、二、三等从第1项开始编号。平野敏彦「号と表:列記のかたち—法令用語釈義その7—」広島法科大学院論集(2019年、第15号)1-5頁を参照。

十五、区分所有权人，是指区分所有法第2条第2款规定的区分所有权人；

十六、专有部分，是指区分所有法第2条第3款规定的专有部分；

十七、共用部分，是指区分所有法第2条第4款规定的共用部分；

十八、公寓用地，是指公寓所在土地，以及根据区分所有法第5条第1款规定视作公寓用地的土地；

十九、用地利用权，是指区分所有法第2条第6款规定的用地利用权；

二十、借地权，是指以建筑物所有为目的的地上权以及租赁权。但是，建筑物为临时设施或者其他明显为了临时使用而设置的设施除外；

二十一、房屋承租权，是指建筑物（明显为了临时使用而设置的设施除外，下同）的租赁权以及配偶的居住权。

2　根据区分所有法第70条第1款规定的统一重建决议的内容，拆除住宅区内全部建筑物的同时，在同款规定的再建住宅区内地基上新建同条第3款第2项规定的再建住宅区内建筑物（仅限全部或者部分是公寓的，在本款内简称再建住宅区内建筑物）的场合下，现存的住宅区内建筑物（公寓除外）以及新建的再建住宅区内建筑物（公寓除外）视作公寓，适用本法。

（国家和地方公共团体的职责）

第3条　国家和地方公共团体为了重建公寓或者分割、出售须拆公寓之相关公寓用地，必须积极采取必要的政策措施。

（基本方针）

第4条　国土交通大臣必须制定关于顺利推进公寓重建项目的基本方针（以下简称基本方针）。

2　基本方针包括下列事项：

一、为了谋求顺利实施公寓重建等〔3〕所应采取的政策措施的基本方向；

二、有关促进有意重建公寓等的区分所有权人等达成合意的事项；

三、有关顺利实施公寓重建项目和其他有关公寓重建项目的事项；

四、有关保障再建公寓的良好居住环境的事项；

五、公寓实施重建的情况下，有关确保安置之前居住在公寓的承租人（享有房屋承租权的人，下同）和迁出的区分所有权人（先前公寓的区分所有权人，不能成为再建公寓区分所有权人的人，下同）的事项；

---

〔3〕　日本法令中并列列举的甲乙丙为对等概念的，会在甲概念后添加“等”，以“甲等”代表“甲、乙、丙”等概念，在维持概念准确的同时简化条文的表述。平野敏彦「『その他』並列『その他の』例示—法令用語釈義その1—」広島法科大学院論集（2013年、第9号）92頁を参照。

六、关于须拆公寓相关特别措施的事项;

七、关于顺利实施公寓用地出售项目和其他出售须拆公寓相关用地的事项;

八、关于确保安置曾居住在出售公寓的区分所有权人以及房屋承租权人的事项;

九、关于顺利实施用地分割项目和其他分割住宅区内须拆公寓相关用地的事项;

十、其他关于顺利实施公寓重建等的重要事项。

3 基本方针和居住生活基本法(平成18年法律第61号)第15条第1款规定的全国规划与关于推进公寓管理适正化的法律(平成12年法律第149号)第3条第1款规定的基本方针必须保持协调。

4 国土交通大臣制定或者变更基本方针时,必须立即公布。

第二编 公寓重建项目

第一章 公寓实施者

第一节 公寓重建项目的实施

第5条 公寓重建组织(可简称组织)可以实施公寓重建项目。

2 公寓的区分所有权人或取得其同意的人,可以一人或多人共同实施该公寓的公寓重建项目。

第二节 公寓重建组织

第一小节 通 则

(法人格)

第6条 组织,是法人。

2 组织准用关于一般社团法人以及一般财团法人的法律(平成18年法律第48号)第4条以及第78条的规定。

(章程)

第7条 组织章程应当载明以下事项:

一、组织的名称;

二、实施对象公寓的名称及其所在地;

三、公寓重建项目的范围；
四、事务所的所在地；
五、有关组织参加人员的事项；
六、有关分摊项目所需经费的事项；
七、相关干部的人数、任期、职务分担、选举及选举方法的事项；
八、有关组织全体大会的事项；
九、设置全体代表大会时，有关组织代表大会代表及总代表的事项；
十、项目年限；
十一、公告的方法；
十二、其他国土交通省省令规定的事项。

（名称的使用限制）

第 8 条　组织名称当中必须包含“公寓重建组织”的字样。

2　非本法规定的组织，其名称中不得包含“公寓重建组织”的字样。

第二小节　设　　立

（设立的批准）

第 9 条　依据区分所有法第 64 条的规定，视为依照区分所有法第 62 条第 1 款规定的重建决议的内容，达成实施公寓重建等合意者（包括享有公寓区分所有权或用地利用权者，且之后依据该重建决议内容表示同意实施该公寓重建的人，以下简称重建合意人），5 人以上共同制定章程及项目规划，依据国土交通省省令相关规定，经过都道府县知事（市[4]区域内的，该市的长官，以下简称都道府县知事等）的批准，可以设立组织。

2　依据前款规定欲申请组织设立批准者，关于组织的设立，必须取得 3/4 以上重建合意人的同意（仅限于如下场合：即同意设立组织者所享有的区分所有法第 38 条规定的表决权数达到重建合意者全体享有表决权总数的 3/4 以上）。

3　根据区分所有法第 70 条第 4 款之准用区分所有法第 64 条的规定，被视为依据统一重建决议内容达成实施公寓重建合意者（包括享有公寓的区分所有权或者用地利用权的人，且之后依据该统一重建决议内容表示同意实施该公寓重建的人，以下简称统一重建合意者），5 人以上共同申请，取得本法第 9 条第 1

---

[4]　日本行政区划名称分别为都道府县（相当于我国省级），市町村（相当于我国县级）。市町村一级原本只有町村，“市”是通过特别法设立的行政区划，包括政令指定都市等特殊行政区划。如横滨市、大阪市等高人口密度地区，通过特别法指定在该区域内实施地方自治。

款规定的许可后,可以设立组织。

4　根据第1款规定,欲设立组织而申请许可的统一重建合意者,必须取得统一重建合意者的3/4以上同意(仅限于同意者所享有表决权数超过统一重建合意者表决权总数3/4的情形,此处表决权为区分所有法第70条第2款中准用区分所有法第69条第2款所规定的表决权)以及构成统一重建决议公寓群(统一重建决议相关住宅区内2个以上的公寓,下同)的每个公寓内享有区分所有权的统一重建合意者的2/3以上同意(仅限每个公寓内的同意者所享有表决权数超过各个公寓内享有区分所有权的统一重建合意者总数2/3的情形,此处表决权是区分所有法第38条规定的表决权)。

5　在以上各款的场合中,公寓的一部分专有部分属于多人共有时,这里的多人视作一个重建合意者或者统一重建合意者(以下简称重建合意者等)。

6　两个以上重建决议公寓(重建决议对象公寓且不属于统一重建决议公寓群,下同)、统一重建决议公寓群或者一个以上重建决议公寓以及统一重建决议公寓群的重建合意者等,5人以上可以共同申请第1款规定的许可。在这种情形下,第2款规定适用于重建决议公寓,第4款规定适用于每个统一重建决议公寓群。

7　应当成为实施对象公寓的所在地位于町村区内的,第1款规定的许可申请必须经由该町村长官同意。

(项目规划)

第10条　项目规划中,根据国土交通省省令相关规定,应当载明实施对象公寓的状况、其建筑用地的区域以及其住户(提供给人居住用的公寓部分,下同)的状况、实施再建的公寓的设计概要、项目实施期限、资金计划以及其他国土交通省省令规定的事项。

2　项目规划应当契合重建决议或者统一重建决议(以下简称重建决议等)的内容。

(重建计划的自由阅览以及意见书的处理)

第11条　在根据第9条第1款规定申请许可的场合中,应当成为实施对象公寓的用地(该用地和邻接土地共同作为实施再建的公寓用地的场合下包括该邻接土地,以下简称邻接实施用地)所在地位于市的区划内的,该市的长官必须将该项目规划提供给公众自由阅览2周,该公寓用地所在地处于町村的区划内的,都道府县知事等必须要求该町村的长官将该项目规划提供给公众自由阅览2周。但是,关于该申请存在明显不符合下一条任意一项的事实,且认为不应当被批准的,不受此限。

2　应当成为实施对象公寓的公寓或者其用地(包括邻接实施用地)的权利人,对前款之自由阅览的项目规划有异议者,于自由阅览期满之日的翌日起两周内,可以向都道府县知事等提出意见书。

3　依据前款规定提出的意见书,都道府县知事等应审查其内容,如应当采纳该意见书的相关意见,则必须命令项目规划进行必要的修订;如不应当采纳该意见书的相关意见,则必须通知意见书的提出人。

4　关于依据前款规定进行的意见书内容审查,准用行政不服审查法(平成26年法律第68号)第2章第3节(第29条、第30条、第32条第2款、第38条、第40条、第41条第3款以及第42条除外)的规定。这种情形下,同法第28条中的“审理员”、同法第31条、第32条第3款、第33条至第37条、第39条以及第41条第1、2款中的“审理员”被置换为“都道府县知事等”。

5　依据第9条第1款规定申请许可者,依据本条文第3款规定修订项目规划后,将修订事宜向都道府县知事等申告时,关于修订的部分,应当再次实施本条规定的程序。

(许可的标准)

第12条　有依据第9条第1款申请许可的,都道府县知事等应当批准符合以下全部条件的申请:

一、申请程序不违反法令规定;

二、章程和项目规划的决议程序或者内容不违反法令(关于项目规划内容,包括上一条第3款规定的都道府县知事等的命令);

三、作为实施再建的公寓用地的邻接实施用地上不存在建筑物、其他构造物,或者拆除现存建筑物、其他构造物,或者现存建筑物、其他构造物确实可以转移;

四、实施对象公寓的住户数达到国土交通省省令规定的数量以上;

五、鉴于实施对象公寓的住户规模、结构以及配套设施的情况,为了确保公寓的良好居住环境有必要实施重建;

六、实施再建公寓的住户数达到国土交通省省令规定的数量以上;

七、实施再建公寓的住户规模、结构以及配套设施,考量居住于该住户家庭的人员构成等,符合国土交通省省令规定的标准;

八、项目实施期限适当;

九、具备完成该公寓重建项目所需要的经济基础及充分具备确切实施项目所必需的其他能力;

十、参照其他基本方针该申请是妥当的。

(组织的成立)

第13条　组织依据第9条第1款的规定经批准成立。

(批准的公告)

第14条　都道府县知事等依据第9条第1款的规定批准重建的,应当立即依据国土交通省省令相关规定,公告组织的名称、实施对象公寓的名称及其用地区域、实施再建的公寓用地区域、项目实施期限以及其他国土交通省省令规定的事项,并且向相关的市町村长送达表明实施对象公寓的名称及其用地区域、实施再建公寓的设计概要及其用地区域和其他国土交通省省令规定事项的图示、文书资料。

2　组织在前款公告发出前,不得以组织的成立、章程或者项目规划对抗组织成员和其他第三人。

3　市町村长应当在第38条第6款或第81条规定的公告之日前,依据政令的相关规定,在该市町村事务所提供本条第1款规定的图示、文书资料,供公众自由阅览。

(出让区分所有权以及用地利用权的请求)

第15条　组织在上一条第1款规定的公告日[当天在区分所有法第63条第2款(包括区分所有法第72条第4款规定的准用的情形)规定的期间届满之日前的,从该期限届满之日起算]起两个月内,可以向表示不参加区分所有法第63条第4款(包括区分所有法第70条第4款规定的准用情形)规定的重建的区分所有权人(包括其继承人,之后成为重建合意人者除外),请求应当依照时价出让区分所有权以及用地利用权。关于重建决议等作出后从该区分所有权人处仅取得用地利用权的人(包括其继承人,之后成为重建合意人等的除外)的用地利用权亦同。

2　依据前款规定所作出的请求,应当在重建决议等作出之日起1年内提出。但是,有正当理由不能在该期限内提出的除外。

3　区分所有法第63条第5款至第7款(包括区分所有法第70条第4款规定的准用的情形,下同)的规定,准用于依据第1款规定作出请求的场合。这种场合下,区分所有法第63条第6款中的“第4款”被置换为“关于顺利推进公寓重建等的法律第15条第1款”。

第三小节　管　　理

(组织成员)

第16条　实施对象公寓的重建合意者[包括其继承人(组织除外)]均是组

织的成员。

2 某栋公寓的专有部分属于数人共有时,数人视作组织成员中的一人。

(组织参加成员)

第17条 上一条文规定的人之外的人,有意愿参加组织实施的公寓重建项目,并且具备相应的资金和信用的,作为组织参加人员成为组织的成员。

(组织成员名册的制作等)

第18条 取得第9条第1款所规定批准的,应当在第14条第1款规定的公告作出后,立即制作记载有组织成员的姓名以及住所(法人的场合,为其名称以及主要事务所所在地)、按照作为重建合意人等的组织成员或组织参加成员分类的其他国土交通省省令规定的事项组织成员名册。

2 取得第9条第1款规定批准的人或理事长,收到依据下一款作出的通知时,或知道组织成员名册所记载的事项发生变更时,应当立即在组织成员名册当中进行必要的变更。

3 组织成员应当在组织人员名册所记载的事项发生变更时将相关事项通知组织。

(组织成员的权利和义务的转移)

第19条 公寓组织成员享有的实施对象公寓上的全部或者部分区分所有权以及用地利用权被他人继受的,原组织成员关于该区分所有权或者用地利用权对组织享有的权利和承担的义务转移至继受者。

(管理者)

第20条 组织设置3名以上理事和2名以上监事作为管理者。

2 组织管理者通过理事互选确定1名理事长。

(管理者的资格、选举以及任命)

第21条 理事以及监事从组织成员(组织成员为法人的,为其管理者)中通过组织大会选举产生。但是,存在特别情况的,可以从组织成员以外的人中通过组织大会选举产生。

2 依据前款主文规定选举产生的理事或监事丧失组织成员身份的,或者该理事、监事是作为组织成员之法人的管理者的情况下,该法人丧失组织成员身份的,或该理事、监事不再是该法人管理者时,该理事、监事丧失其地位。

(管理者的任期)

第22条 理事和监事的任期为3年,递补的理事以及监事的任期为前一任的剩余任期。

2　理事或者监事在任期届满后,继任理事或监事就任前,继续履行职务。

(管理者的解职请求)

第23条　组织成员可以持全部组织成员1/3以上的联合署名,由其代表向组织提出解除理事或监事职务的请求。

2　组织在收到依据前款规定提出的请求后,应当立即公布该请求的主要内容,将其交由组织成员投票表决。

3　前款规定投票中取得1/2以上组织成员同意时,理事或者监事丧失其地位。

4　前三款规定之外提出解除理事和监事职务的请求以及需要依据第2款规定投票的事项由政令规定。

(管理者的职责)

第24条　理事长代表组织总领组织的业务。

2　理事依据章程的约定,协助理事长管理组织的业务,理事长因故不能履职时,由理事代理其职务;理事长缺任时,由理事代行其职务。

3　监事的职务如下:

一、监查组织的财产状况;

二、监查理事长以及理事执行业务的情况;

三、财产状况或者执行业务过程中,违反法令或者章程,或者认定有明显不当的情况时,向组织大会或者都道府县知事报告;

四、有必要进行前项报告的,应当召集组织大会。

4　除章程有特别规定的情况之外,组织的事务由理事过半数同意决定。

5　关于组织和理事长之间利益冲突的事项,理事长不享有代表权。这种情形下,由监事代表组织。

6　理事长应当依据项目年度制定项目报告书、收支结算书以及财产目录,附上监事的意见书,提交给组织大会例会请求核准。

7　关于前款监事意见书,可以通过添加记录应当记载事项的电磁式记录(电子方式、磁性方式或者其他通过人类知觉不能认知的方式制作的,且作为提供给电子计算信息处理用的国土交通省省令规定的记录),代替添附该监事的意见书。这种情形下,理事长视作该监事添附了意见书。

8　监事不得兼任理事或组织的职员。

(理事长代表权的限制)

第24条之二　对理事长代表权施加的限制不得对抗善意第三人。

(理事长代理行为的委任)

第24条之三　理事长在没有被章程或者组织大会决议禁止的范围内,可以委任他人代理特定的行为。

(理事长的姓名等事项的备案和公告)

第25条　组织应当将其理事长的姓名和住所,报都道府县知事等备案。这种场合下,实施对象公寓所在地在町村区域内的,必须经由该町村长官备案。

2　都道府县知事等收到前款规定的备案申请时,应当立即将相关理事长的姓名和住所进行公布。

3　组织在前款公告作出以前,不得就理事长的代表权对抗组织成员以外的第三人。

(组织大会的组成)

第26条　组织大会由全体组织成员组成。

(组织大会的决议事项)

第27条　下列事项必须经过组织大会决议:

一、变更章程;

二、变更项目规划;

三、借款、借款方法、借款利率及偿还方法;

四、经费的收支预算;

五、除预算内所定内容之外,其他应当由组织负担的合约;

六、公费金额以及公费收缴方法;

七、权利变更计划及其变更;

八、第94条第1款或者第3款的管理细则;

九、组织的解散;

十、其他章程约定的事项。

(组织大会的召集)

第28条　理事长应当在每个项目年度召开1次组织大会例会。

2　理事长在认为必要的时候,可以随时召开临时组织大会。

3　组织成员在征得全体组织成员的1/5以上同意后,向组织提交记载了会议目的事项以及召集理由的书面材料并请求召开组织大会时,理事长应当自接到该请求之日起20日以内召开临时组织大会。

4　有依照前款提出请求的场合下,理事长无正当理由不召开组织大会的,监事应当自前款规定的期限届满后10日内召开临时组织大会。

5　取得第9条第1款规定的批准的,应当在批准公告发布作出之日起30日内,选举产生第一任的理事和监事,至少应当为了选举而召开组织大会。

6　召集组织大会时应当至少在会议召开5日以前,将会议召开的时间、场地以及会议目的事项通知组织成员。但是,紧急情况下,可以在会议召开2日前将这些事项通知组织成员、召开组织大会。

(组织大会的议事等)

第29条　组织大会没有组织成员1/2以上出席不能进行事项决议。该事项决议除了本法有特别规定的场合之外的其他场合下,出席者决议权1/2以上表决通过,赞成反对同数时,由会议长决定通过。

2　会议长由组织大会选任。

3　会议长不得作为组织成员参与组织大会的表决。但是,依据下一条文规定作出的决议不在此限。

4　组织大会可以依据上一条文第6款的规定,仅就关于事先通知的会议目的事项作出表决。

(特别决议)

第30条　关于第27条第1项和第2项所列举的事项中的由政令决定的重要事项、同条第8项以及第9项所列举的事项,以组织成员的表决权以及所持份额比例{是指作为不存在组织专有部分进行算定的实施对象公寓的区分所有法第14条所定比例[仅由统一重建合意者设立组织的情况下,作为不存在组织持有的份额进行算定的实施对象公寓用地(包括关于该地的权利)的持有份额比例],第3款亦同}的各3/4以上表决通过。

2　权利变更之日以后适用前款规定的,前款中的"组织的"应替换为"组织和组织参加人员的","实施对象公寓"应替换为"实施再建公寓"。

3　关于第27条第7项所列举的事项,以组织成员的表决权及持有份额比例各4/5以上表决通过。

(组织代表大会)

第31条　组织成员人数超过50人的组织,可以设置代行组织大会权限的组织代表大会。

2　组织代表大会由总代表组成。总代表的定员在不少于组织成员人数的1/10的范围内由章程规定。但是,组织成员总人数超过200人的组织中,组织代表大会中的总代表20人以上即可。

3 组织代表大会代行除下列事项以外的组织职权：

一、理事以及监事的选举或选任；

二、应当依据上一条的规定进行表决的事项。

4 组织代表大会准用第28条第1款至第4款、第6款和第29条(不包括第3款的但书)的规定。

5 已设置组织代表大会的组织，理事长不必依据第28条第1款的规定召开组织大会例会。

(总代表)

第32条 总代表依据章程约定，由组织成员从组织成员(组织成员为法人的，为其管理者)内选举产生。

2 总代表的任期由章程约定，不得超过3年。补缺的总代表的任期为前任总代表的剩余任期。

3 总代表准用第21条第2款和第23条的规定。

(表决权和选举权)

第33条 组织成员和总代表，除章程有特别约定外，每人享有一票表决权和选举权。

2 组织成员可以以书面或委托代理人的形式行使表决权和选举权，总代表可以以书面形式行使表决权和选举权。

3 表决组织和特定组织成员存在关系的场合下，该组织成员不享有表决权。

4 依据第2款规定行使表决权和选举权者，适用第29条第1款(包括在第31条第4款所定准用的情形)规定时，视其为出席人员。

5 代理人不得同时代理5名以上的组织成员。

6 代理人应当向组织提交证明代理权的书面文件。

(章程或项目规划的变更)

第34条 组织变更章程或项目规划时，应当依据国土交通省省令的规定，取得都道府县知事的许可。

2 存在组织欲变更章程以及项目规划追加新实施对象的重建决议公寓的情形下，准用第9条第2款的规定；存在组织欲变更章程以及项目规划追加新实施对象的统一重建决议公寓群的情形下，准用第9条第4款的规定；存在组织欲变更章程以及项目规划追加新实施对象公寓的情形下，准用第9条第5款的规定；申请变更项目规划(国土交通省省令规定的轻微变更除外)被许可的情形下,准用第11条的规定;关于前款规定的许可,准用第9条第7款、第12条以及第14条的规定。这种场合下,第9条第2款当中的"重建合意人的"替换为"应当成为新实施对象的重建决议公寓的重建合意者(应当成为新实施对象公寓的重建决议公寓有两栋以上的场合中,该两栋以上重建决议公寓相关公寓重建合意者的)",同条第4款中"统一重建合意者"被置换为"应当成为新实施对象的统一重建决议公寓群的统一重建合意者(应当成为新实施对象的统一重建公寓群有两栋以上的场合中,该两栋以上的统一重建决议公寓相关统一重建合意者)"、"统一重建决议公寓群"被置换为"应当成为新实施对象的统一重建决议公寓群",同条第7款中"应当成为实施对象公寓"被置换为"实施对象或者应当成为新实施对象公寓",第11条第1款中"应当成为实施对象公寓的"以及"该公寓"被置换为"实施对象公寓或者应当成为新实施对象公寓的",同条第2款中"应当成为实施对象公寓的公寓或者其用地"替换为"应当成为实施对象公寓或新实施对象的公寓或它们的地基",第14条第2款中"组织的成立、章程或者项目规划"替换为"章程或项目规划的变更"、"组织成员和其他第三人"替换为"关于该变更存在第34条第1款规定的许可时之前既是组织成员以外的"。

3 组织在欲变更章程或项目规划中有关项目所需经费分担的场合下,或者欲减少作为章程以及项目规划对象的两栋以上的实施对象公寓数量的场合下,存在为实施公寓重建项目借款的,关于该变更或减少,必须先取得债权人的同意。

4 组织在变更章程以及项目规划,追加新的实施对象公寓的场合中,准用第15条的规定。在这种场合中,同条第1款中"上一条第1款"替换为"第34条第2款中准用的上一条第1款","区分所有权人"替换为"新追加的实施对象公寓的区分所有权人",同条第3款中的"第15条第1款"替换为"在第34条第4款中准用的同法第15条第1款"。

(经费的课予和收取)

第35条 组织为充实项目所必需的经费,可以向组织参加人员以外的组织成员分摊费用收取金钱。

2 分摊费用的金额应当考虑组织成员在实施对象公寓内(权利变更期限以后,实施再建公寓)所有专有部分的位置和地面面积,进行公平地确定。

3 组织成员关于给付分摊费用,不得以抵偿的方式对抗组织。

4 组织可以依据章程约定,在组织成员怠于给付分摊费用时,对该组织成员课以罚金。

(组织参加人员的公费以及分摊费用负担)

第 36 条 组织参加人员应当依据国土交通省省令,向组织给付按照权利转换计划的规定所取得的实施再建公寓的区分所有权以及用地使用权价格相应额度的公费以及为了充实组织公寓重建所需经费的分摊费用。

2 前款的公费和增值收益准用上一条第 3 款以及第 4 款的规定。

(审查委员)

第 37 条 组织为行使本法规定和章程约定的权限,应当设置 3 名以上审查委员。

2 审查委员应当具备有关土地和建筑的权利关系或其评估的专门知识和经验、且能够作出公正判断。审查委员的选任应当由组织大会作出。

3 前两款规定的事项以外,关于审查委员的必要事项由政令规定。

第四小节 解 散

(解散)

第 38 条 存在下列事由的,应当解散组织:

一 有关设立的批准被撤销;

二 组织大会决议解散;

三 项目完成或不能完成。

2 前款第 2 项规定的决议仅包括在权利变更期限届满前能够实行的。

3 因第 1 款第 2 项理由或第 3 项所列举的理由欲解散组织的场合下,存在借款的,解散必须经债权人同意。

4 组织因第 1 款第 2 项或第 3 项所列举的理由欲解散组织的,应当依据国土交通省省令规定,取得都道府县知事等的批准。

5 依据前款规定申请批准的,实施对象公寓所在地处于町村区域内时,解散申请应当由该町村长官提交。

6 都道府县知事等撤销组织的设立许可,或依据第 4 款的规定作出批准时,应当立即将相关事项进行公告。

7 组织在前款规定的公告作出前,不得以解散对抗组织成员以外的第三人。

(清算过程中组织的能力)

第 38 条之二 解散的组织在清算目的范围内,直至清算完成之前视作仍然存续。

(清算人)

第39条　组织解散时由理事担任其清算人。但组织大会选任其他人的除外。

(裁判所选任清算人)

第39条之二　根据前条规定无清算人的,或者存在清算人缺位导致损害之风险的,裁判所可以依据利害关系人、检察官的请求或者依据职权选任清算人。

(清算人的解任)

第39条之三　有重要事由无法担任清算人的,裁判所可依据利害关系、检察官的请求或者依据职权解任清算人。

(清算人的职务以及权限)

第39条之四　清算人承担下列职务:

一、完成现在承担的工作;

二、整理债权以及清偿债务;

三、交付残存财产。

2　清算人可以实施为了履行前款各项所列职务所需要的一切行为。

(清算事务)

第40条　清算人在就任后,应当立即调查组织的财产状况,制作财产目录以及财产的处分方案。财产目录和财产处理方案应当经组织大会核准。

(债权备案的催告等)

第40条之二　清算人自就任之日起两个月以内,应当向债权人至少公告3次清算事宜,催告其应在规定期间内进行债权备案,该期间不得少于两个月。

2　前款公告,债权人在该期间内没有备案的,必须附记其应当从清算范围内被排除。但是清算人不得排除已知的债权人。

3　清算人对已知债权人应当分别进行备案催告。

4　第1款的公告刊载于官报。

(期限届满之后的债权备案)

第40条之三　前条第1款的期限届满后申请备案的债权人,可以请求债权的范围仅限组织完成债务清偿之后、仍未交付其他权利人的财产。

(处分剩余财产的限制)

第41条　清算人不得在组织的债务清偿完毕前处分剩余财产。

(裁判所的监督)

第41条之二　组织的解散以及清算受裁判所监督。

2 裁判所依据职权随时可以实施必要的监查。

3 监督组织解散以及清算的裁判所，对都道府县知事等可以征求意见或者委托调查。

4 都道府县知事等对前款规定的裁判所，可以陈述意见。

(决算报告)

第42条 清算人应当在清算事务完成后，立即依据国土交通省省令的规定，制作决算报告书，决算报告书在都道府县知事批准后，向组织成员进行公告。

(关于解散以及清算的监督等案件的管辖)

第42条之二 关于组织解散以及清算的监督和清算人的案件，由解散组织主要营业场所所在地的地方裁判所管辖。

(复议的限制)

第42条之三 对于选任清算人的判决，不能申请复议。

(裁判所选任的清算人的报酬)

第42条之四 裁判所根据第39条之二的规定而选任清算人时，组织可以规定对该清算人支付报酬的额度。这种情形下，裁判所应当听取该清算人以及监事的陈述。

(监查人员的选任)

第43条 裁判所为了监督组织解散以及清算实施必要的调查时，可以选任监查人员。

2 裁判所依据前款规定选任监查人员的场合准用前两条的规定。这种场合下，前一条中的"清算人以及监事"应被置换为"组织以及监查人员"。

第五小节 税法的特殊规定

第44条 组织适用《法人税法》(1965年第34号法律)及其他有关法人税的法律规范时，视其为《法人税法》第2条第6项规定的公益法人等。此时，适用该法第37条的规定时，该条第4款中的"公益法人("被置换为"公益法人等(公寓重建组织和";适用同法第66条的场合下，同条第1款中的"普通法人"替换为"普通法人(包括公寓重建组织)",同条第2款中的"除外"被置换为"作为除外者，包括公寓重建组织",该条第3款中的"公益法人等("替换为"公益法人等(公寓重建组织以及"。

2 组织在适用《消费税法》和其他有关消费税的法律规范时，视其为该法附表3所列的法人。

第三节　个人实施者

(实施的批准)

第45条　计划依据第5条第2款的规定实施公寓重建项目的,个人实施者应制定规则基准以及项目规划,多人共同实施者应当依据章程、项目规划以及国土交通省省令的规定,就该公寓重建项目取得都道府县知事等的批准。

2　欲依据前款的规定申请批准的,存在除申请者以外对应当成为实施对象的公寓或者其用地(包括和与其相邻的土地一同成为再建公寓用地的土地,以下简称相邻建设用地)享有权利的人时,项目规划应当取得权利人同意,但不得就其享有的权利对抗申请人的情形除外。

3　在前款规定中,在对应当成为实施对象的公寓或者其用地(包括相邻建设用地,本款下同)享有权利的人当中,不能取得除享有区分所有权、用地利用权、用地的所有权以及借地权和房屋承租权以外的权利(以下简称区分所有权等之外的权利)人的同意时,或不能知道该权利人时,可以附加记载有不能取得其同意或不能知道该权利人的事由的书面文件后,依据本条第1款的规定申请批准。

4　本条第1款规定的批准,准用第9条第7款的规定。

(规则基准或章程)

第46条　上一条第1款规定的规则基准或章程应当记载如下事项(规则标准不包括第4至6号):

一　在建公寓的名称及所在地;

二　公寓重建项目的范围;

三　办公室的地址;

四　有关项目所需经费分担的事项;

五　设定代表实行事务的人员时,与职称、固定人数、任期、职责分担和选任方法有关的事项;

六　有关会议的事项;

七　项目年度;

八　公告方法;

九　其他国土交通省省令规定的事项。

(项目规划)

第47条　项目规划应当依据国土交通省省令的规定,记载对象公寓的状况、其用地的地理位置以及住户情况，再建公寓的设计概要及其用地的地理位置、项目实施期限和资金计划以及其他国土交通省省令规定的事项。

2 存在关于应当成为施工对象的公寓重建决议等时，项目规划应当符合该重建决议的内容。

（批准的标准）

第48条 依据第45条第1款提出的申请符合下列条件时，都道府县知事等应当批准：

一、申请程序不违反法律规定；

二、规则标准、章程或项目规划的决议程序或内容不违反法律规定；

三、项目规划未能取得区分所有权等之外的权利享有者同意，且存在正当理由；

四、关于无法确实知晓区分所有权等之外权利享有者，且无过失；

五、符合第12条第3项到第10项所列举的标准。

（批准实施的公告等）

第49条 都道府县知事等在批准依据第45条第1款提出的申请后，应当立即依据国土交通省省令的规定，将实施主体的姓名或名称、实施对象公寓的名称及其土地的地理位置、实施再建公寓所在土地的地理位置、项目实施期限和国土交通省省令规定的其他事项进行公告，并且向相关的市町村长送达载有实施对象公寓的名称、所在土地的地理位置和实施再建公寓的设计概要及其所在土地的地理位置、其他国土交通省省令规定事项的图纸文书。

2 第5条第2款规定的实施主体（以下简称个人实施者），在前款的公告作出前，不得以实施主体身份或以规则标准、章程、项目规划对抗第三人。

3 市町村长在第54条第3款的场合中准用第49条第1款、第81条或第99条第3款规定的公告日前，应当依据政令国土交通省省令的规定，将第49条第1款规定的图纸文书于其市町村办公室向公众公示。

（规则标准、章程、项目规划的变更）

第50条 个人实施者在变更规则标准、章程或项目规划时，应当依据国土交通省省令的规定，取得都道府县知事等的批准。

2 前款规定的批准，准用第9条第7款、第45条第2款和第3款及第48、49条的规定。此时，第9条第7款当中的“应当成为实施对象公寓”替换为“应当成为实施对象公寓或新实施对象公寓”，第45条第2款和第3款中的“应当成为实施对象的公寓或者其用地”替换为“应当成为实施对象或新实施对象的公寓或其土地”,前一条第2款中的“以实施主体身份或以规则标准、章程、项目规划”替换为“以规则标准、章程、项目规划的变更”。

(实施主体的变更)

第51条　在个人实施者发生继承、合并或其他一般继承的场合下,该一般继承人为实施主体以外的人时,该一般继承人成为实施主体。

2　在实施对象公寓享有的部分或全部公寓区分所有权或用地利用权由实施主体以外的人(不包括前款规定的一般继承人)继承时,该人成为实施主体。

3　在一人实施的公寓重建项目当中,由于前两款规定实施主体变为多人时,该公寓重建项目成为第5条第2款规定的多人共同实施的公寓重建项目。此时,实施主体应当立即制定第45条第1款规定的章程,并就该章程取得都道府县知事等批准。

4　依据前款规定申请批准的,实施对象公寓所在地位于町村区域内时,变更申请必须经由该町村的长官批准。

5　多人共同实施的公寓重建项目中,由于该实施主体发生一般继承或其享有的区分所有权、用地利用权因为一般继承以外的事由发生继承,实施主体变成一人时,该公寓重建项目成为第5条第2款规定的一人实施的公寓重建项目。此时,就该公寓重建项目制定的章程中,应当记载于规则标准的事项仍作为公寓重建项目的规则标准保持其效力,其他事项丧失效力。

6　由于个人实施者发生一般继承或其享有的区分所有权、用地利用权因为一般继承以外的事由发生继承,实施主体发生变动时(不包括第3款前段的规定),实施主体应当立即依据国土交通省省令的规定,向都道府县知事等上报新实施者的姓名或名称、住所和原实施者的姓名或名称。此时,实施对象公寓所在地处于町村区域内的,上报应当经由该町村的长官进行。

7　都道府县知事等在批准依据第3款后段的规定制定的章程时,应当立即将新的实施主体的姓名或名称以及其他国土交通省省令规定的事项进行公告;在受理依据前款规定作出的申请时,应当立即将新的实施主体和不再作为实施主体的人的姓名或名称以及其他国土交通省省令规定的事项进行公告。

8　个人实施者在前款规定的公告作出前,不得就实施主体的变动、依据第3款后段规定制定的章程或依据第5款后段所制定章程的部分失效对抗第三人。

(实施主体的权利义务的移转)

第52条　个人实施者发生一般继承时,其对关于公寓重建项目的权利义务(包括该实施主体就该公寓重建项目或基于行政厅的批准、许可和其他处分取得的权利义务,本条下同)转移给该一般继承人。

2 除前款规定的情况外,个人实施者享有部分或全部区分所有权或土地使用权的,该实施主体就其享有的部分或全部区分所有权或土地使用权及对公寓重建项目的权利义务转移给继承人。

(审查委员)

第53条 个人实施者取得都道府县知事等批准后,应当从具备有关土地和建筑的权利关系或评估其专门知识和经验、并且能够作出公正判断的人当中,选任3名审查委员,实行本法、规则标准以及章程规定的权限。

2 除第1款规定的事项以外,关于审查委员的必要事项由政令规定。

(公寓重建项目的废止和终止)

第54条 个人实施者就公寓重建项目,因项目不可能完成而废止或终止项目时,应当依据国土交通省省令的规定,就此事取得都道府县知事等的准许。

2 个人实施者因项目不可能完成而废止项目时,如果其存在为实施公寓重建项目的借款时,项目废止应当取得债权人的同意。

3 第9条第7款和第49条第1款(不包括有关图纸文书送达部分的规定)和第2款的规定准用第1款规定的批准。此时,第9条第7款中的"应当成为实施对象公寓"替换为"实施对象公寓",第49条第2款当中的"以实施主体身份或以规则标准、章程、项目规划"替换为"以公寓重建项目的废止或终止"。

第二章 权利变更程序等

第一节 权利变更程序

第一小节 程序的启动

(启动权利变更程序的登记)

第55条 实施主体在下列公告作出后,应当立即就实施对象公寓的区分所有权、土地使用权(仅限已登记的)以及相邻建设用地的所有权和借地权(仅限已登记的),向登记所申请启动权利变更程序的登记。

一 关于组织实施公寓重建项目的第14条第1款规定的公告或有关追加新实施对象公寓的项目规划变更许可公告;

二 关于个人实施者实施公寓重建项目的有关实施许可的公告或有关追加新实施对象公寓的项目规划变更许可公告。

2 前款登记完成后,该登记相关的在建公寓的区分所有权人或土地使用权人（组织实施的公寓重建项目中，仅包括其组织成员），或相邻建设用地的所有权人和租地权人，在处分其权利时，应当依据国土交通省省令的规定，取得实施主体的许可。

3　不存在严重影响项目实施之障碍或者其他正当理由的、实施主体不得拒绝前款许可。

4　未经过第2款规定许可的处分，不得对抗实施主体。

5　权利变更期限以前，存在第38条第6款、第54条第3款中准用第49条第1款或第99条第3款规定的公告的场合下，实施主体（组织实施的，为其清算人）应当立即向登记所申请撤销启动权利变更程序的登记。

（不希望变更权利的意思表示的申请等）

第56条　第14条第1款的公告或者有关个人实施者的许可实施的公告作出后，实施对象公寓区分所有权人或土地使用权人，在公告作出之日起30日内，可以向实施主体申请以金钱给付换取区分所有权或土地使用权，替代第70条第1款和第71条第2款规定的权利变更。

2　存在有关前款规定的区分所有权或土地使用权上的临时登记的权利、回购的特别约定、其他有关规定权利的消灭的登记，或者有关限制处分的登记，或者有关同款项未登记借地权的存在和归属存在争议时，未取得上述权利人或争议相对人的同意，不得提出同款规定的金钱的给付请求。

3　对实施对象公寓享有房屋承租权者（其又设立房屋承租权时，为继受房屋承租权设立的人），可以在第1款规定的期间内，依据第73条第1款的规定提出反对取得房屋承租权的申请。

4　实施主体为组织时，在干部被选举或选任之前，依据第1款或者前款的规定作出的申请，由取得第9条第1款所规定的许可之人受理。

5　第1款规定的期限届满后6个月以内，就权利变更计划没有作出依据下一条文第1款后段规定的许可时，该6个月的期限届满后30日内，可以依据第1款或第3款的规定申请撤回，或依据第1款或第3款的规定作出新的申请。该30日的期限届满后，又经过6个月，仍未能作出依据该条第1款后段规定的许可时，适用同一规定。

6　变更章程、规则标准项目规划，追加新的在建公寓时，前款前段中的“第1款规定的期限届满后6个月以内，就权利变更计划没有作出依据下一条文第1款后段规定的许可时，该6个月的期限届满后”应被替换为“有关追加新的在建公寓的章程、规则标准、项目规划的变更公告作出后，自该公告作出之日起计算”。

7　第1款、第3款或者前两款规定的申请或者撤回申请，应当依据国土交通省省令的规定，以书面形式作出。

第二小节　权利变更计划

(权利变更计划的决定及其许可)

第57条　实施主体应当在上一条文规定的程序所必要的期限届满后，立即制定权利变更计划。这种情况下，应当依据国土交通省省令的规定，取得都道府县知事等的许可。

2　实施主体依据前款后段的规定作出申请时，应当事先就权利变更计划：实施主体为组织的，应当经过组织大会的决议、取得实施对象公寓或对其土地享有权利的人(不包括组织成员)以及邻接实施对象用地的权利人同意；实施主体为个人的，应当取得实施对象公寓或对其土地(包含相邻建设用地)享有权利的人的同意。但下列人员不在此限：

一　依据区分所有法第69条规定可以重建属于同条第1款规定特定物件的实施对象公寓的，属于该实施对象公寓所在土地(包括与其相关的权利)共有人的住宅区内建筑物的住宅区建筑物所有人；

二　不能以其权利对抗实施者的人。

3　前款规定中，不能取得区分所有权等以外的权利人同意时，可以附上记载不能取得同意的理由和为不侵害未取得同意的权利人的权利所采取的措施的书面文件后，依据第1款后段的规定申请许可。

4　第2款的规定中，不能确认区分所有权等以外的权利人时，可以附上记载不能确认的理由的书面文件，依据第1款后段的规定申请许可。

(权利变更计划的内容)

第58条　权利变更计划中应当依据国土交通省省令写明下列事项：

一、实施重建公寓的平面设计图；

二、享有实施对象公寓的区分所有权或土地使用权人，与此权利相对应，取得实施重建公寓的区分所有权或土地使用权人的姓名或名称及其住所；

三、第2项所列举的人对实施对象公寓享有的区分所有权或土地使用权及其价值；

四、第2项所列的人，取得与区分所有权或土地使用权相对应的实施重建公寓的区分所有权或土地使用权的详细情况及其估算价值；

五、对第3项所列举的区分所有权或用地利用权的优先受偿权、质权或抵押权的登记、预登记、回购的特殊约定或其他规定权利消灭的事项或限制处分的登记(以下简称为担保权等登记)享有相关权利的人的姓名或名称、住所及其权利;

六、第5项所列举的人对再建公寓的区分所有权或土地使用权在内其享有的权利;

七、对该实施对象公寓享有建筑物租赁权(其再次设立建筑物租赁权时,为继受该建筑物租赁权的人),或者关于实施对象公寓接受享有配偶居住权人设定的租赁权者,与此对应取得再建公寓的建筑物租赁权的权利人的姓名或名称及住所;

八、第7项所列举的人取得的再建公寓的建筑物租赁权的部分;

九、关于实施对象公寓享有配偶居住权人(该权利人设定了租赁权的情形除外),对于该配偶居住权,赋予再建公寓配偶居住权者的姓名以及住所和该配偶居住权存续期限;

十、再建公寓中赋予第9项列举之人配偶居住权的部分;

十一、实施主体出租再建公寓的部分时的标准房租估算金额及房租以外的租赁条件的概要;

十二、对实施对象公寓享有权利或对享有土地使用权者,依据本法规定在权利变更之日丧失该权利,且不能取得与该权利相对应的再建公寓相关权利或土地使用权人的姓名或名称及住所,以及其丧失的有关实施对象公寓的权利或土地使用权及其价值;

十三、对相邻建设用地享有所有权或借地权,依据本法规定在权利变更之日丧失该权利,或在该权利上设定了土地使用权人的姓名或名称及住所、该权利及其价值或折旧额;

十四、组织参加人员取得的再建公寓的区分所有权和土地使用权的详细情况,以及该组织参加人员的姓名或名称及住所;

十五、除第4、14项所列事项外,再建公寓的区分所有权和土地使用权的详细情况、归属及其处分方法;

十六、原为实施对象公寓地基没有成为再建公寓用地的土地(以下简称保留用地)的所有权或借地权的详细情况、归属及其处分方法;

十七、补偿金的支付、清算金收取的利息或其决定方法;

十八、权利变更日期、实施对象公寓的预计交付期限和项目的预计竣工时间;

十九、其他国土交通省省令规定的事项。

2 在对实施对象公寓享有的权利、其土地使用权、相邻建设用地的所有权或者借地权有争议的情况下，如果权利之存在或归属不能确定时，制定权利转换计划时，应视为该权利存在或视为归属于当前名义上的权利人[对该名义权利人存在依据第 15 条第 1 款（包括在第 34 条第 4 款中准用的情形）或第 64 条第 1 款（包括在第 66 条中准用时）或区分所有法第 63 条第 4 款规定的申请时，为提出该请求的人]。

3 存在依据区分所有法第 63 条第 5 款的规定[包括在第 15 条第 3 款（包括在第 34 条第 4 款中准用的情形）中准用的情形]，由法院就建筑物的交付准允了一定期限时，第 1 款第 18 项规定的交付实施对象公寓的预计期限应当制定为该期限以后。

（权利转换计划的决定标准）

第 59 条 制定权利转换计划时，应当充分平衡相关权利人的利害关系。

（区分所有权和土地使用权等）

第 60 条 在权利转换计划中除第 56 条第 1 款规定的提出申请的人外，对实施对象公寓享有区分所有权或土地使用权的人，应当规定赋予其再建公寓的区分所有权或土地使用权。依据组织章程取得再建公寓的区分所有权和土地使用权的组织参加人员适用此规定。

2 确定授予前款前段规定的人再建公寓的区分所有权或土地使用权时，应当综合考虑其所有的正在实施对象公寓的专有部分的位置、地面面积、环境、使用情况等或其土地使用权的地块面积或比例等，或其取得的再建公寓的专有部分的位置、地面面积、环境、使用情况等，或其土地使用权的地块面积或比例等，应当设置规定不损害其相互间的平衡。

3 权利转换计划应当规定，除按照第 1 款规定授予的权利外，再建公寓的区分所有权和土地使用权以及保留用地的所有权或借地权，归属于实施主体。

4 在权利转换计划中应当规定，除根据第 56 条第 3 款提出请求的人外，对从实施对象公寓的区分所有人处取得建筑物租赁权的人（进一步设定租赁权时，为接受该租赁权设定之人），或者从享有实施对象公寓相关配偶居住权者接受租赁权设定之人，取得第 1 款所授予的、该在建公寓的区分所有人的再建公寓的部分建筑物租赁权。但实施对象公寓的区分所有权人依据第 56 条第 1 款提出申请时，对前款规定的授予实施主体的实施再建公寓的一部分，应当设定建筑物租赁权。

5　在权利变更计划中,除第56条第3款的备案申请人,对于接受实施对象公寓相关配偶居住权设定之人(此人设定租赁权的情形除外),关于根据第1款规定赋予该实施对象公寓区分所有权人的实施再建公寓的一部分,应当规定赋予其配偶居住权。但是,实施对象公寓区分所有权人申请第1款的备案时,根据第3款规定归属于实施者的实施再建公寓的一部分,应当规定赋予其配偶居住权。

6　第5款场合中,权利变更计划对接受实施对象公寓相关配偶居住权设定之人,应当规定赋予相关配偶针对该实施再建公寓的一部分享有居住权的存续期间,且和该实施对象公寓的配偶居住权存续期间保持相同时长。

(与担保权等的登记有关的权利)

第61条　存在与实施对象公寓区分所有权或土地使用权的担保权等有关的权利时,权利转换计划应当规定,该担保权等登记相关的权利是,对应作为该权利目的的实施对象公寓区分所有权或者用地利用权,作为被赋予之权利而规定的实施再建公寓之区分所有权或者用地利用权之上存在的权利。

2　在前款情况下,如果有必要确保相关权利持有人之间利益平衡,对该视作存在而被规定的权利,实施主体可以听取相关人员意见,设置必要的规定。

(实施对象公寓的区分所有权等的价值的算定标准)

第62条　第58条第1款第3项、第12项或者第13项的价格和折旧价,根据第56条第1款或者第5款(包括根据同条第6款适用被置换的情形)的规定,参考30日期限后近旁同类土地或者近旁同种建筑物相关同种权利的交易价格等,规定合理价格作为标准。

(计算再建公寓的区分所有权等的估算价值的标准)

第63条　权利转换计划当中,第58条第1款第4项或第11项的估算价值,应当依据国土交通省省令的规定,参考公寓重建项目所需费用以及上一条文规定的30日的期限届满后之日,附近同类土地或同种类建筑物的有关的同类权利的交易价格等,制定合理价格作为标准。

(对不赞成组织大会关于权利转换计划的决议的组织成员的转让请求等)

第64条　在组织大会作出了有关权利转换计划的决议时,组织可以在该决议作出之日起2个月内,请求不赞成该决议的组织成员以当时的市场价格转让区分所有权和土地使用权。

2　前款规定的请求准用区分所有法第63条第6款及第7款的规定(包括在区分所有法第70条第4款准用这些规定的情形,以下本款内同)。此时,该条第

6 款中的“第 4 款”应替换为“《关于公寓重建等顺利进行的法律》第 64 条第 1 款”。

3　在组织大会作出了有关权利转换计划的决议时，不赞成该决议的组织成员可以在该决议作出之日起 2 个月内，请求组织以当时市场价格受让区分所有权和土地使用权。

（许可的标准）

第 65 条　都道府县知事等在受理依照第 57 条第 1 款后段的规定作出的批准申请后，认为该申请均符合下列各项的，应当批准该申请：

一、申请程序和权利转换计划的决定程序、内容不违反法律法规；

二、如果存在公寓重建决议等时，符合该公寓重建决议的内容；

三、有关权利转换计划，确有正当理由不能取得持有除区分所有权等以外的权利人的同意，并且采取了适当的措施防止对未取得同意的人的权利造成损害；

四、对未能确认持有除区分所有权等以外的权利人不存在过失；

五、其他符合基本方针的条件。

（权利转换计划的变更）

第 66 条　变更权利转换计划（不包括进行国土交通省省令规定的微小变更的情况）时准用第 57 条第 1 款后段、第 2 款至第 4 款和上两条条文的规定。此时，第 64 条第 1 款和第 3 款中的“权利转换计划”替换为“权利转换计划的变更”，同条第 2 款中的“第 64 条第 1 款”替换为“在第 66 条中准用本法第 64 条第 1 款”。

（审查委员的参与）

第 67 条　实施主体在制定或者变更权利转换计划时（不包括进行国土交通省省令规定的微小变更的情况），应经过 1/2 以上审查委员同意。

第三小节　权利的转换

（权利转换的处分）

第 68 条　实施主体取得权利转换计划或者其变更许可的，或是对权利转换计划作出第 66 条所述的国土交通省省令规定的微小变更的，应当立即依据国土交通省省令进行公告，并以书面形式将有关的事项通知相关权利人。

2　与权利转换有关的处分以前款规定的通知的方式进行。

3　关于权利转换的处分，不适用 1993 年第 88 号法令《行政程序法》第 3 章的规定。

(权利转换日期等的通知)

第69条　实施主体取得权利转换计划或者变更许可的(仅限于与权利转换日期有关的事项,本条下文亦同),或是对权利转换计划作出第66条所述的国土交通省省令规定的微小变更的,应当立即依据国土交通省省令的规定,将权利转换日期、其他国土交通省省令规定的事项通知实施对象公寓所在地的登记处。

(与土地有关的权利转换等)

第70条　权利转换之日,依据权利转换计划中的规定,实施对象公寓的土地使用权消灭,再建公寓的土地使用权由新被授予该土地使用权利的人取得。

2　权利转换之日,依据权利转换计划中的规定,相邻建设用地的所有权或借地权消灭,或者在其上设立再建公寓的土地使用权。

3　权利转换之日,依据权利转换计划的规定,关于保留土地,先前实施对象公寓的土地利用权属于所有权的情况下,实施主体取得所有权;属于借地权的情况下,实施主体取得借地权。

4　实施对象公寓的用地和相邻建设用地的权利,未依据前3款和第73条的规定进行转换的,即使在权利变换之日后,仍存在于之前的土地。此时如果在权利转换之日前,上述权利被课负地役权或者地上权登记相关权利的用地利用权成为担保权等登记相关权利时,在权利转换日期以后,有关地役权或地上权登记的权利与担保权等登记上的权利之间的顺位不变。

(有关实施对象公寓的权利的变更)

第71条　权利转换之日,实施对象公寓归属于实施主体,除本法另有规定外,除以实施对象公寓为对象的区分所有权以外的其他权利消灭。

2　再建公寓的区分所有权,在第81条规定的建筑工程竣工之日,依据权利转换计划的规定,由应当取得再建公寓的区分所有权人重新取得。

3　对实施对象公寓享有房屋承租权者(其再次设定房屋承租权时,为继受该房屋承租权设定的人),在第81条所规定的建筑工程竣工公告之日,依据权利转换计划的规定,取得再建公寓的部分房屋承租权。

(视为区分所有权法章程的部分)

第72条　区分所有法第1条所规定的建筑物的一部分或者附属建筑物中存在在权利转换计划中被规定为再建公寓的共有部分或者区分所有法第67条第1款住宅区共用部分(以下简称住宅区共用部分)时,在权利转换计划中所规定的再建公寓的共用部分或者住宅区共用部分的共有份额与区分所有法第11条第1款或者第14条第1至3款(包括在区分所有法第67条第3款中准用这些规定的情形）的规定不符，又或者权利转换计划中所规定再建公寓的土地使用权之比例与区分所有法第22条第2款正文的规定不符时，权利转换计划中所规定的部分，分别视为由区分所有法第4条第2款或第67条第1款规定的章程、区分所有法第11条第2款或者第14条第4款（包括区分所有法第67条第3款中准用的情形）规定的章程、区分所有法第22条第2款但书规定中的章程。

（担保权等的转移）

第73条　实施对象公寓的区分所有权或者土地使用权上所存在的担保权等登记相关的权利，自权利变更之日后，依据权利转换计划的规定，移转于再建公寓的区分所有权或者土地使用权之上。

（权利的变更登记）

第74条　实施主体在权利变更之日后，应当立即对与再建公寓的用地（含保留地）有关的权利进行必要的登记申请。

2　在权利变更之日后，前款的登记作出之前，不得作出与再建公寓的用地（含保留地）有关的其他登记。

（补偿金）

第75条　实施者对于下列人员的补偿，至权利变更之日起，应当支付物价变动相应的修正率所得金额，即根据第62条的规定算定的相应价格乘以同条规定的30日期限届满之日起至第68条第1款规定的权利变更计划或者该变更相关公告（以下简称权利变更公告）之日为止的期间，加上该权利变更计划公告之日起至补偿金支付之日为止期间内由权利变更计划规定的利息。该修正率依据国土交通省省令规定的方法算定。

一、实施对象公寓的相关权利或土地使用权的享有者，依据本法规定，于权利变更之日丧失该权利，且未取得与此权利相对应的再建公寓的相关权利或者土地使用权。

二、相邻建设用地的所有权或者借地权的享有者，依据本法规定，于权利变更之日丧失相关权利或者在相关权利之上设定土地使用权。

（补偿金的提存）

第76条　在符合下列各项中某一项的情形时，实施主体可将上一条文中所规定的补偿金（包括利息，以下本款内同）加以提存而代替支付。

一、提供了补偿金的场合中，应当受领补偿金的主体拒绝受领的；

二、应当领受补偿金者无法受领补偿金的；

三、实施主体不能确认应当受领补偿金者的。但是实施主体有过失的情形

不在此限;

四、实施主体因被扣押或者被临时扣押而被禁止支付补偿金的。

2　实施主体在第 58 条第 2 款情形下,应当将与权利转换计划中存在的权利有关的补偿金(存在两个以上不能并存的权利时,对这些权利的补偿金中的最高额)提存。

3　实施主体在支付优先受偿权、质权、抵押权、临时登记、回购特约登记权利(以下简称优先受偿权等)的标的物的补偿金时,除上述所有权利人提出无须提存的申请外,应当将补偿金提存。

4　前 3 款所规定的提存,应当在实施对象公寓所在地的提存机构办理。

5　实施主体在办理本条第 1 至 3 款所规定的提存后,应当立即通知应取得补偿金之人(若是第 2 款所规定的提存,被通知者为争议当事人)。

(物上代位)

第 77 条　第 76 条第 3 款所规定的优先受偿权、质权或抵押权的享有者,可就依据同款规定对被提存的补偿金行使权利。

(存在扣押或者临时扣押情形下的处理方法)

第 78 条　有关扣押所涉及的权利,不受第 75 条的规定影响,实施主体应当在权利变更之日前,根据同条规定向应当实施该扣押分配程序的机关支付应当支付的金额。但是,支付作为强制执行或实现担保权的拍卖(包括示例中的拍卖,以下简称拍卖)的价款或者由滞纳处分产生的出卖价款后,不适用该规定。

2　依据前款规定应当实施分配程序的机关所取得的款项,视为强制执行、拍卖产生的价款或者由滞纳处分产生的出卖价款。当收到付款的时间为强制拍卖或者拍卖有关的分配请求的期限届满前,视为分配请求的期限届满。

3　作出有关强制拍卖或者拍卖的出售许可的决定后,价款缴纳前;或者作出因滞纳处分产生的出售决定后,出售价款支付前,依据第 1 款规定进行支付时,出售许可决定或者出售决定丧失效力。

4　对于与执行临时扣押相关的权利的补偿金的缴纳准用第 1 款的规定。

5　当命令实施主体支付补偿金的判决作出时,该补偿金的支付应当按照第 1 款规定的示例进行。在此情形下,当实施主体向应当采取分配程序的机关缴纳补偿金时,该支付被视为基于上述判决的支付。

6　对于第 1 款、第 2 款所规定向法院缴纳补偿金以及在已缴纳补偿金的情况下的强制执行、临时扣押的执行或者拍卖,可以通过最高裁判所规则规定为《民事执行法》或《民事保全法》的特殊规定和其他必要事项;对于向除法院以外的应当采取分配程序的机关缴纳赔偿金以及在已缴纳补偿金的情况下的滞纳处分,可以通过政令规定为《国税征收法》的特殊规定和其他必要事项。

第四小节　实施对象公寓等的交付

(继续占有)

第79条　在权利转移之日,依据第71条第1款规定的丧失权利的实施对象公寓的占有人及其继承者,在实施主体依据下一条(第80条)第1款规定通知的交付日期前,可以以原有的使用方式继续占有该公寓。依据第70条第2款的规定,丧失权利或已经设立土地使用权的人及其继承人,具有相同效力。

(实施对象公寓等的交付)

第80条　在权利变更日期后,为实施公寓重建项目有关的工程,必要时实施主体可以设定期限,请求在建公寓的占有人或土地(包括相邻建设用地)的占有人交付公寓。

2　依据前款规定设置的交付期限,不得少于自该款规定的交付请求作出之日起30日。

3　第58条第3款规定准用于该款对被设定适当期限的区分所有权人,依据第1款规定设置的交付期限。

4　依据第1款规定收到交付请求的人,应当在交付期限届满以前,向实施主体进行交付。但不包括下列情形:应当接受第75条规定的补偿金的,未受领该条规定的给付或第76条规定的提存的人;收到第15条第1款(包括在第34条第4款中准用时)或第64条第1款(包括在第66条中准用时)或区分所有法第63条第4款(包括区分所有法第70条第4款中准用的情形)的请求,未取得该请求人价款给付或提供的;依据第64条第3款(包括在第66条中准用时)作出请求的,未对被请求人给付或提供价款的。

第五小节　项目竣工等的后续措施

(建筑工程竣工公告等)

第81条　实施主体应当在公寓重建项目的建筑工程竣工后,迅速作出有关公告,同时依据第71条第2款或第3款的规定通知取得再建公寓有关权利的人。

(有关再建公寓的登记)

第82条　实施主体应当在公寓重建项目的建筑工程竣工后,立即申请有关再建公寓以及公寓相关权利所应当进行的登记。

2　在前款所述登记完成之前,不得进行有关重建公寓的相关权利的其他登记。

(租赁条件的协商及裁定)

第83条　在权利转换计划中,规定取得再建公寓的区分所有权的人,应当与依据第64条第4款规定的取得租赁权的人,就租金及其他租赁条件进行协商。

2　截至第81条规定的公告日,未就前款规定达成协议的,实施主体可以依据当事人一方或双方的申请,并经过审查委员的1/2以上同意,就下列事项进行裁定:

一、租赁目的;

二、租金金额、支付日期、支付方式;

三、押金,或为设立租赁权所应支付的对价金额。

3　实施主体在依据前款的规定作出裁定时,应当依据租赁部分的构造、承租人的职业确定租赁的目的,依据出租人应当取得的合理利润确定租金,其他事项的裁定应当考虑当地一般惯例。

4　第2款规定的裁定作出时,视为当事人之间成立协议。

5　有关第2款的裁定的必要程序,由国土交通省省令规定。

6　不服依据第2款规定作出的裁定的,可以在裁定作出之日起60日内,以诉讼方式请求变更。

7　前款诉讼中,应当以当事人的另一方为被告。

(再建公寓的区分所有权等价额等的确定)

第84条　实施主体应当在公寓重建项目的建筑工程竣工后,迅速确定该项目所需要的费用的同时,根据政令的规定,以考量确定的金额以及第62条规定的30日期限届满之日的近旁类似土地或者近旁同种建筑物相关同种权利的交易价格等基础上规定的合理价格为基准,分别为取得再建公寓的区分所有权、土地使用权、租赁权(实施主体所有的再建公寓的部分,仅限于第60条第4款但书规定的授予租赁权)的人,确定再建公寓的区分所有权或土地使用权的价额、或实施主体出租的再建公寓相应部分的租金,并将确定的金额告知上述人员。

(清算)

第85条　依据上一条文确定的再建公寓的区分所有权或土地使用权的价额,和被赋予该权利者享有作为与之相对应权利的实施对象公寓上的区分所有权或者用地利用权的价格之间存在差额时,实施主体应当收取或给付相当于其差额的金额。

(清算金的提存及物上代位)

第86条　上一条文规定的实施对象公寓的区分所有权或土地使用权以优先受偿权等为目的时,除非以上全体权利人都提出不需要提存的申请,否则实施主体应当提存依据上一条文的清算金以代替交付应当交付的清算金。于此情况下,准用第76条第4款和第5款的规定。

2　享有前款的先取特权、质权或抵押权的,可以依据同款的规定对被提存的清算金行使权利。

(清算金的征收)

第87条　依据第85条规定应当征收的清算金,可以依据权利转换计划,附利息分次征收。

2　对滞纳依据第85条应当缴纳的清算金(依据前款规定需要附加利息的,包括其利息)的人,实施主体可以依据权利转换计划征收本息。

(优先受偿权)

第88条　有权征收第85条规定的清算金的实施主体,对有缴付义务的人被分配的再建公寓的区分所有权享有优先受偿权。

2　前款的优先受偿权在依据第82条第1款作出登记时,作出清算金的预算金额的登记而有效。但其超过清算金的金额或其预算金额时,超过部分不予计入。

3　第1款的优先受偿权视为不动产工程的优先受偿权,依据前款规定所作的登记,视为依据《民法典》第338条第1款前段的规定作出的登记。

(实施主体所取得的权利的处置)

第89条　原则上,除有必要用于对享有实施对象公寓的区分所有权、土地使用权、房屋承租权的人的居住或业务用途外,实施主体通过公寓重建项目取得的再建公寓的区分所有权及土地使用权或保留用地上的有关权益,应当通过公开招募的方式转让。

第二节　实施主体等对承租人等的安置职责

第90条　实施主体应当依据基本方针,尽力解决居住于实施对象公寓的承租人及待迁出的区分所有权人的安置问题。

2　国家及地方公共团体应当依据基本方针,尽力采取必要措施,解决居住于实施对象公寓的承租人及待迁出的区分所有权人的安置问题。

第三节 其他规定

(处分、程序等的效力)

第91条 实施对象公寓或其土地(包括相邻建设用地),或者再建公寓及其土地的权利人发生变更时,依据本法或者基于本法所制定的章程、规则标准、规约之规定,此前权利人所为手续或其他行为视作新继承这些权利者所为。对此前权利人所为处分、程序或其他行为,视作对新继承这些权利人所为之事。

(代位分割或申请合并登记)

第92条 实施主体为实施公寓重建项目,必要时可以代替所有权人实施土地分割或申请合并登记。

(《不动产登记法》的特别规定)

第93条 有关实施对象公寓或再建公寓之土地的登记,可以通过制定政令针对《不动产登记法》(平成16年法律第123号)作出特别规定。

(实施主体对管理细则的设定)

第94条 实施主体可以依据政令的规定,取得都道府县知事等的批准后,就再建公寓及其土地、土地上的附属建筑物(仅限于公寓重建项目所建筑的附属建筑物)的管理或使用之相关的区分所有权人相互间的事项制定管理细则。

2 前款的管理细则,视为区分所有法第30条第1款的细则。

3 实施者根据政令的规定,取得都道府县知事等的许可,针对再建公寓相关区分所有法第66条规定土地等或者区分所有法第68条第1款各项所列之物(关于附属设施的,仅限公寓重建项目所含建设对象)的管理或使用相关住宅区建筑物所有者相互关系的事项,可以制定管理规约。

4 前款管理规约,视作在区分所有法第66条中准用的区分所有法第30条第1款的规约。

(相关书面文件的保存)

第95条 实施主体应当依据国土交通省省令的规定,将公寓重建项目的有关书面文件(组织应当将其成员名册,下款同)保存于其办公室内。

2 利害关系人请求查阅前款的书面文件时,实施主体无正当理由不得拒绝。

(代替资料寄送的公告)

第96条 实施主体在寄送公寓重建项目相关的资料时,如果收件人拒绝送达,或无过失而不知道收件人的住所、营业场所或其他寄送场所,依据政令的规定,可以将相关资料的内容通过公告的方式代替寄送。

2 前款公告作出后,从公告作出之日的次日起算10日后,视为已经向应收件人送达相关资料。

第三章 公寓重建项目的监督等

(报告、劝告等)

第97条 都道府县知事等或市町村长,于实施本法(不包括第五章,下同)的必要限度内,可以要求组织或个人实施者提交有关其所实施的公寓重建项目的报告或资料,或者对其所实施的公寓重建项目的顺利进行予以必要的劝诫、建议或协助。

2 都道府县知事等可以命令组织或个人实施者采取必要措施促进公寓重建项目实施。

(对组织的监督)

第98条 都道府县知事等对组织所实施的公寓重建项目,认为其项目或者会计违反本法或基于本法的行政厅处分、章程、项目规划、权利变更计划,有必要对其实施监督的,可以审计该组织的项目或者会计状况。

2 组织成员取得总成员的1/10以上的同意,以项目或会计存在违反本法或依据本法制定的行政处分规范、章程、重建计划的可能为由,请求检查其项目或会计的情况时,都道府县知事等应当检查该组织的项目或会计的情况。

3 都道府县知事等在依据第2款的规定进行检查时,认为组织的项目或会计存在违反本法或依据本法制定的行政处分规范、章程、重建计划时,可以命令该组织在纠正其违规行为的必要限度内,撤销、变更或停止其处分,或者进行中止、变更组织实施的工程及其他必要措施。

4 都道府县知事等在组织不履行依据前款规定作出的命令时,或者取得组织设立许可的人在许可公告作出之日起30日后仍未召开组织大会的,在权利转移日期之前,可以撤销该设立的许可。

5 都道府县知事等在组织成员依据第28条第3款的规定请求召集组织大会,但理事长或监事不召集组织大会时,应当基于上述组织成员的申请,召集组织大会。对于第31条第4款准用第28条第3款的规定,由总代表提出召开组织大会的请求时,理事长或监事不召集组织大会的,适用相同规定。

6 都道府县知事等,在依据第23条第1款规定的组织成员提出解任理事或者监事请求的场合中,组织没有积算这些组织成员投票的,根据这些组织成员的申请,应当追加计算这些组织成员的投票。在依据第31条第3款中准用第23条第1款规定,组织成员提出解任总代表的情况中,组织没有积算这些组织成员投票的,亦同。

7　都道府县知事等在组织成员获得全体组织成员的1/10以上同意,就组织大会、代表大会、表决方法、干部、总代表的选举或解任的投票方法,以违反本法或者章程为由,请求撤销相应选举、决议、当选、解任的投票时,若能确认事实上存在违反规定的行为,可以撤销相应选举、决议、当选、解任的投票。

(对个人实施者的监督)

第99条　都道府县知事等可以就个人实施的公寓重建项目,在认为其项目或会计存在违反本法或依据本法制定的行政厅的处分规范、章程、实施细则、重建计划或权利转换计划等需要进行监督的情况时,可以检查其项目或会计的情况。若检查的结果能确认事实上存在违反规定的行为时,可以命令该实施者只在纠正其违规行为的必要限度内,撤销、变更或停止其处分,或者进行中止、变更实施的工程及其他必要措施。

2　都道府县知事等在个人实施者不履行依据前款规定作出的命令时,在权利变更日期之前,可以取消对该实施者作出的公寓重建项目的许可。

3　都道府县知事等依据前款规定取消许可时,应当立即将相关情况进行公告。

4　个人实施者在前款规定的公告被作出前,不得就因许可被撤销的所引起的公寓重建项目的废止对抗第三人。

(资金的融通等)

第100条　国家和地方公共团体努力对公寓重建项目的实施主体提供必要的融资、斡旋或其他援助。

(技术援助请求)

第101条　组织或筹备设立组织者、个人实施者或筹备个人实施的,为了公寓重建项目的筹备或实施,可以分别就公寓重建的相关问题向国土交通大臣、都道府县知事等、市町村长请求委派具有专门知识的工作人员提供技术援助。

都道府县知事等以及市町村长官,认为有必要依据前款规定进行技术援助的,可以向关于推进公寓管理妥当化的法律第91条规定的公寓管理妥当化推进中心(以下简称中心)请求必要的协助。

第三编 须拆公寓相关特别措施

第一章 拆除必要性之相关认定等

(拆除必要性之相关认定)

第102条 公寓管理者等依据区分所有法第25条第1款规定选任的管理者[没有管理者的,区分所有法第34条规定的集会(以下简称区分所有者集会)中指定的区分所有者]或者依据区分所有法第49条第1款规定设置的理事(与第105条之二相同),根据国土交通省省令,对于建筑基准法(昭和25年法律第201号)第2条第35项规定的特定行政厅(以下简称特定行政厅),可以申请认定该公寓的拆除必要性。

2 在存在依据前款规定之申请的场合中,该申请相关公寓符合下列各项中某一项的,特定行政厅对申请内容进行认定。

一、认定不符合该申请相应公寓耐震安全性相关建筑基准法或作为遵照基于该法之命令、条例规定的国土交通大臣所定基准的;

二、认定不符合该申请相应公寓防火安全性相关建筑基准法或作为遵照基于该法之命令、条例规定的国土交通大臣所定基准的;

三、认定符合国土交通大臣所定基准,该申请相应公寓外立面、外立面材料、其他相关同类建筑部分[第108条第6款第2项3(1)中"外立面等"]剥离、散落导致有可能造成周边危害的;

四、认定符合国土交通大臣所定基准,该申请相应公寓的供水、排水、其他配套管道设施(仅限国土交通大臣所定该改造修缮相关工程明显难以实施的情形)的损伤、腐蚀、其他劣化导致卫生方面存在明显有害情形之虞的;

五、认定该申请相应公寓按照关于促进高龄人员、残疾人等移动等便利化的法律(平成18年法律第91号)第14条第5款规定的建筑物内移动等便利化基准不符合国土交通大臣所定基准的。

3 作出第1款认定的特定行政厅,应当迅速依据国土交通省省令规定向都道府县知事等(除都道府县知事等为该特定行政厅的情形)通知认定内容。

(认定需要拆除之公寓的区分所有人对拆除的助力)

第103条 受到前条第1款认定之公寓(以下简称认定需要拆除公寓)的区分所有人应当助力拆除该认定需要拆除公寓。

(认定需要拆除公寓的拆除相关指导以及建议和指示等)

第104条　都道府县知事等,对认定需要拆除公寓的区分所有人,关于拆除认定需要拆除公寓,可以提供必要的指导以及建议。

2　都道府县知事等没有落实认定需要拆除公寓拆除工程的,对认定需要拆除公寓的区分所有人,可以进行必要的指示。

3　都道府县知事等在收到前款规定之指示时,如果认定需要拆除公寓区分所有人没有遵从该指示且没有正当理由,可以公开该指示内容。

(容积率的特例)

第105条　用地面积超于政令规定规模的公寓,属于重建认定需要拆除公寓相应公寓而新建之公寓的,特定行政厅认定没有交通、安全、消防以及卫生方面妨害,并且综合考虑该建蔽率(建筑面积比用地面积的比率)、容积率(总面积比用地面积的比率,以下本款同)以及各个部分高度的基础上认定有助于改善城市街道地区环境的整备和改善后许可确定的容积率,在该许可范围内,可以超过建筑基准法第52条第1款至第9款或第57条之二第6款规定的限度。

2　关于前款规定之许可的情形,可以准用建筑基准法第44条第2款、第92条之二、第93条第1款以及第2款、第94条和第95条规定。

(独立行政法人城市更新机构所为调查等业务)

第105条之二　独立行政法城市更新机构,基于独立行政法人城市更新机构法(平成15年法律第100号)第11条第1款规定之业务之外,及第102条第1款的认定申请者或者认定需要拆除公寓管理者等的委托,可以为了公寓重建、公寓用地出售或者用地分割而实施的必要调查、调整以及技术提供业务。

第二章　公寓用地出售决议等

(区分所有人集会的特例)

第106条　收到第102条第1款认定(仅限同条第2款第1项至第3项中任何一项相关内容,以下简称特定需要拆除认定)的场合中,受到特定需要拆除认定的公寓(以下简称特定需要拆除认定公寓)的区分所有人,根据本法以及区分所有法规定,可以召开区分所有人集会。

(关于区分所有人集会召集通知的特例)

第107条　实施区分所有法第35条第1款通知的场合中,会议目的事项属于下条第1款规定的决议事项时,通知内容也应当包括该议案的纲要。

（公寓用地出售决议）

第 108 条　收到特定需要拆除认定的场合中，特定需要拆除认定公寓相关用地利用权为复数人所有的所有权或者借地权的，区分所有人集会上，以区分所有人、表决权以及该用地利用权所持分额的价格各 4/5 以上多数决议，可以作出出售该特定需要拆除认定公寓以及其用地（该用地利用权为借地权的，该借地权）的决议（以下简称公寓用地出售决议）。

2　公寓用地出售决议中，应当规定下列事项：

一、应当成为购买人［依据第 120 条第 1 款规定组织（第 116 条规定的组织，以下本号内同）被设立的场合中，从组织购入特定需要拆除认定公寓者］的姓名或名称；

二、出售产生金钱的预计价格；

三、通过出售各区分所有人能够取得的金钱（以下简称分配金）的金额的计算方法相关事项。

3　前款第 1 项所列人员，应是受到下条第 1 款认定之人。

4　第 2 款第 3 项所列事项，应当在不侵害各区分所有人之平衡的前提下规定。

5　召开以第 1 款规定的决议事项为会议目的的区分所有人集会的，区分所有法第 35 条第 1 款的通知，不受同款规定约束，应当在该区分所有人集会会议日 2 个月之前发出。

6　前款规定的场合中，实施区分所有法第 35 条第 1 款的通知的，除前条规定的议案纲要之外，还应当通知下列事项：

一、有必要出售的理由；

二、应对下列各类情形，分别依次规定的事项；

（一）特定需要拆除认定公寓符合第 102 条第 2 款第 1 项的，下列事项：

（1）不进行关于促进建筑物的抗震改造修缮的法律（平成 7 年法律第 123 号）第 2 条第 2 款规定的抗震改造修缮［在（2）处简称抗震改造修缮］或者公寓重建的理由；

（2）抗震改造修缮所需费用的估算金额；

（二）特定需要拆除认定公寓符合第 102 条第 2 款第 2 项的：

（1）不进行以提升消防安全性为目的的改造修缮或者公寓重建；

（2）（1）的改造修缮所需费用的估算金额；

(三)特定需要拆除认定公寓符合第102条第2款第3项的:

(1)不进行以防止外立面等剥离以及散落为目的的改造修缮或者公寓重建的理由;

(2)(1)的改造修缮所需费用的估算金额。

7　召集第5款的区分所有人集会者,在该区分所有人集会会议日1个月前,为了向区分所有人说明该召集时应当通知的事项,应当召开说明会。

8　关于前款说明会的召开准用区分所有法第35条第1款至第4款以及第36条的规定。这种情形下,区分所有法第35条第1款但书中的“伸缩”被置换为“伸长”。

9　在作出了公寓用地出卖决议的区分所有人集会议事录中,记载或应当记录各区分所有人关于该决议的赞同或否定意见。

10　关于存在公寓用地出售决议的情形,准用区分所有法第63条以及第64条的规定。这种情形下,区分所有法第63条第1款中的“重建”被置换为“关于顺利实施公寓重建等的法律(以下简称顺利实施法)第2条第1款第8项中规定的公寓用地出售(以下简称公寓用地出售)”,同条第3款至第5款以及区分所有法第64条中的“重建”被置换为“公寓用地出售”,区分所有法第63条第6款中的“未开展建筑物拆除工程”被置换为“顺利实施法第108条第1款中规定的基于公寓用地出售决议的买卖合同对象公寓(顺利实施法第2条第1款第1项中规定的公寓,下同)以及其用地[公寓用地利用权属于顺利实施法第2条第1款第20项规定的借地权(以下简称借地权)的,该借地权,下同]相关的权利没有转移[依据顺利实施法第120条第1款规定,设立组织(顺利实施法第116条规定的组织,下同)的情形下,顺利实施法第149条规定的出售公寓(顺利实施法第2条第1款第10项规定的出售公寓)以及其用地归属于组织,以下简称权利转移等]”,同款但书中“未开展建筑物拆除工程”被置换为“没有权利转移等”,同条第7款中“开展建筑物拆除工程”被置换为“权利转移等”、“没有开展的”被置换为“没有权利转移等的”,区分所有法第64条中“重建”被置换为“公寓用地出卖”。

第三章　购　买　人

(购买计划的认定)

第109条　因即将达成公寓用地出售决议的特定需要拆除认定公寓,公寓用地出售决议已经作出时,欲购买该地者,对每个该特定需要拆除认定公寓,依照国土交通省省令规定,制作购入作出了公寓用地出售决议的特定需要拆除认定公寓(以下简称决议特定需要拆除认定公寓)以及拆除和提供替代建筑物等(应当替代决议特定需要拆除认定公寓的建筑物或提供其中一部分或相关斡旋,下同)相关计划(以下简称购入计划),可以申请都道府县知事等的认定。

2 购入计划应当记载下列事项:

一、自购入决议特定需要拆除认定公寓之日起至拆除决议特定需要拆除认定公寓之日止,其间关于管理该决议特定需要拆除认定公寓的事项;

二、购入以及拆除决议特定需要拆除认定公寓的预计时间;

三、关于购入以及拆除决议特定需要拆除认定公寓的资金规划;

四、关于提供代替建筑物等的计划(下条第 3 项中的"提供代替建筑物等计划");

五、拆除决议特定需要拆除认定公寓之后土地利用相关事项;

六、国土交通省省令规定的其他事项。

(购入计划的认定标准)

第 110 条 都道府县知事等在发生了前条第 1 款的认定申请的情形下,认为符合下列各项中任意一项的,应当作出认定处分:

一、自购入决议特定需要拆除认定公寓之日起至拆除决议特定需要拆除认定公寓之日止,其间关于该决议特定需要拆除认定公寓,确实没有设定新的权利;

二、购入以及拆除决议特定需要拆除认定公寓相关资金规划是妥当的,应当购入且拆除该决议特定需要拆除认定公寓;

三、为了落实该决议特定需要拆除认定公寓区分所有人或者房屋承租权人的请求,提供替代建筑物等计划是妥当的。

(购买计划的变更)

第 111 条 收到第 109 条第 1 款认定者(以下简称认定购买人)欲变更购买计划的,根据国土交通省省令规定,必须取得都道府县知事等的认定。

2 前款情形准用前条规定。

(公寓用地出售决议的备案)

第 112 条 认定购买人,在公寓用地出售决议作出时,立即向都道府县知事等备案相应内容。

(拆除等的实施)

第 113 条 认定购买人,根据取得了第 109 条第 1 款认定的购买计划存在第

11条第1款变更认定的情形的,该变更后的计划(以下简称认定购买计划),应当实施决议特定需要拆除认定公寓的购买以及拆除和替代建筑物的提供等。

(报告的收集等)

第114条 都道府县知事等,可以向认定购买人要求,提供关于认定购买计划相关决议特定需要拆除认定公寓的购买或者拆除或者替代建筑物等情况的报告。

2 都道府县知事等,认为认定购买人无正当理由却没有依照认定购买计划实施决议特定需要拆除认定公寓的购买或者拆除或者替代建筑物的提供等,可以劝告该认定购买人依据该认定购买计划应当实施这些措施。

3 都道府县知事等,在收到前款规定劝告的认定购买人没有遵循该劝告的情形下,可以公开该劝告内容。

第四章 关于确保安置区分所有权人等国家以及地方公共团体的职责

第115条 国家以及地方公共团体,依据基本方针,应当确保曾居住在决议特定需要拆除认定公寓的区分所有人以及房屋承租权人的居住安定,并应为此尽力采取必要的措施。

第五章 用地分割决议等

(住宅区建筑物所有人集会的特例)

第115条之二 收到特定需要拆除认定的情形下,属于构成住宅区内建筑物的特定需要拆除认定公寓的用地(该特定需要拆除认定公寓的用地利用权是借地权的,该借地权)共有人的住宅区建筑物所有人(以下简称特定住宅区建筑物所有人),依据本法以及区分所有法规定,可以召开住宅区内建筑物所有人集会(在区分所有法第66条中准用区分所有法第34条规定的集会,该特定住宅区建筑物所有人构成区分所有法第65条规定的团体或者区分所有法第66条中被置换后准用区分所有法第47条第2款规定的住宅区管理合伙法人等主体,下同)。

(住宅区建筑物所有人集会召集通知相关特例)

第115条之三 发送区分所有法第66条中准用区分所有法第35条第1款通知时,会议目的事项属于下条第1款规定的决议事项的,通知内容也应当包括该议案的纲要。

(用地分割决议)

第115条之四 收到特定需要拆除认定的情形下,在住宅区建筑物所有人集会上,通过特定住宅区建筑物所有人以及表决权各4/5以上多数决议,可以作出分割属于该特定住宅区建筑物所有人共有的住宅区内建筑物用地或者其借地权的决议(以下简称用地分割决议)。

2 前款住宅区建筑物所有人集会中,各特定住宅区建筑物所有人的表决权,不受区分所有法第 66 条中准用区分所有法第 38 条规定的影响,在区分所有法第 66 条中准用区分所有法第 30 条第 1 款规约之外另有规定的场合中,同样遵照该住宅区建筑物用地或者其借地权共有所持份额的比例。

3 用地分割决议中,应当规定下列事项:

一、应当成为拆除对象公寓用地[用地分割后的特定需要拆除认定公寓(仅限用地分割决议相关公寓)所在用地,下同]的土地区域以及应当成为非拆除对象公寓用地(用地分割后的拆除对象公寓用地之外的用地,下同)的土地区域;

二、用地分割后的土地或者其借地权归属相关事项;

三、用地分割后的住宅区共用部分的共有持有份额归属相关事项;

四、用地分割所需费用的估算价格;

五、前项规定费用的分摊相关事项;

六、住宅区内停车场、集会场所、其他生活所需必要的共同利用设施的用地分割后的管理以及使用相关事项;

4 前款各项(第 4 项除外)所列事项的规定,应当不损害各特定住宅区建筑物所有人的平衡关系。

5 召集以第 1 款规定决议事项为会议目的的住宅区建筑物所有人集会的,区分所有法第 66 条中准用区分所有法第 35 条第 1 款的通知,不受同款规定影响,应当在该住宅区建筑物所有人集会会议日 2 个月前发出。

6 在前款规定的情形下,作出区分所有法第 66 条中准用区分所有法第 35 条第 1 款通知的,在前条规定的议案纲要之外,还应当通知下列事项:

一、为实施特定需要拆除认定公寓的拆除而有必要分割用地的理由;

二、用地分割后实施该特定需要拆除认定公寓拆除的方法;

三、重建公寓等其他住宅区内建筑物上为了确保良好居住环境的措施相关中长期计划被指定的情形下,关于该计划的概要。

7 召集第 5 款住宅区建筑物所有人集会者,在该住宅区建筑物所有人集会会议日 1 个月之前,应当召开向特定住宅区建筑物所有人说明关于该召集时应当通知事项的说明会。

8 关于召开前款说明会准用区分所有法第 35 条第 1 款至第 4 款以及第 36 条规定。这种情形下,区分所有法第 35 条第 1 款中"区分所有人"被置换为"特定住宅区建筑物所有人(关于顺利实施公寓重建等的法律第115条之二规定的特定住宅区建筑物所有人,下同)”,同款但书中“伸缩”被置换为“伸长”,同条第2款以及第3款中“专有部分”被置换为“建筑物或者专有部分”,同条第2款中“第40条”被置换为“区分所有法第66条中准用区分所有法第40条”,同条第3款以及第4款和区分所有法第36条中的“区分所有人”被置换为“特定住宅区建筑物所有人”,同款中“建筑物内”被置换为“住宅区内”。

9　作出了用地分割决议的住宅区建筑物所有人集会议事录中,记载或者应当记录各个特定住宅区建筑物所有人关于该决议的赞同或否定。

10　赞成用地分割决议的各个特定住宅区建筑物所有人(包括其继承人)视作同意按照用地分割决议内容分割用地。

第四编　公寓用地出售项目

第一章　公寓用地出售之组织体

第一节　通　　则

(公寓用地出售项目的实施)

第116条　公寓用地出售之组织体(本章内以下简称组织)可以实施公寓用地出售项目。

(法人格)

第117条　组织是法人。

2　组织准用关于一般社团法人以及一般财团法人的法律第4条以及第78条规定。

(章程)

第118条　组织的章程应当记载下列事项:

一、组织的名称;

二、出售对象公寓的名称以及其所在地;

三、事务所所在地;

四、项目所需经费的分摊相关事项;

五、管理人员的定员、任期、职务分工和选举以及选任方法相关事项;

六、全体大会相关事项;

七、设置代表大会的,总代表以及代表大会相关事项;

八、项目年限；

九、公告方式；

十、其他国土交通省省令规定的事项。

(名称的使用限制)

第119条 组织应当在其名称中使用公寓用地出售组织字样。

2 非组织的，不得在其名称中使用公寓用地出售组织字样。

第二节 设 立

(设立的许可)

第120条 第108条第10款完成被置换后，被视为同意通过准用区分所有法第64条规定、依照公寓用地出售决议内容出售公寓用地的人(包括作为公寓的区分所有权或者用地利用权享有者，其后同意依据该公寓用地出售决议内容出售该公寓用地的人，以下简称公寓用地出售合意者)，5人以上共同提出，制定了章程以及资金规划，依照国土交通省省令规定，可以在取得都道府县知事等许可后设立组织。

2 依据前款规定申请许可的公寓出售合意者，关于组织的设立，应当取得公寓出售合意者3/4以上的同意(仅限同意的人的区分所有法第38条表决权合计达到公寓用地出售合意者同条表决权的合计3/4以上，并且同意的人的用地利用权所持份额价格合计达到公寓用地出售合意者的用地利用权所持份额价格合计的3/4以上的情形)。

3 前两款的情形下，公寓的一部分专有部分为复数人共有的，该复数人视作一个公寓用地出售合意者。

(许可的基准)

第121条 都道府县知事等，依据前条第1款规定申请许可的情形下，认为符合以下各项的，应当作出许可：

一、申请程序不违反法令；

二、章程或者资金规划的决定程序或者内容不违反法令；

三、为了落实该公寓用地出售项目具备必要的经济基础以及为了确实落实该项目充分具备必要的其他能力；

四、参照其他基本方针认为是妥当的内容。

(组织的成立)

第122条 组织经依据第120条第1款规定之许可方成立。

(许可的公告等)

第123条　都道府县知事等,依据第120条第1款规定作出许可的,根据国土交通省省令规定,应当立即公告组织的名称、出售对象公寓的名称及其所在地、其他国土交通省省令中规定的事项。

2　组织至前款公告发布为止,不得以组织的成立或者章程或者资金规划对抗组织成员和其他第三人。

(区分所有权以及用地利用权的出让请求)

第124条　组织自前条第1款公告之日(该日处于第108条第10款中准用区分所有法第63条第2款期限届满之日前的,为该期限届满之日)起2个月以内,对在第108条第10款中被置换后准用区分所有法第63条第4款规定的回复不参加公寓用地出售的区分所有人(包括其继承人,除其后成为公寓用地出售合意者),可以请求其应当以市场价出让区分所有权以及用地利用权。关于公寓用地出售决议作出后从该区分所有人处只取得用地利用权者(包括其继承人,除其后成为公寓出售合意者)的用地利用权,亦同。

2　前款规定的请求,应当在公寓用地出售决议之日起1年以内作出。但是,这期间内有正当理由不能请求的,不在此限。

3　作出第1款规定的请求的情形下,准用区分所有法第63条第5款至第7款的规定。这种情形下,同条第5款中"重建"被置换为"关于顺利实施公寓重建等的法律(以下简称顺利实施法)第2条第1款第8项规定的公寓用地出售","重建决议"被置换为"顺利实施法第108条第1款规定的公寓用地出售决议(以下简称公寓用地出售决议)",同条第6款中"重建决议"被置换为"公寓用地出售决议","没有开展建筑物拆除工程"被置换为"顺利实施法第149条规定的出售对象公寓(顺利实施法第2条第1款第10项规定的出售对象公寓,下同)以及其用地[出售对象公寓的用地利用权是顺利实施法第2条第1款第20项规定的借地权(以下简称借地权)的,为该借地权]没有归属的顺利实施法第116条规定之组织(以下简称归属组织)","第4款"被置换为"顺利实施法第124条第1款",同款但书中"没有开展建筑物拆除工程"被置换为"没有归属组织","没有着手的"被置换为"没有归属组织的"。

第三节　管　　理

(组织成员)

第125条　出售对象公寓的公寓用地出售合意者(包括其继承人,组织除外）是全体组织成员。

2 公寓的一部分专有部分为复数人共有的，该复数人视作一个组织成员。

3 关于组织成员的情形准用第 18 条以及第 19 条规定。这种情形下，第 18 条第 1 款以及第 2 款中的“第 9 条第 1 款”被置换为“第 120 条第 1 款”，同条第 1 款中“第 14 条第 1 款”被置换为“第 123 条第 1 款”，“按照作为重建合意人等的组织成员或组织参加成员分类的其他”被置换为“其他”，第 19 条中“实施对象公寓”被置换为“出售对象公寓”。

（管理人员）

第 126 条 组织管理人员设置 3 名以上理事以及 2 名以上监事。

2 组织管理人员设置 1 名理事长，通过理事互选决定该职务人选。

3 关于组织管理人员的情形准用第 21 条至第 25 条（除同条第 1 款后段）的规定。这种情形下，第 22 条中“3 年”被置换为“1 年”。

（全体大会的组织）

第 127 条 组织的全体大会由全体组织成员组成。

（全体大会决议事项）

第 128 条 下列事项应当经由全体大会决议：

一、章程的变更；

二、资金规划的变更；

三、借款的借入及其方式和借款的利率以及偿还方式；

四、经费的收支预算；

五、除了预算内的，其他应当成为组织负担的合同；

六、公费的金额以及收缴方法；

七、增值收益取得计划及其变更；

八、组织的解散；

九、其他章程规定的事项。

（全体大会的召集以及议事相关规定的准用）

第 129 条 关于组织全体大会的召集准用第 28 条规定，组织全体大会的议事准用第 29 条规定。这种情形下，第 28 条第 5 款中的“第 9 条第 1 款”被置换为“第 120 条第 1 款”，第 29 条第 3 款中的“下一条文”被置换为“第 130 条”。

（特别决议）

第 130 条 第 128 条第 1 项所列事项中，在政令中规定的重要事项以及同条第 8 项所列事项，以组织成员表决权以及用地利用权所持份额价格的各 3/4 以上决议通过。

(全体代表大会)

第 131 条　组织成员超过 50 人的组织,为了代替全体大会行使其权限,可以设置全体代表大会。

2　全体代表大会作为以总代表组建的组织,在章程中规定总代表的定员数不低于组织成员总数的 1/10。但是,组织成员总数超过 200 人的组织中,总代表的定员数 20 人以上即可。

3　全体代表大会代替全体大会行使的权限,为除下列各项中任何一项之外的事项:

一、理事以及监事的选举或者选任;

二、依据前条规定必须表决的事项。

4　关于组织的全体代表大会的情形准用第 28 条第 1 款至第 4 款以及第 6 款和第 29 条(除第 3 款但书)的规定,关于设置全体代表大会组织的情形准用第 31 条第 5 款的规定。

(总代表)

第 132 条　总代表根据章程规定,由组织成员从组织成员(属于法人的,为其管理人员)中选举产生。

2　总代表的任期,在章程中规定不超过 1 年。补缺总代表的任期为前任的剩余任期。

3　关于组织总代表的情形,准用第 21 条第 2 款以及第 23 条的规定。这种情形下,同款中的“前款主文”被置换为“第 132 条第 1 款”。

(表决权以及选举权)

第 133 条　组织成员以及总代表,除了章程中有特别规定的情形,每人享有一个表决权以及选举权。

2　组织成员以书面或者代理人方式,总代表以书面方式,可以行使表决权以及选举权。

3　关于对组织和特定组织成员的关系进行表决的场合中,该组织成员没有表决权。

4　根据第 2 款规定行使表决权以及选举权者,在适用第 129 条以及第 131 条第 4 款中准用第 29 条第 1 款规定的情形下,视作出席者。

5　代理人不得同时代理 5 名以上的组织成员。

6　代理人应当向组织提出证明代理权的书面材料。

(章程或者资金规划的变更)

第 134 条　组织在变更章程或者资金规划时,依据国土交通省省令规定,应当取得都道府县知事等的许可。

2　关于前款规定之许可的情形准用第 121 条以及第 123 条的规定。这种情形下,第 123 条第 2 款中"组织的成立、章程或者资金规划"被置换为"章程或者资金规划的变更","组织成员和其他"被置换为"关于该变更在依据第 134 条第 1 款规定作出许可时从前已经是组织成员者之外的"。

3　组织在变更项目所需经费分摊相关章程或者资金规划的情形下,为了实施公寓出售项目借入前款时,关于该变更应当取得该债权人同意。

(经费的分摊收缴)

第 135 条　组织为了补充该项目所需经费,作为公费可以向组织成员分摊收缴金钱。

2　公费的金额应当在考虑增值收益分配金额的计算方法基础上公平地决定。

3　组织成员关于公费的缴纳,不得以抵偿的方式对抗组织。

4　组织在组织成员怠于缴纳公费的情形下,依据章程的规定,可以对该组织成员课以滞纳金。

(审查委员)

第 136 条　组织中,为了行使本法以及章程规定的权限,设置 3 名以上的审查委员。

2　审查委员从具有土地以及建筑物权利关系或者具备鉴定相关专门知识和经验并且能够公正判断者之中通过全体大会选任。

3　第 2 款规定内容之外,审查委员相关必要事项在政令中规定。

第四节　解　　散

(解散)

第 137 条　组织因下列理由解散:

一、关于设立的许可被撤销;

二、全体大会决议;

三、项目完结或者无法完结。

2　前款第 2 项的决议仅限权利消灭之日前方可行使。

3　组织在因第 1 款第 2 项或者第 3 项所列理由解散的情形下,借入金钱时,组织解散应当取得债权人同意。

4　组织因第1款第2项或者第3项所列理由解散的,依据国土交通省省令规定,应当取得都道府县知事等的许可。

5　都道府县知事等撤销关于组织设立的许可的,或者作出前款规定许可的,应当立即公告该内容。

6　组织在前款公告作出前,不得以解散对抗组织成员之外的第三人。

(组织的解散以及清算相关规定的准用)

第138条　关于组织的解散以及清算的情形,准用第38条之二至第42条的规定。

第五节　税法上的特例

第139条　组织在适用法人税法、其他法人税相关法令规定的情形下,视作同法第2条第6项规定的公益法人等。这种情形下,适用同法第37条规定的场合中同条第4款的"公益法人等"被置换为"公益法人等(公寓用地出售组织和",适用同法第66条规定的场合中同条第1款中的"一般法人"被置换为"一般法人(包括公寓用地出售组织)",同条第2款中的"除"被置换为"作为除外内容,包括公寓用地出售组织",同条第3款中"公益法人等("被置换为"公益法人等(公寓用地出售组织以及"。

2　组织在适用消费税法、其他消费税相关法令规定的情形下,视作同法附件3所列法人〔5〕。

第二章　增值收益取得程序等

第一节　增值收益取得程序

第一小节　增值收益取得程序起始的登记

第140条　组织在第123条第1款公告作出时,应当立即向登记所申请关于出售对象公寓的区分所有权以及用地利用权(仅限于已经登记的)的增值收益取得程序起始登记。

2　前款登记作出后,组织成员在处分该登记相关出售对象公寓的区分所有权或者用地利用权时,依据国土交通省省令规定,应当取得组织的许可。

---

〔5〕　消费税法附件3所列不具有法人人格的社团不适用消费税法。

3 没有对项目开展产生重大妨害或其他正当理由的,组织不得拒绝前款许可。

4 没有取得第2款许可所作之处分,不得对抗组织。

5 在权利消灭之日前作出第137条第5款之公告的,组织的清算人应当立即向登记所申请撤销增值收益取得程序起始登记。

第二小节 增值收益取得计划

(增值收益取得计划的决定以及许可)

第141条 组织在第123条第1款公告作出后,应当立即决定增值收益取得计划。在此情形下,依据国土交通省省令规定,应当取得都道府县知事等的许可。

2 组织在申请欠款后端规定的许可时,关于增值收益取得计划,事先经由全体大会决议的同时,出售对象公寓用地利用权是租赁权的,应当取得出售对象公寓的用地所有权享有者的同意。但是,关于不能以该所有权对抗组织者的情形,不在此限。

(增值收益取得计划的内容)

第142条 增值收益取得计划中,依据国土交通省省令规定,应当规定下列事项:

一、组织成员的姓名或者名称以及住所;

二、组织成员对出售对象公寓享有区分所有权或者用地利用权;

三、组织成员取得的增值收益分配金额;

四、出售对象公寓或者其用地相关权利(组织成员享有区分所有权以及用地利用权除外)的享有者,依据本法规定,在权利消灭之日丧失该权利者的姓名或者名称以及住所、关于丧失的出售对象公寓或者其用地享有的权利及其价格;

五、因第155条规定的出售对象公寓或者其用地的交付前项所列者(仅限占有出售对象公寓或者其用地者)所蒙受损失的金额;

六、补偿金支付相关利息或者其决定方式;

七、权利消灭的日期;

八、其他国土交通省省令规定的事项。

2 关于出售对象公寓相关权利或者其用地利用权有争议的,该权利的存在与否或者归属没有确定的情形下,该权利作为既存权利,或者该权利作为属于现在名义人(对于该名义人在第108条第10款中准用区分所有法第63条第4款或者第124条第1款规定,因此提出请求的场合中,为该请求的提出者)之权利,应当制定增值收益取得计划。

(增值收益等的金额计算标准)

第143条　前条第1款第3项的金额,是依据第108条第2款第3项的计算方法算定的金额。

2　前条第1款第4项的金额是考虑第123条第1款公告日近旁类似土地或者近旁同种建筑物相关同种权利的交易价格和其他该金额计算的基本要素,在此基础上规定的合理金额。

3　前条第1款第5项的金额是因第155条规定出售对象公寓或者其用地交付,作为同项所列者通常蒙受损失在政令中规定的金额。

(许可的基准)

第144条　都道府县知事等在申请第141条第1款后段规定的许可的情形下,认为符合下列各项任意一项时,应当作出许可。

一、申请程序或者增值收益取得计划决定程序、内容没有违反法令;

二、符合公寓用地出售决议内容;

三、出售对象公寓的区分所有权或者用地利用权相关优先受偿权等享有者的权利没有被不当地侵害;

四、其他参照基本方针妥当的内容。

(增值收益取得计划的变更)

第145条　变更增值收益取得计划的情形(国土交通省省令中规定的轻微变更情形除外),准用第141条第1款后段以及第2款和前条的规定。

(审查委员的参与)

第146条　组织在制定或者变更增值收益取得计划时(国土交通省省令中规定的轻微变更的情形除外),应当取得审查委员1/2以上的同意。

第三小节　增值收益的取得等

(基于增值收益取得计划的组织的处分)

第147条　组织在收到增值收益取得计划或者其变更许可时,或者关于增值收益取得计划进行第145条的国土交通省省令中规定的轻微变更时,应当立即依据国土交通省省令的规定,公告计划内容,并以书面形式向相关权利人通知相关事项。

2　基于增值收益取得计划的组织的处分,不适用行政程序法第3章的规定。

(权利消灭日期等的通知)

第148条 组织在收到增值收益取得计划或者其变更(仅限权利消灭日期相关内容,以下本条内同)的许可时,或者进行第145条的国土交通省省令中规定的轻微变更时,应当立即依据国土交通省省令规定,向出售对象公寓所在地的登记所通知权利消灭日期和其他国土交通省省令中规定的事项。

(权利消灭日权利的归属等)

第149条 在权利消灭之日,出售对象公寓归属于组织,成为不以区分所有法第1条规定建筑物的各个部分为所有权标的之建筑物,以出售对象公寓为标的之所有权以外的权利归于消灭。

2 在权利消灭之日,出售对象公寓的用地利用权归属组织,出售对象公寓的用地利用权是所有权时,以该所有权相关用地为标的之所有权、地役权以及地上权之外的权利归于消灭,出售对象公寓的用地利用权是借地权时,以该借地权为标的的权利归于消灭。

(权利出售的登记)

第150条 组织在权利消灭后,应当立即申请出售对象公寓及其用地相关权利必要的登记。

2 权利消灭日至前款登记为止,关于出售对象公寓以及其用地不得作其他登记。

(增值收益)

第151条 组织对组织成员,至权利消灭之日为止,应当支付第142条第1款第3项的增值收益分配金。

(增值收益提存等相关规定的准用)

第152条 关于替代支付前条规定的增值收益的提存的情形,准用第76条第1款以及第3款至第5款的规定,关于提存的增值收益的情形准用第77条的规定,关于组织成员享有的区分所有权,或者用地利用权相关扣押,或者临时扣押的场合中的增值收益,准用第78条规定。这种情形下,第76条第1款中“实施主体”被置换为“第116条规定的组织(以下简称组织)”,同款第3项以及第4项、同条第3款以及第5款和第78条第1款以及第5款中的“实施主体”被置换为“组织”,第76条第3款中“优先受偿权”被置换为“组织成员享有的区分所有权或者用地利用权是优先受偿权”,“标的物”被置换为“在成为标的的场合中”,“权利人”被置换为“优先受偿权等的享有者”,同条第4款中“前3款”以及同条第5款中“第1至3款”被置换为“第1款以及第3款”,同条第4款中“实施对象公寓”被置换为“出售对象公寓”,同条第5款中“应取得补偿金之人(若是第2款所规定的提存,被通知者为争议当事人)”被置换为“应当取得者”,第78条第1款中的“第75条”被置换为“第151条”,“权利变更之日”被置换为“权利消灭日期”。

(补偿金)

第153条　组织是出售对象公寓或者其用地相关权利(组织成员享有的区分所有权以及用地利用权除外)的享有者,依据本法规定,对于在权利消灭之日丧失该权利者,作为其补偿,至权利消灭之日为止,应当支付第142条第1款第4项的金额(出售对象公寓或者其用地占有者的场合中,为该金额和同款第5项的金额的合计金额)乘以第123条第1款的公告之日起至第147条第1款规定的增值收益取得计划或者其变更相关公告(以下简称增值收益取得计划公告)之日为止的物价变动相应修正率所得金额,和从该增值收益取得计划公告之日起至补偿金支付日为止的期间增值收益取得计划中规定的利息。这种情形下,该修正率是根据国土交通省省令中规定的方法算定的。

(补偿金提存等相关规定的准用)

第154条　关于替代支付前条规定补偿(包括利息,以下本款内同)的提存准用第76条的规定,关于提存的补偿金准用第77条规定,关于成为补偿金支付标的的权利相关扣押或者临时扣押的情形准用第78条规定。这种情形下,第76条第1款中的“实施主体”被置换为“第116条规定的组织(以下简称组织)”,同款第3项以及第4项、同条第2款、第3款以及第5款和第78条第1款以及第5款中“实施主体”被置换为“组织”,第76条第2款中“第58条第2款”被置换为“第142条第2款”,“权利转换计划”被置换为“增值收益取得计划”,同条第4款中“实施对象公寓”被置换为“出售对象公寓”,第78条第1款中“第75条”被置换为“第153条”,“权利变更之日”被置换为“权利消灭日期”。

第四小节　出售对象公寓等标的之交付

第155条　出售对象或者其用地的占有者,在权利消灭之日(在第108条第10款以及第124条第3款中准用区分所有法第63条第5款规定的,针对裁判所允许在合理期限内交付建筑物的区分所有人的情形下,为该期限届满日)前,应当向组织交付出售对象公寓或者其用地。但是,自增值收益取得计划公告之日的翌日起尚未超过30日的,应当收到增值收益支付者相关场合中没有第151条规定的支付或者没有在第152条中准用第76条规定的提存的情形,第153条的应当收到补偿金支付者没有收到同条规定的支付或者前条中准用第76条规定的提存的情形,或者收到第108条第10款中准用区分所有法第63条第4款、第124条第1款规定之请求者没有收到该请求者支付或者提供的费用的情形,不在此限。

第二节　其他规定

(处分、程序等的效力)

第156条　出售对象公寓或者其用地相关权利享有者发生变动的,根据本法或基于本法之章程的规定,之前的这些权利主体所为程序或其他行为视为这些权利新主体者所为,对之前这些权利主体的处分、程序或其他行为视作对成为这些权利新主体者的行为。

(不动产登记法的特例)

第157条　关于出售对象公寓以及其用地的登记,在政令中,可以规定不动产登记法的特例。

(相关材料的准备)

第158条　组织根据国土交通省省令规定,应当在其事务所准备公寓用地出售项目相关材料(包括组织成员名册,下款同)。

2　利害关系人请求阅览前款材料的,组织在没有正当理由的情形下,不得拒绝该请求。

(替代材料送达的公告)

第159条　组织在送达实施公寓用地出售项目相关材料的场合中,应当接收者拒绝领受该材料的,或者没有过失但无法确认此人的住所、常住地址或其他材料应当送达的地址的,根据政令中的规定,可以以公告该材料内容的方式替代送达材料。

2　作出前款公告的,从该公告的翌日起超10日的,视作该材料已经送达应当接收者。

第三章　公寓用地出售项目的监督等

(对组织的报告、劝告等)

第160条　都道府县知事等对组织实施的公寓用地出售项目,在为了实施本法的必要限度内,可以要求其提出报告或者材料,或者为了其实施的公寓用地出售项目顺利推进,可以提供必要的劝诫、建议或援助。

2 为了促进公寓用地出售项目,都道府县知事等对组织可以要求其采取必要措施。

(对组织的监督)

第161条 都道府县知事等对组织实施的公寓用地出售项目,认为该项目或者会计违反本法、行政厅基于本法被处分,或者章程、资金规划、增值收益取得计划的,或者有其他监督必要的,可以审计该组织的项目或者会计状况。

2 都道府县知事等在组织成员取得全体组织成员1/10以上的同意,以该组织项目或者会计存在违反本法、行政厅基于本法处分规定或者章程、资金规划、增值收益取得计划可能的理由,请求审计组织项目或者会计情况的,应当审计该组织项目或者会计情况。

3 都道府县知事等在依据前两款规定实施审计的场合中,认为组织的项目或者会计违反本法、行政厅基于本法被处分或者章程、资金规划、增值收益取得计划的,对组织纠纷违反的必要限度内,可以命令撤销、变更或停止组织所为处分和采取其他必要措施。

4 都道府县知事等在组织不遵从前款规定之命令的情形下,或者收到关于组织设立许可者在该许可公告之日起30日内仍然不召集全体大会的情形下,以权利消灭之日为限,可以撤销关于该组织设立的许可。

5 都道府县知事等在依据第129条中准用的第28条第3款规定组织成员请求召集全体大会的场合中,理事长以及监事不召集全体大会的,基于这些组织成员的申请,应当召集全体大会。在第130条第4款中准用第28条第3款规定,因此总代表请求召集全体代表大会的场合中,理事长以及监事不召集全体代表大会的,亦同。

6 都道府县知事等在依据第126条第3款中准用第23条第1款规定的组织成员请求解任理事或者监事的场合,和组织没有统计这些组织成员投票的,基于这些组织成员的申请,应当将这些组织成员的投票计入票数。依据第132条第3款中准用第23条第1款规定的,组织成员请求解任总代表的场合中,组织没有统计这些组织成员投票的,亦同。

7 都道府县知事等在得到全体组织成员1/10以上同意,以全体大会、全体代表大会的召集程序或者决议方法以及管理人员、总代表选举或解任的投票方法违反本法或章程为由,请求撤销该决议、选举、当选或者解任的投票的场合中,认为存在违反上述事实的,可以撤销该决议、选举、当选或者解任的投票。

（融资等）

第162条　国家以及地方公共团体对组织尽力提供公寓用地出售项目所必要的融资或者斡旋和其他援助。

（技术性援助请求）

第163条　组织或者欲设立组织者对国土交通大臣以及都道府县知事等，为了准备实施或者实施公寓用地出售项目，可以请求具有公寓用地出售项目相关专门知识的职员提供技术性援助。

2　都道府县知事等认为有必要提供前款规定的技术性援助的，可以请求中心的必要协助。

第五编　用地分割项目

第一章　用地分割组织体

第一节　通　　则

（用地分割项目的实施）

第164条　用地分割组织体（本章内以下简称组织）可以实施用地分割项目。

（法人格）

第165条　组织是法人。

2　关于组织的情形准用关于一般社团法人以及一般财团法人的法律第4条以及第78条的规定。

（章程）

第166条　组织的章程应当记载下列事项：

一、组织的名称；

二、分割实施对象用地相关住宅区的名称以及其所在地；

三、事务所所在地；

四、项目所需经费的反弹相关事项；

五、管理人员定员数、任期、职务分配和选举以及选任方式相关事项；

六、全体大会相关事项；

七、设置全体代表大会的，总代表以及全体代表大会相关事项；

八、项目年限；

九、公告方式;

十、其他国土交通省省令中规定的事项。

(名称的使用限制)

第167条 组织应当在其名称中使用用地分割组织字样。

2 非组织的,不得在其名称中使用用地分割组织字样。

第二节 设 立

(设立的许可)

第168条 根据第115条之四第10款规定,视作同意实施用地分割的人(包括特定住宅区建筑物所有人其后同意依据该用地分割决议内容实施该用地分割者,以下简称用地分割合意者),5人以上共同提出,制定了章程以及资金规划,依照国土交通省省令规定,可以在取得都道府县知事等许可后设立组织。

2 依据前款规定申请许可的用地分割合意者,关于组织的设立,应当取得用地分割合意者3/4以上的同意(仅限同意的人的第115条之四第2款表决权合计达到用地分割合意者同款表决权的合计3/4以上的情形)。

3 前两款的情形下,住宅区内建筑物用地上现存某一建筑物(有专有部分的建筑物的情形下,一部分专有部分)为复数人共有的,该复数人视作一个用地分割合意者。

(项目计划)

第169条 在项目计划中,依据国土交通省省令中的规定,应当记载住宅区内建筑物的情况、实施分割用地的区域、用地分割的概要、拆除对象公寓用地以及非拆除对象公寓用地的区域、项目实施时间、资金规划和其他国土交通省省令中规定的事项。

2 项目计划应当符合用地分割决议内容。

(项目计划的公开阅览以及意见书的处理)

第170条 申请第168条第1款规定认可的场合中,应当成为实施分割用地的土地所在地处于市的区域内的,该市长官应当将该项目计划提供给公众阅览为期2周,该土地所在地处于町村的区域内的,都道府县知事等应当使该町村长官将该项目计划提供给公众阅览为期2周。但是,存在关于该申请明显不符合以下条文各项的任何一项的事实,认为不应当许可的,不在此限。

2 应当成为实施分割用地土地相关权利的享有者对依据前款规定被提供公开阅览的项目计划有意见的,在公开阅览期限届满之日的翌日起2周之内,可以向都道府县知事等提出意见书。

3 都道府县知事等在依据前款规定提出意见书的场合中，审查其内容，认为应当采纳该意见书相关意见的，必须命令意见书提出者对项目计划进行必要的修订，认为不应当采纳该意见书相关意见的，应当通知意见书提出者该内容。

4 审查前款规定之意见书内容的，准用行政不服审查法第 2 章第 3 节（第 29 条、第 30 条、第 32 条第 2 款、第 38 条、第 40 条、第 41 条第 3 款以及第 42 条除外）的规定。这种情形下，同法第 28 条中“审理员”被置换为“都道府县知事等（关于顺利实施公寓重建等的法律第 9 条第 1 款规定的都道府县知事等，下同）”，同法第 31 条、第 32 条第 3 款、第 33 条至第 37 条、第 39 条和第 41 条第 1 款以及第 2 款中的“审理员”被置换为“都道府县知事等”。

5 申请第 168 条第 1 款规定的许可者，依据第 3 款修订后项目计划，向都道府县知事等报告该内容的，关于该修订部分应当再次完成本条规定的程序。

（许可基准）

第 171 条　都道府县知事等在申请第 168 条第 1 款规定许可的场合中，认为符合下列各项的，应当作出许可：

一、申请程序不违反法令；

二、章程或者项目计划决定程序、内容不违反法令（关于项目计划内容，包括前条第 3 款规定的都道府县知事等的命令）；

三、为了特定需要拆除认定公寓，有必要进行用地分割；

四、应当成为拆除对象公寓用地的土地和应当成为非拆除对象公寓用地的土地的边界线上不存在建筑物；

五、项目实施时间是妥当的；

六、充分具有落实该用地分割项目必要的经济基础，以及确实落实之所需必要的其他能力；

七、其他参照基本方针妥当的内容。

（组织的成立）

第 172 条　组织因第 168 条第 1 款规定的许可而成立。

（许可的公告等）

第 173 条　都道府县知事等依据第 168 条第 1 款规定作出许可的，应当立即依据国土交通省省令规定，公告组织的名称、实施分割用地相关住宅区的名称、实施分割用地区域、项目实施期间其他国土交通省省令规定的事项，并且向相关市町村长官送达载明实施分割用地相关住宅区名称、实施分割用地的区域和其他国土交通省省令规定的事项的图文材料。

2　组织在前款公告作出前,以组织的成立或者章程、项目计划,不得对抗组织成员和其他第三人。

第三节　管　　理

(组织成员)

第174条　实施分割用地上现存住宅区内建筑物的特定住宅区建筑物所有人(包括其继承人,组织除外)是全体组织成员。

2　实施分割用地上现存的一部分建筑物(关于专有部分的建筑物的情形,其一部分为专有部分)为复数人共有的,该复数人视作一个组织成员。

3　关于组织成员准用第18条以及第19条的规定。这种情形下,第18条第1款以及第2款中"第9条第1款"被置换为"第168条第1款",同条第1款中"第14条第1款"被置换为"第173条第1款","按照作为重建合意人等的组织成员或组织参加成员分类的其他"被置换为"其他",第19条中"实施对象公寓"被置换"实施分割用地","区分所有权或者用地利用权"被置换为"实施分割用地所持份额(第179条规定的实施分割用地所持份额,以下本条内同)","该区分所有权或者用地利用权"被置换为"该实施分割用地所持份额"。

(管理人员)

第175条　组织管理人员设置3名以上理事以及2名以上监事。

2　组织管理人员,设置1名理事长,通过理事互选决定理事长。

3　关于组织成员准用第21条至第25条(同条第1款后段除外)的规定。

(全体大会的组织)

第176条　组织的全体大会由组织成员构成。

(全体大会决议事项)

第177条　下列事项应当通过全体大会决议:

一、章程的变更;

二、项目计划的变更;

三、借款的借入及其方式和借款的利率以及偿还方式;

四、经费的收支预算;

五、除了预算内的,其他应当成为组织负担的合同;

六、公费的金额以及收缴方法;

七、用地权利变更计划及其变更；

八、组织的解散；

九、其他章程规定的事项。

（全体大会的召集以及议事相关规定的准用）

第 178 条　关于组织全体大会的召集准用第 28 条规定，关于组织全体大会的议事准用第 29 条规定。这种情形下，第 28 条第 5 款中“第 9 条第 1 款”被置换为“第 168 条第 1 款”，第 29 条第 3 款中“下一条文”被置换为“第 179 条”。

（特别决议）

第 179 条　第 177 条第 1 项以及第 2 项所列事项中政令规定的重要事项和同条第 8 项所列事项，以组织成员的表决权以及实施分割用地所持份额［因为对实施分割用地上既存建筑物的所有产生的该实施分割用地的所有权或者借地权的共有持有份额，下同］的比例各 3/4 以上多数决通过。

（全体代表大会）

第 180 条　组织成员的人数超过 50 人的组织，可以代替全体大会行使其权限设置全体代表大会。

2　全体代表大会作为总代表组建的组织，在章程中规定总代表的定员数不低于组织成员总数的 1/10。但是，组织成员的总数超过 200 人的组织的情形下，总代表的定员数 20 人以上即可。

3　全体代表大会代替全体大会行使的权限是，属于下列各项中任意一项之外的事项相关全体大会的权限：

一　理事以及监事的选举或者选任；

二　依据前条规定应当决议的事项。

4　关于组织全体代表大会准用第 28 条第 1 款至第 4 款以及第 6 款和第 29 条（第 3 款但书除外）的规定，关于设置全体代表大会的组织准用第 31 条第 5 款的规定。

（总代表）

第 181 条　总代表依据章程的规定，由组织成员从组织成员（法人的情形下，为该管理人员）中选举产生。

2　在章程中规定总代表的任期不超过 3 年。补缺总代表的任期是前任的剩余任期。

3　关于组织的总代表准用第 21 条第 2 款以及第 23 条的规定。这种情形下，同款中“前款主文”被置换为“第 181 条第 1 款”。

(决议权以及选举权)

第182条　除章程有特别规定的情形外,组织成员以及总代表享有表决权以及选举权各一项。

2　组织成员通过书面或者代理人、总代表通过书面,可以行使表决权以及选举权。

3　关于组织和特定组织成员的关系进行表决的情形下,该组织成员不享有表决权。

4　依据第2款规定行使表决权以及选举权者,在适用第178条以及第180条第4款中准用的第29条第1款规定的情形下,视作出席者。

5　代理人不得同时代理5名以上的组织成员。

6　代理人应当向组织提出证明代理权的书面材料。

(章程或者项目计划的变更)

第183条　组织在变更章程或者项目计划的情形下,依据国土交通省省令规定,应当取得都道府县知事等的许可。

2　关于申请项目计划变更(国土交通省省令规定的轻微变更除外)许可的场合准用第170条的规定,关于前款规定的许可准用第171条以及第173条规定。这种情形下,同条第2款中“组织的成立或者章程、项目计划”被置换为“章程或者项目计划的变更”,“组织成员和其他的”被置换为“关于该变更存在依据第183条第1款规定的许可时从前已经是组织成员者之外的”。

3　组织在欲变更分摊项目所需经费相关章程或者项目计划的场合中,实施分割用地项目有借款的,关于该变更应当取得该债权人同意。

(经费的分摊收缴)

第184条　组织为了充实该项目所需经费,可以对组织成员以公费分摊收缴金钱。

2　公费的金额应当在考虑组织成员所有建筑物的位置、地面面积或者实施分割用地所持份额的比率等基础上公平地决定。

3　组织成员对于公费的缴纳不得以抵偿对抗组织。

4　组织在组织成员怠于缴纳公费的情形下,依据章程的规定,可以对该组织成员课以滞纳金。

(审查委员)

第185条　组织中,为了行使本法以及章程规定的权限,设置3名以上的审查委员。

2 审查委员由全体大会选任,须为具有土地以及建筑物权利关系或者具备鉴定相关专门知识和经验并能公正判断者。

3 第2款规定内容之外的审查委员相关必要事项,在政令中规定。

第四节 解 散

(解散)

第186条 组织因下列理由解散:

一、关于设立的许可被撤销;

二、全体大会决议;

三、项目完结或者无法完结。

2 前款第2项的决议仅限用地权利变更之日前方可行使。

3 组织在因第1款第2项或者第3项所列理由解散的情形下,借入金钱时,解散应当取得债权人同意。

4 组织因第1款第2项或者第3项所列理由解散的,依据国土交通省省令规定,应当取得都道府县知事等的许可。

5 都道府县知事等撤销关于组织设立的许可的,或者作出前款规定许可的,应当立即公告该内容。

6 组织在前款公告作出前,不得以解散对抗组织成员之外的第三人。

(组织的解散以及清算相关规定的准用)

第187条 关于组织的解散以及清算的情形,准用第38条之二至第43条的规定。

第五节 税法上的特例

第188条 组织在适用法人税法、其他法人税相关法令规定的情形下,视作同法第2条第6项规定的公益法人等。这种情形下,适用同法第37条规定的场合中同条第4款的“公益法人等(”被置换为“公益法人等(用地分割组织和”,适用同法第66条规定的场合中同条第1款中的“一般法人”被置换为“一般法人(包括用地分割组织)”,同条第2款中的“除”被置换为“作为除外内容,包括用地分割组织”,同条第3款中“公益法人等(”被置换为“公益法人等(用地分割组织以及”。

2 组织在适用消费税法、其他消费税相关法令规定的情形下,视作同法附件3所列法人。

第二章　用地权利变更程序等

第一节　用地权利变更程序

第一小节　程序的启动

第189条　组织在有第173条第1款之公告的情形下,应当立即向登记所关于实施分割用地上现存住宅区内建筑物的所有权(有专有部分的建筑物的情形下,为区分所有权,下款亦同)以及实施分割用地所持份额(仅限已经登记,下款亦同),申请用地权利变更程序的起始登记。

2　前款登记后,组织成员处分该登记相关住宅区内建筑物的所有权以及实施分割用地所持份额的情形下,依据国土交通省省令规定,应当取得组织许可。

3　组织在没有对实施事实产生巨大妨害或其他正当理由时,不得拒绝前款许可。

4　没有取得第2款许可的处分的情况下,不得对抗组织。

5　在用地权利变更日期前有第186条第5款公告的,组织的清算人应当立即向登记所申请撤销用地权利变更程序起始登记。

第二小节　用地权利变更计划

(用地权利变更计划的决定及许可)

第190条　组织在第173条第1款公告之后,应当立即制定用地权利变更计划。这种情形下,依据国土交通省省令规定,应当取得都道府县知事等的许可。

2　组织在申请前款后段规定许可的情形下,关于用地权利变更计划,预先经过全体大会表决的同时,在有组织之外成员对实施分割用地享有所有权时,应当取得该权利人同意。但是,该权利人不得以该所有权对抗组织的情形不在此限。

(用地权利变更计划的内容)

第191条　用地权利变更计划中,依据国土交通省省令规定,应当规定下列事项:

一、拆除对象公寓用地以及非拆除对象公寓用地的区域。

二、属于实施分割用地所持份额者,对应该实施分割用地所持份额,成为被赋予拆除用地所持份额[因为对拆除对象公寓用地上既存建筑物(有专有部分建筑的情形下,为专有部分)的所有而享有的该拆除对象公寓用地的所有权或者借地权的共有所持份额,下同]者的姓名或者名称以及住所。

三、前项所列者享有的实施分割用地所持份额以及其价格。

四、第2项所列者被赋予的前项所列实施分割用地所持份额相应的拆除用地所持份额明细以及其价格。

五、属于享有实施分割用地所持份额者,与该实施分割用地所持份额相应的,被赋予下列任何一项权利(以下简称非拆除用地所持份额等)者的姓名或者名称以及住所:

(1)因对非拆除对象公寓用地上现存建筑物(有专有部分的建筑物的情形下,为专有部分)的所有,而对该非拆除对象公寓用地所有权或者借地权所享有的共有持有份额;

(2)非拆除对象公寓用地上现存建筑物(有专有部分的建筑物除外)的用地或者其借地权。

六、前款所列者所有的实施分割用地所持份额以及其价格。

七、第5项所列者被赋予前项所列实施分割用地所持份额相应的非拆除用地所持份额等的明细以及其价格。

八、属于第2项以及第5项所列者,被赋予其所有的住宅区共用部分的共有所持份额相应的,用地分割后的住宅区共用部分的共有所持份额者的姓名或名称以及住所,被赋予的住宅区共用部分的共有所持份额和其价格。

九、第2项以及第5项所列者,依据本法规定,在用地权利变更之日丧失其所有的住宅区共用部分的共有所持份额,并且,该共有所持份额相应的,用地分割后住宅区共用部分的共有所持份额没有被赋予者的姓名或者名称以及住所、被分割的住宅区共用部分的共有所持份额和其价格。

十、关于第3项以及第6项所列实施分割用地所持份额的担保权等的登记相关权利享有者的姓名或者名称以及住所和其权利。

十一、成为前项所列者在拆除用地所持份额或者非拆除用地所持份额等上所有的权利。

十二、清算金的收缴相关利息或者其决定方式。

十三、用地权利变更日期。

十四、其他国土交通省省令规定的事项。

2　在关于实施分割用地所持份额存在争议的场合中,没有确定该实施分割用地所持份额的存在与否或者归属的,该实施分割用地所持份额作为现存份额,或者该实施分割用地所持份额作为归属现在名义人的份额,应当制定用地权利变更计划。

(用地权利变更计划的决定基准)

第192条　用地权利变更计划应当在充分考虑相关权利者之间利益平衡的基础上制定。

(拆除公寓用地以及非拆除公寓用地)

第193条　用地权利变更计划中,对于应当成为拆除公寓用地的土地上现存的住宅区内建筑物的特定住宅区建筑物所有人,应当规定赋予其拆除用地所持份额。

2　用地权利变更计划中,对于应当成为非拆除公寓用地的土地上现存住宅区内建筑物的特定住宅区建筑物所有人,应当规定赋予其非拆除用地所持份额等。

3　在决定赋予第2款规定者的拆除用地所持份额或者非拆除用地所持份额时,应综合考虑上述主体享有权利对象的建筑物的位置、环境、利用情况,以及上述主体所有的实施分割用地所持份额的比例等,且不侵害这些主体相互之间的平衡。

4　用地权利变更计划中,在第191条第1款第2项所列者被赋予用地分割后的住宅区共用部分的共有所持份额的情形下,应当规定该住宅区共用部分属于被赋予非拆除用地所持份额等者全体共有。

5　用地权利变更计划中,在第191条第1款第5项所列者被赋予用地分割后的住宅区共用部分的共有所持份额的情形下,应当规定该住宅区共用部分属于被赋予非拆除用地所持份额等者所有(2人以上的,为该2人以上者共有)。

(担保权等的登记相关权利)

第194条　存在关于实施分割用地所持份额担保权等的登记相关权利的,在用地权利变更计划中,应当规定该担保权等的登记相关权利,作为该权利标的实施分割用地所持份额相应被赋予的份额而被规定的、拆除用地所持份额或者作为非拆除用地所持份额等上现存的权利。

2　前款的场合中,为了平衡相关权利人之间得失而有必要的,关于被视作存在的权利,组织在听取这些人的意见后,可以设置必要的规定。

(实施分割用地所持份额等的价格的算定基准)

第195条　第191条第1款第3项、第4项或者第6项至第9项中的价格,考虑第173条第1款公告之日近旁类似土地或者近旁同种建筑物相关同种权利的交易价格等制定的合理价格。

(许可基准)

第196条 都道府县知事等在有申请第190条第1款后段规定之许可的场合中,认为符合下列各项中某一项的,应当作出该许可:

一、申请程序或者用地权利变更计划的决定程序、内容不违反法令;

二、符合用地分割决议的内容;

三、没有不当侵害关于实施分割用地所持份额享有优先受偿权等者的权利;

四、其他参照基本方针为妥当之内容。

(用地权利变更计划的变更)

第197条 关于变更用地权利变更计划的情形(国土交通省省令规定的轻微变更的情形除外)准用第190条第1款后段以及第2款和前条的规定。

(审查委员的参与)

第198条 组织欲制定或者变更用地权利变更计划的情形(国土交通省省令规定的轻微变更的情形除外)下,应当取得审查委员1/2以上的同意。

第三小节 用地权利变更

(用地权利变更处分)

第199条 组织在收到用地权利变更计划或者其变更许可的情形,或者用地权利变更计划实施了第197条之国土交通省省令规定的轻微变更的情形下,应当立即依据国土交通省省令规定,公告该内容,以及向相关权利人以书面形式通知相关事项。

2 用地权利变更相关处分,通过前款通知的方式进行。

3 关于用地权利变更相关处分,不适用行政程序法第三章的规定。

(用地权利变更之日等的通知)

第200条 组织收到用地权利变更计划或者其变更(仅限用地权利变更之日相应内容,以下本条内同)许可的情形下,或者实施了依据第197条的国土交通省省令规定的轻微变更的情形下,应当依据国土交通省省令规定,立即向实施分割用地所在地的登记所通知用地权利变更日期和其他国土交通省省令规定的事项。

(用地相关权利变更)

第201条 在用地权利变更之日,根据用地权利变更计划的规定,实施分割用地所持份额消灭,拆除用地所持份额或者非拆除用地所持份额等由应当新被赋予这些权利者取得。

2 属于实施分割用地相关权利,没有依据前款以及第203条规定变更的权利,在用地权利变更之日后,仍然还存续在之前的土地上。这种情形下,在用地权利变更之日,实施分割用地所持份额上曾经存在地役权或地上权且其又被设立了担保权等的,在用地权利变更之日后,该地役权或者地上权和该担保权等在登记上的顺序不变。

3 在用地权利变更之日,根据用地权利变更计划的规定,住宅区共用部分的共有所持份额消灭,用地分割后的住宅区共用部分的共有所持份额由应当新被赋予该共有所持份额者取得。

(视作区分所有法上章程的部分)

第202条 用地权利变更计划中规定的用地分割后的住宅区共用部分的共有所持份额不符合在区分所有法第67条第3款中准用区分所有法第14条第1款至第3款的规定,或者用地权利变更计划中规定的用地分割后的专有部分建筑物的用地利用权的比例不符合区分所有法第22条第2款主文的规定,用地权利变更计划中设置了该规定的部分,分别视为在区分所有法第67条第3款中准用区分所有法第14条第4款规定的章程,或者区分所有法第22条第2款但书规定的章程。

(担保权等的转移)

第203条 关于实施分割用地所持份额的现存担保权等登记相关权利,在用地权利变更之日后,根据用地权利变更计划的规定,是拆除用地所持份额或者非拆除用地所持份额上存续的权利。

(用地权利变更登记)

第204条 组织在用地权利变更之日后,应当立即针对实施分割用地,申请用地权利变更后的土地以及其权利相关必要的登记。

2 用地权利变更之日后,关于实施分割用地,至前款登记作出为止之期间,不得进行其他登记。

(清算)

第205条 拆除用地所持份额、非拆除用地所持份额等或者用地分割后的住宅区共用部分的共有所持份额的价格,和相应权利人曾经享有的实施分割用地所持份额,或者用地分割前的住宅区共用部分的共有所持份额的价格之间存在差价的,组织应当收缴或者交付与该差价相当的金额。

（清算金的提存及物上代位）

第 206 条　前条规定的实施分割用地所持份额以优先受偿权等为目的时，除以上全体权利人都申请不需要提存的情形之外，组织应当提存依据同条规定代替应当交付的清算金。

2　依据前款规定提存的情形准用第 76 条第 4 款以及第 5 款的规定。这种情形下，同条第 4 款中的“前 3 款”以及同条第 5 款中的“第 1 至 3 款”被置换为“第 206 条第 1 款”，同条第 4 款中的“实施对象公寓”被置换为“实施分割用地”，同条第 5 款中的“实施主体”被置换为“第 164 条规定的组织”，“应取得补偿金之人（若是第 2 款所规定的提存，被通知者为争议当事人）”被置换为“应当取得者”。

3　第 1 款的优先受偿权、质权或者抵押权的享有者，依据同款规定可以对提存的清算金行使其权利。

（清算金的收缴）

第 207 条　依据第 205 条规定应当收缴的清算金，可以依据用地权利变更计划的规定，附加利息后分别收缴。

2　组织在依据第 205 条的规定应当收缴的清算金（依据前款规定需要附加利息的，包括其利息）的情形下，可以依据用地权利变更计划收缴本息。

第二节　其他规定

（处分、程序等的效力）

第 208 条　享有实施分割用地、拆除对象公寓用地或者非拆除对象公寓用地相关权利者发生变更的情形下，依据本法或者基于本法的章程规定，之前的这些权利人所为程序或其他行为，视作新成为这些权利人所为，对之前的这些权利人的处分、程序和其他行为，视作对新成为这些权利人所为行为。

（代位申请分宗或者合并的登记）

第 209 条　组织在为实施分割用地项目有必要的情形下，代替所有人可以申请分宗或者合并登记。

（不动产登记法的特例）

第 210 条　关于实施分割用地、拆除对象公寓用地以及非拆除对象公寓用地的登记，在政令中可以规定不动产登记法的特例。

（相关簿册材料的准备）

第 211 条　组织依据国土交通省省令规定，应当在其事务所准备用地分割项目相关簿册材料(包括组织成员名册,下款亦同)。

2　利害关系者请求查阅前款簿册材料的情形下,组织没有正当理由不得拒绝该申请。

(替代材料送达的公告)

第212条　组织在送达实施用地分割项目相关材料的场合中,应当收到送达者拒绝领受该材料的,或者没有过失但无法确认此人的住所、常住地址或其他材料应当送达的地址的,根据政令中的规定,可以以公告该材料内容的方式替代送达材料。

2　作出前款公告的,从该公告之日的翌日起超10日,视为该材料已经送达应当收到送达者。

第三章　用地分割项目的监督等

(对组织的报告、劝告等)

第213条　都道府县知事等对组织,关于其实施的用地分割项目,在为了实施本法的必要限度内,可以要求其提出报告或者材料,或者为了其实施的公寓用地出售项目顺利推进可以给予必要的劝告、建议或援助。

2　为了促进用地分割项目,都道府县知事等可以要求组织采取必要措施。

(对组织的监督)

第214条　都道府县知事等对组织实施的用地分割项目,认为该项目或者会计违反本法、行政厅基于本法被处分,或者章程、项目计划、用地权利变更计划的,或者有其他监督必要的,可以审计该组织的项目或者会计状况。

2　都道府县知事等在组织成员取得全体组织成员1/10以上的同意,以该组织的项目或者会计存在违反本法、行政厅基于本法被处分或者章程、项目计划、用地权利变更计划可能为由,请求审计组织的项目或者会计情况的,应当审计该组织的项目或者会计情况。

3　都道府县知事等在依据前两款规定实施审计的场合中,认为组织的项目或者会计违反本法、行政厅基于本法被处分或者章程、项目计划、用地权利变更计划的,对组织在该纠纷违反的必要限度内,可以命令撤销、变更或停止组织所为处分和采取其他必要措施。

4　都道府县知事等在组织不遵从前款规定之命令的情形下,或者收到关于组织设立许可者在该许可公告之日起30日内仍然不召集全体大会的情形下,以权利消灭之日为限,可以撤销关于该组织设立的许可。

5 都道府县知事等在依据第178条中准用的第28条第3款规定组织成员请求召集全体大会的场合中,理事长以及监事不召集全体大会的,基于这些组织成员的申请,应当召集全体大会。在第180条第4款中准用第28条第3款规定,因此总代表请求召集全体代表大会的场合中,理事长以及监事不召集全体代表大会的,亦同。

6 都道府县知事等在依据第175条第3款中准用第23条第1款规定的组织成员请求解任理事或者监事的场合,和组织没有统计这些组织成员投票的,基于这些组织成员的申请,应当将这些组织成员的投票计入票数。依据第181条第3款中准用第23条第1款规定的,组织成员请求解任总代表的场合中,组织没有统计这些组织成员投票的,亦同。

7 都道府县知事等在组织成员得到全体组织成员1/10以上同意,以全体大会、全体代表大会的召集程序或者决议方法以及管理人员、总代表选举或解任的投票方法违反本法或章程为由,请求撤销该决议、选举、当选或者解任的投票的场合中,认为存在上述违反事实的,可以撤销该决议、选举、当选或者解任的投票。

(融资等)

第215条 国家以及地方公共团体对组织尽力提供用地分割项目所需必要的融资或者斡旋和其他援助。

(技术性援助请求)

第216条 组织或者欲设立组织者,为了准备实施或者实施用地分割项目,可以向国土交通大臣以及都道府县知事等请求具有用地分割项目相关专门知识的职员提供技术性援助。

2 都道府县知事等认为有必要提供前款规定的技术性援助的,可以请求中心的必要协助。

第六编 其他规定

(意见书等的提出期限的计算等)

第217条 依据本法或者基于本法之命令的规定,应当在一定期限内出具的意见书或其他的文书,通过邮政或者民间从业者送达书信的法律(平成14年法律第99号)第2条第6款规定的普通书信邮送从业者或同条第9款规定的特定书信邮送从业者的同条第2款规定之书信邮件提出的情形下,邮送所需时日不计入期限内。

2 根据前款文书的规定,在其提出期限届满后,有理由应当受理的,可以受理。

(审查请求)

第218条 下列处分或者不作为的情形下,不得提出审查请求:

一、第9条第1款、第34条第1款、第168条第1款或者第183条第1款规定的许可;

二、第11条第3款(包括第34条第2款中准用其的情形)或者第170条第3款(包括第183条第2款中准用其的情形)规定的通知。

2 公寓重建组织、公寓用地出售组织、用地分割组织(以下简称组织)或者个人实施者不服基于本法所为处分或其他公权力行使相当的行为的情形下,可以对都道府县知事等提起审查请求。这种情形下,都道府县知事等适用关于行政不服审查法第25条第2款以及第3款、第46条第1款以及第2款、第47条和第49条第3款规定的,视为组织或者个人实施者的上级行政厅。

(权限委任)

第219条 本法规定的国土交通省大臣的权限,依据国土交通省省令规定,可以将其一部分委任于地方整备局长官或北海道开发局长官。

(政令委任)

第220条 本法律特别规定的内容之外的其他为实施本法所必要的事项,在政令中规定。

(过渡措施)

第221条 基于本法规定制定或者修订废止政令或者国土交通省省令的场合中,分别在政令或者国土交通省省令中,在伴随其制定或者修订废止被合理地判定为必要的范围内,可以规定所需的过渡措施(包括罚则相关的过渡措施)。

(事务区分)

第222条 依据第9条第7款(包括第34条第2款、第45条第4款、第50条第2款以及第54条第3款中准用其的情形),第11条第1款(包括第34条第2款中准用其的情形),第14条第3款(包括第34条第2款中准用其的情形),第25条第1款、第38条第5款、第49条第3款(包括第50条第2款中准用其的情形),第51条第4款以及第6款,第97条第1款和第171条第1款(包括第183条第2款中准用的情形)的规定属于町村处理的事务,即地方自治法(昭和22年法律第67号)第2条第9款第2项规定的第2号法定委托事务。

第七编 罚 则

第 223 条 组织的管理人员、总代表或职员、个人实施者(个人实施者是法人的情形下,为其管理人员或职员)或审查委员(以下简称组织的管理人员等)收受、强行索取或串通收受职务相关贿赂的情形下,处 3 年以下有期徒刑或 300 万日元以下罚金。对因此而实施失当的行为或者不作为的主体,处 7 年以下有期徒刑。

2 组织的管理人员等在其在职期间受请托实施职务上的失当行为,或者以不妥当行为收受、强要、串通收受贿赂的,处 3 年以下有期徒刑。

3 组织的管理人员等收到关于其职务的请托,为第三人提供或约定提供贿赂的,处 3 年以下有期徒刑或者 300 万日元以下罚金。

4 没收犯人或者知情的第三人收受的贿赂。其中全部或者一部分无法没收的,追缴该价格。

第 224 条 提供或者提议、约定前条第 1 款至第 3 款规定的贿赂者,处 3 年以下有期徒刑或者 100 万日元以下罚金。

2 犯前款罪者自首的情形下,可以减轻或者免除其刑罚。

第 225 条 组织如有下列情形之一者,对实施该行为的管理人员或者职员处 20 万日元以下的罚金:

一、要求提出第 97 条第 1 款、第 160 条第 1 款或者第 213 条第 1 款规定的报告或者材料,不提出报告或者材料,或者提出虚假报告、材料的;

二、违反第 97 条第 2 款、第 98 条第 3 款、第 160 条第 2 款、第 161 条第 3 款、第 213 条第 2 款或者第 214 条第 3 款规定的都道府县知事等命令的;

三、拒绝或者阻碍第 98 条第 1 款、第 2 款,第 161 条第 1 款、第 2 款,或者第 214 条第 1 款、第 2 款规定的都道府县知事等的审计的。

第 226 条 个人实施者符合下列各项某一项的情形下,对实施了该行为的个人实施者(个人实施者是法人的情形除外)或者属于法人的个人实施者的管理人员、职员处 20 万日元以下罚金:

一、要求提出第 97 条第 1 款规定的报告或者材料,不提出报告或者材料,或者提出虚假报告、材料的;

二、违反第 97 条第 2 款、第 99 条第 1 款规定的都道府县知事等命令的;

三、拒绝或者阻碍第 99 条第 1 款规定的都道府县知事等的审计的。

第227条　不报告第114条第1款规定的报告,或者实施虚假报告者,处20万日元以下罚金。

第228条　法人的代表人或者法人、自然人的代理人、雇员、其他从业人员实施了违反该法人或者自然人业务或者与财产相关前三条规定的行为的,除处罚行为人之外,对该法人或者自然人课以各条主文之刑罚。

第229条　如有下列情形之一,对实施了该行为的组织的理事、监事、清算人处20万日元以下罚款:

一、公寓重建组织经营公寓重建项目之外的项目;

二、公寓用地出售组织经营公寓用地出售项目之外的项目;

三、用地分割组织经营用地分割项目之外的项目;

四、违反第24条第8款(包括第126条第3款以及第175条第3款中准用其的情形)规定的监事兼任理事或者组织职员的;

五、违反第28条第1款、第3款或者第4款(包括第31条第4款、第129条、第131条第4款、第178条以及第180条第4款中准用其的情形)的规定没有召集全体大会或者全体代表大会;

六、违反第34条第3款、第38条第3款、第134条第3款、第137条第3款、第183条第3款或者第186条第3款的规定;

七、在第40条或者第42条(包括在第138条以及第187条中准用这些规定的情形)规定的材料中没有记载应当记载事项,或者记载失实;

八、违反第41条(包括在第138条以及第187条中准用其的情形)的规定处分组织的剩余财产;

九、违反第95条第1款、第158条第1款或者第211条第1款规定没有准备这些规定要求的簿册材料,或者在这些簿册材料上没有记载应当记载事项,或者记载失实;

十、违反第95条第2款、第158条第2款或者第211条第2款规定拒绝这些规定要求的簿册材料查阅;

十一、对都道府县知事等或者全体大会、全体代表大会,不实申请或者隐瞒事实;

十二、没有依据本法规定公告,或者不实公告。

第230条　违反第28条第5款(包括在第129条以及第178条中被置换后准用其的情形)的规定,没有为理事或者监事的选举、选任召开全体大会者,处20万日元以下罚款。

第231条 个人实施者如有下列情形之一,对该行为的个人实施者(个人实施者是法人的除外)或者属于法人的个人实施者的管理人员、清算人处20万日元以下罚款:

一、违反第50条第2款中准用第45条第3款规定;

二、违反第54条第2款规定;

三、违反第95条第1款规定没有准备簿册材料,或者该簿册材料上没有记载应当记载事项,或记载不实;

四、违反第95条第2款规定拒绝簿册材料查阅;

五、没有依据本法规定公告,或者公告失实。

第232条 违反第8条第2款、第119条第2款或者第167条第2款规定在其名称中使用公寓重建组织、公寓用地出售组织或者用地分割组织字样者,处10万日元以下罚款。

(责任编辑:张凇纶)

评论综述

走出“违法建筑之恶”

——王洪平教授新著《公私法交融视域下的违法建筑问题研究》短评*

高圣平**

|摘　要|

违法建筑问题兼涉公法问题与私法问题。公法和私法是交融的,公法和私法即使在效力上有所区别,但也并非完全对立。面对违法建筑这一现代城市治理中的两难命题,既要从教义学的立场回应司法难题,又应关照现实、深刻反思,致力于寻找解决这一命题的“中庸之道”。从避免不同领域的学术研究群体对某一法律问题贸然得出“法律冲突”结论的角度来说,对同一问题从不同视角进行跨法域探讨,有助于形成部门法效力“中间地带”的学术共识。王洪平教授的这本大作,或许可成为推动这种学术共识形成的引玉之作。

|关键词|

违法建筑之恶　公法管制　私权保障　现实关照

|目　次|

2012年12月4日,习近平《在首都各界纪念现行宪法公布施行30周年大会上的讲话》中指出:“我们要依法公正对待人民群众的诉求,努力让人民群众在每

* 王洪平:《公私法交融视域下的违法建筑问题研究》,中国人民大学出版社2020年版。

** 高圣平,中国人民大学法学院教授、法学博士,博士生导师。

一个司法案件中都能感受到公平正义,决不能让不公正的审判伤害人民群众感情、损害人民群众权益。”不公正的审判之所以产生,既可能归因于个别裁判者故意枉法的行为,亦可能因为法律的模糊语义让裁判者对法律解释的路径和结果出现了误判。即使在公法或者私法的某一部门法内部,裁判者将特定的事实准确涵摄到相关构成要件下就已非易事;当某一案件同时涉及公法与私法的适用且存在法律解释难题时,如果裁判者的法律素养和专业能力不足,就更可能陷入非此即彼的效力误判。我国传统的法学研究进路,往往采单一的部门法视角。在对公私法关系的认识上,民法学者的第一印象往往是:公法和私法是泾渭分明的,私法存在的价值之一就是为了抑制公权保障私权。但我们很少去深入地追问:公权和私权是否真的时常发生冲突,违反公法是否就一定丧失私权?公法管制目标的实现和私权保障之间是否可以和谐共存?读完王洪平教授出版的《公私法交融视域下的违法建筑问题研究》一书,笔者在对上述问题豁然开朗的同时,也被书中知识分子的家国情怀和学术担当所深深打动。

一、公法管制勿忘私权保障

违法建筑问题兼涉公法与私法问题。违法建筑因违反公法而形成公法责任,建造人面临着公法制裁,违法建筑也面临着被拆除的窘境。在公法制裁客观存在的情况下,违法建筑可否如合法建筑一般因建造而产生所有权?以违法建筑为标的的负担行为和处分行为是否有效?是否能如合法建筑一般受到私法保护?在该书中,作者对上述问题一一作出了回答。一般而言,直接切入教义学的维度来回答上述问题,是一种稳妥的论述路径。但该书的作者却另辟蹊径,首先从公法和私法的关系展开论述,这样的布局也体现了作者追求学术创新的雄心。

从司法实践中的民刑交叉问题就可以看出,公法的效力并不一定排斥私法的适用。但涉及民法和行政法的交叉适用时,这一命题该如何解读就令人犹疑。鉴于此,作者用第一章来夯实一个论证前提:公法和私法是交融的,公法和私法即使在效力上有所区别,但也并非完全对立。虽然公法、私法概念在罗马法中就得以区分,但对于如何界定二者的内涵、二者之间究竟是何种关系等问题,时至今日在学界仍然存在诸多争议,不乏认为公私法的区分没有任何意义的观点。如拉德布鲁赫所言,公法与私法其实都是先验的概念,公法和私法的价值关系服从于历史的发展和价值观。作者在书中第一章亦从价值理性和历史发展两个方面开展了论证工作,这亦与拉德布鲁赫的观点相契合。而且,作者更进一步,首先以哲学的视角对公私关系进行了论述,在此基础上得出了公私法并无本质区别,两者仅能从现象特征上予以表象区别的初步结论。既然只能根据现象特征进行区分,那么区分的标准就不可能是单一的,而应当是一种“多层标准体系”。通过对这一标准的阐明,作者认为,公私法划分的真正意义,主要在于对实证法分别按公私法进行归属时表明法律共同体对某一法律赋予的理念期待。在应然的角度,法秩序从规范目的、概念构造、事实评价、规范效力、法律解释等方面应当具有统一性(而非“同一性”)。此外,现代法律还呈现一种公法成为私法规范的形成性要素和事实评价重要规范依据的发展趋势,这也进一步阐明了作者在书名中使用的“公私法交融”概念之内涵。在该章最后,作者话锋一转,提出了公私法的对接和脱离问题。作者用实证的方式告诉我们,当不同的法律规范共同作用于同一社会事实时,由于法律概念的不统一,就会发生不同法律规范之间的法效力如何对接的问题。作者真正想表达的意思于此豁然揭明:即使公私法是一种交融的状态,但对特定事实的法律效力仍应严格甄别是属于公法效力还是私法效力,不能因公私法的对接而将两者的效力“混同”。

作者用第一章奠定了其论证的理论基础之后,从第二章开始正式对违法建筑所涉及的法律问题进行讨论。如果说第一章是“天马行空”的,从第二章开始作者则又“脚踏实地”地回到地面,站在教义学的实证立场上展开了论述。作者展开论述的路径遵循了学术传统,在对违法建筑的概念进行严格界定之后,用多个维度探讨了违法建筑是否有所有权的问题。在得出了违法建筑具有所有权的结论后,作者便以此为进一步展开论述的前提,开始深入地探讨违法建筑所涉及的行政处理、私法处分和司法处分等具体问题。作者通过多视角的论述,得出了违法建筑之上也应当存在所有权这一教义学结论。这一结论至少会对公法产生两个反射效应:其一,既然违法建筑承载了私权,那么公法在处理违法建筑时既应该依法行政,又需要注意执法尺度,以避免不当侵犯私权;其二,澄清了从公法角度对违法建筑进行多样化处理的法理依据。如果违法建筑上无所有权,那么“拆除”就成为不二选择。既然违法建筑上有所有权,对于违法建筑的行政处罚手段就不应局限于拆除这一手段,而应当进行类型化处置,只有违法建筑对公益产生实质性妨碍时才应予以拆除。同时,按照作者的观点,站在私法的立场,既然违法建筑有所有权,那就应受到私法的保护和以私法上的各种方式予以处分。此时,需要考虑的是,对象的“违法性”是否会导致处分和保护具有不同于合法建筑的特殊性。作者并未忽视这个问题,而是以本国法秩序为依托,抽丝剥茧地对违法建筑涉及的重点私法问题逐一进行剖析论证。我们也可以在作者论证的过程中,清晰地辨识到违法建筑所涉及的私法关系是否会因公法的介入而发生实质性变化。

二、依法治理亦须关照现实

对于司法实践中的“违法建筑”问题,该书的论述可以澄清许多认识误区,也可以帮助律师、法官在“同案同判”的要求下辨识出合理的裁判路径。不过,该书所呈现给我们的现实意义并不尽于此。如果说从教义学的立场回应司法难题是从该书标题中一眼即可看到的应有之义,那么该书所承载的其他层面的现实意义可能亦值得我们重视。我们知道,由于违法建筑可能与特权、腐败相勾连,导致民意对违法建筑基本上是一片喊打喊杀之声。在“追责”成为公权力机关时常敲响的警钟的当下,“拆违”往往是公权力机关在处理违法建筑时采取的貌似稳妥的途径。然而,就如作者在绪论中所说,现代城市治理面临着一个颇为纠结的两难命题:一面是“居者有其屋”的民生保障问题,另一面是公益的实现问题。破解这一两难命题可能具备以下重要现实意义:

1. 进一步展现执政者的治国理政水平,有助于增强道路自信。党的十九届四中全会把坚持和完善中国特色社会主义制度、推进国家治理体系和治理能力现代化作为全党的一项重大战略任务。对违法建筑的处理,无论是通过行政途径还是司法途径,最终都会被认为与执政者的国家治理水平紧密关联。上面提到的两难命题并非仅仅在中国存在。如果我国能够在立法和司法层面上对此问题进行完美的回应,无疑是可以清晰地展现我国制度的绩效,凸显我国制度的价值。

2. 缓解社会矛盾,减少社会不稳定因素。现实存在的高房价问题,确实让部分存在住房刚需的民众对作为合法建筑的“大产权房”望而却步,这一社会现实无疑是催生“小产权房”这一中国特色违法建筑的背后动因。如果对于“小产权房”等违法建筑只是一拆了之,既缓解不了刚需人群的住房需求,又容易滋生社会不稳定因素。

3. 节省社会成本,扩张地方政府的增收渠道。即使违法建筑违反了公法,但违法建筑的建造确实耗费了大量的金钱成本和时间成本。对违法建筑一股脑地采用拆除的方式“赶尽杀绝”,在某种意义上属于资源的极大浪费。如果能寻找到使违法建筑在法律允许的范围内得以保留的路径,那么既可以避免社会资源的浪费,又可降低部分住房刚需人群的购房成本。此外,在特定情况下,地方政府甚至可以对违法建筑采取没收再出卖的方式,亦可以在某种程度上增加政府的收入，缓解地方政府的财政压力。

可见，无论是对执政者和地方政府、对社会、对个人，解决这一两难命题所带来的积极意义是显而易见的。虽然作者并未对此大书特书，但从书中时不时散发的理想主义气息来看，这也是作者致力于解决这一命题的“中庸之道”，探究行走于这条道路上“交通规则”的深层动力。知识分子素有“位卑未敢忘忧国”的家国情怀，虽然知识分子的一些设想被批判为过于理想主义和纸上谈兵，但理想主义本身何尝不是知识分子回馈社会的担当方式。就该书所述的这一两难命题而言，即使作者在书中的种种设想在现阶段不能实现，只要有识之士能认识到解决这一问题的价值，那作者悲天悯人的情怀即可称得上是得其所哉了。

三、要专业更要“视界融合”

作者对违法建筑问题的研究主要是解释论层面；其所面对的法律既包括民法规范，还包括行政法和刑法规范。作者对法律解释方法运用自如，使其虽然作为私法学者但对公法进行解释时亦游刃有余。同时，作者并未就法条而论法条，而是围绕着社会现状和司法实践中的大量案例进行探讨，使其论证更显得厚重和言之有据。当然，作者也不能免俗地在书中提出不少“建议”。值得注意的是，相关建议并未落入窠臼，而是糅合了立法论和解释论。例如，作者认为，为了促使违法建筑拍卖的顺利进行，在建立起要求行政机关主动配合的制度的同时，还应当要求法院裁定拍卖时主动作为，向行政机关查询以进行配合。这样的解决方案，避免了跳过解释论直接向立法论逃遁的轻率做法，确保了其建议根据现行法具有实操性的可能。

从研究方法来看，该书并未完全拘泥于规范分析，面对不同的问题，作者也适时采用法哲学和法经济学的方法。作者本人曾经有过 10 年的法理学从教经历，其在从教过程中的法哲学积淀，无疑为该书展开多视角论述奠定了良好基础。如果仅仅是围绕着西方法哲学进行论述也就罢了，作者在论述过程中还大胆地采用中国哲学来作为论证工具，使读者对一些问题觉得言之有理的同时也有耳目一新之感。我国法律主要是继受西方而来，而哲学在西方法律形成过程中的推动作用功不可没。作者用中国哲学来解读我们继受的西方法律规范，无疑是一种非常有趣的尝试，在部门法研究领域比较罕见。虽然我们无法预计这种研究方式在部门法研究领域能够获得多少认同，但作者这一“离经叛道”的做法，或许可以为我国部门法研究中如何开辟具有中国特色的新道路激发新的灵感。当然，读完此书，亦能发现令人意犹未尽之处。例如，在绪论中作者指出，该书所论之所以立足于公私法交融的视域,旨在化解调和公私法在违法建筑规制上的冲突。但公法和私法之间、公权和私权之间究竟是否存在实质冲突?公法和私法之间能否抽象出保证对接妥当性的合理范式?维护公益与保障私权之间真的是一种对立关系吗?不分语境地谈抑制公权、保障私权是放之四海而皆准的真命题吗?作者在书中对上述问题未予正面回答,但诸问题实在不乏进一步追问的价值,也有待作者和学界同人更进一步拓展研究。

中国的法学研究似乎呈现着一种"恪守边界"现象,公法学者和私法学者甚少跨领域研究法律问题。在部门法和法理学研究上,则体现为部门法学者乐于进行法条解释,法理学者却钟情于畅谈法哲学问题。总的来说,跨法域进行学术合作的研究成果比较少见,单一作者跨法域研究还可能给人留下"自不量力"的观感。这样的研究模式固然可以解释为对学术专业度的尊重,但同时也潜藏着一些值得深思的隐忧:单一的研究视角是否会凝滞学术研究在纵深向度的拓展,是否会阻碍法律规范和法律精神的有机统一,是否会削弱学术成果通过实践检视的可能?对这些的追问,可能需要由"将来的历史"来回答。但无论如何,从避免不同领域的学术研究群体对某一法律问题贸然得出"法律冲突"结论的角度来说,对同一问题从不同视角进行跨法域探讨,相信有助于形成部门法效力"中间地带"的学术共识。这种学术共识的形成应能消弭不必要的争议,助力于中国实际问题的妥当解决。要做到这一点,就需要公法学者和私法学者之间、部门法学者和法理学者之间,甚至于法律学者和经济学者之间更多地通力合作。在此意义上,王洪平教授的这本大作,或许可成为推动携手共进局面形成的引玉之作。

(责任编辑:曹益凤)

法学研究的实践逻辑和人文关怀

——评王洪平新著《公私法交融视域下的违法建筑问题研究》*

耿　卓**

建筑是人类演进发展的伴生物，是人类文明的载体和组成部分。无论是偏远乡村还是繁华都市，都离不开建筑的构成与形塑。建筑是一个人造的社会事实，而违法建筑则是一个法秩序下的制度事实。社会事实与制度事实交织纠缠的属性，使违法建筑的法律地位晦暗不明，对其的处置也成为考验治理者的两难命题。一方面，违法建筑具有在经济、社会意义上为广大民众提供居住保障的功能，这是社会事实属性所决定的；另一方面，违法建筑因其违反法秩序而侵害了环境、卫生、交通和安全等公共利益，这是制度事实属性所决定的。这一两难命题能否调和、如何调和，必须要在法治框架下给出答案。理论界和实务界作了大量探索，为后来者奠定了较为坚实的基础。

法律界对违法建筑作了一定的研究，既有实务案例研究，也有理论制度研究。在这种情况下如何进一步开展研究就成为研究者必须首先面对的问题。烟台大学法学院王洪平教授早在 2014 年就对违法建筑问题作了专题研究；[1] 在多年之后再写一部同主题的著作，如何超越而不是重复自己，就成了作为研究者的他还要继续回答的问题。王洪平教授用 30 余万字的《公私法交融视域下的违法建筑问题研究》（以下简称新著），作出了回答。

在通读王洪平教授的这部新著后，我尝试对他的回答进行分析，给出自己的观察，提出自己的思考，撰成此篇小文以求教于同人。

---

* 基金项目：国家社科基金一般项目“城市更新中老旧住宅小区重建的私法构造研究”（20BFX112）。
王洪平：《公私法交融视域下的违法建筑问题研究》，中国人民大学出版社 2020 年版。

** 耿卓，广东外语外贸大学土地法制研究院和法学院教授、博士生导师，法学博士。

〔1〕 参见王洪平：《违法建筑的私法问题研究》，法律出版社 2014 年版。

一、新著的学术进路与研究特点

(一)研究进路概述

在我熟识的民法学人中,王洪平教授的学术进路颇有特点。他并不把自己局限于某个专业之中,而是以问题为导向,解决问题需要什么专业知识就运用什么专业知识,而且值得称道的是有能力调动所需专业的知识基础、分析方法。对违法建筑这一私法只言片语、公法简单处置从而"偏安一隅"的实践问题,倾注了极大的心力,充分体现了上述的学术进路。这种学术进路在新著中表现为从问题出发、追根溯源、步步为营、渐次展开,最后水到渠成,给出制度方案。

在"绪论"中,作者娓娓道来,从人类的初始阶段,到家庭组织的形成,再到流动的居住,最后从乡村到城市的这一最典型、最高级的建筑居住形态,深刻地认识到"规划理性与建筑自由二者间存在的张力",进而从伦理学、哲学层面对所谓"恶"的违法建筑作出独到解读,引出法律上的公私之辩,为全书的框架分析厘清了思想渊源。

新著第一章对"公法与私法"的复合性关系作了梳理和阐释,在法秩序的统一性中进行定位,较为系统地总结了公法对私法的规范效应,结合主题从若干主要领域对公法与私法的对接与隔离作了简要的解析,为违法建筑的法律问题研究提供了分析工具。作者在第二章创造性地提出违法建筑"正义",与相关概念作了富有说服力的辨析,并从不同角度、不同层面的分类论述为"正义"作出注解。新著第三章对违法建筑所有权这一基础性问题作了系统论述,作者回溯了所有权的诞生以及多样化的分类,针对五种观点逐一作了批驳,并就与作为"第三种权利"的占有权进行厘清,最后在法规范层面证成违法建筑与物权法定原则的相容性作了论证,从而对自己的观点(违法建筑上存在所有权)作了全面论证。以此为基础,作者进一步从教义学的规范层面和合法财产保护的价值层面对违法建筑原始取得进行论证。

新著第四章至第六章承接前述分析框架和逻辑进路,从不同角度(公法和私法)以及不同阶段(从诉讼前的公法、私法处理到司法阶段的处理)对违法建筑处置这一中心问题作了深入论述,条分缕析、丝丝入扣。接着,第七章解决对本身很重要但游离于其逻辑主线的违法建筑相邻关系纠纷这一"周边"问题,从实体和程序作了完整论述。

最后,新著第八章旗帜鲜明地提出对违法建筑进行公私法保护,并在"余论"部分拟定了制度方案,实现了对理论命题的规范化彰显和研究初衷的超越式回归。

（二）研究特点总结

违法建筑的公法管制旨在维护公益，而违法建筑的私法保障旨在成全私益。违法建筑的“公”“私”纠结，在法律上即体现为对违法建筑予以公法上之管制和对违法建筑予以私法上之保障二者间的冲突与调和。新著立足于公私法交融的视角，以期实现公法、私法在违法建筑规制上冲突的调和与化解。“致广大而尽精微，极高明而道中庸”，作者的“企图心”可见一斑。基于作者的研究进路和学术企图心，我发现新著具有较为鲜明的研究特点，尝试作以下归纳。

1. 公法与私法交叉融通

公私法作为传统的经典的法律分类对整个法律思想观念、制度设计甚至超越法律领域发挥着重大影响。不过，法学发展到今天，纯粹民法/私法早已不复存在，即使是《民法典》，其中也有大量公法规定涌入，公法的观念也蕴含其中；纯粹的公法似乎也渐渐远去，私法观念和规则不断融入公法的底层逻辑和制度规范。公法与私法的交叉融通是公法、私法关系的新形态，已经成为法学界的流行话语：虽然选取什么作为切入点、如何实现两者的交叉融通等并未达成共识，[2]但不同学科背景的学者在同一话语下作出极不相同的阐释和探索，大大丰富和深化了对这一议题的认识。

新著在这方面作出了自己的解读和探索。作者选取的研究主题——违法建筑，是实现公私法交叉融通的恰当妥帖的切入点，正如新著分析的那样，违法建筑蕴含了公益和私益、建筑自由和规划管制的内在张力。如新著题目所言，在公私法交融视野下开展对违法建筑法律问题的研究，不仅是新著的特色，更是该研究主题所必需的，这一点在研究观念、研究思路结构和研究内容上都有鲜明的体现。新著以自由建筑突破规划管制而形成违法建筑为研究基点，并从分类、所有权及其取得、行政和私法处置、公私法保护等方面进行夯实，努力实现公私法的有机交融。

2. 实体法与程序法交织

实体法与程序法的同生关系源远流长。在古罗马，《盖尤斯法学阶梯》确立的人、物和诉讼体例，影响深远。不仅如此，在罗马私法中，实体的民事权利和制度往往是通过执法官在诉讼程序中的创造性活动加以创制和确立的。随着经济社会的发展和科学思维、理性思维的强化，法律特别是法学的演化呈现日益精细

---

[2] 从术语概念来看，既有公私法的交叉、融合、交融等，也有公私法的接轨，还有公法私法化、私法公法化等，不一而足。

化、分化的特点,学科专业壁垒也得到强化。打破专业壁垒,把本来就交织共生的实体法与程序法统合起来,对问题展开整合性研究是问题导向的必然要求。〔3〕

作者融汇公法、私法基础理论和基本制度规则,充分利用其法律实务经验和知识,对违法建筑处置的实体法规范和程序法规程进行一体化论述,并对违法建筑上权利人在民事诉讼和执行中的地位予以明确,为读者呈现了违法建筑问题及其解决的全貌。

3. 解释论与立法论交替

解释论和立法论在法律发展中交替出现,发挥各自不可替代的作用。解释论的尽头是立法论,立法论的检验在于解释论。在建设中国特色社会主义法治体系的新征程中,大规模立法的阶段已经过去,立法论应让位于解释论,成为法学研究的主流。〔4〕 虽然如此,从法律发展的历史逻辑和我国正处于新时代、迈向新征程的历史方位来看,立法论仍有其不可替代的价值和作用。

解释论主要表现为法教义学方法。新著从违法建筑的概念构造,到其上所有权的原始取得,再到处置方案的采行,都始终坚持法教义学方法的运用。规范的原则性、解释的多元性以及各地和各级部门的做法不一,都要求价值引导下的立法论出场。作者在新著中以《违法建筑处理条例(草案)》作为"余论"结尾,从而使整个论述形成一个从解释论到立法论的闭环。

二、新著的问题意识与实践逻辑

(一)立足中国现实的问题意识

近一个半世纪以来,中国人文社科领域的学术论题,基本上是唯西方学界"马首是瞻","翻译—学习—中国化"这个快三步或者慢三步的主旋律始终没有大的改变。久而久之,我们就产生了一种错觉,似乎近现代的"中国文化"就是西

---

〔3〕 也有学者对此提出担忧,认为即使要"在实体法中一并设立程序规范,前提是已充分了解相关程序原理。参见严仁群:《实体法:请慎入程序法之域——以民事责任竞合为例》,载《法律科学(西北政法大学学报)》2010年第3期。

〔4〕 陈甦:《体系前研究到体系后研究的范式转型》,载《法学研究》2011年第5期;肖建国:《从立法论走向解释论:〈民事诉讼法〉修改的实务应对》,载《法律适用》2012年第11期;姚辉:《当理想照进现实:从立法论迈向解释论》,载《清华法学》2020年第3期;熊琦:《中国著作权法立法论与解释论》,载《知识产权》2019年第4期。此外,还有部分期刊组织专题研讨,如傅郁林:《法学研究方法由立法论向解释论的转型》,载《中外法学》2013年第1期;张新宝:《侵权责任法学:从立法论向解释论的转变》,载《中国人民大学学报》2010年第4期;朱庆育:《"立法论"与"解释论"的中间时刻》,载《云南社会科学》2019年第5期。

方文化的中国化,即便我们使出洪荒之力,中国文化似乎都是落后于西方文化的。原因何在?答案实际上很简单,就是亦步亦趋者必然步先行者之后尘。如何突围?方法其实也很简单,那就是植根于中国大地,提出和研究实践问题。中国的现代化实践实际上已经站在了这个全球化时代的高点和前沿,中国问题本身就是世界性的时代问题,为求解中国问题而进行的学术探索本身就处于世界学术的前沿,我们为什么还要舍本而逐末呢?“把学问写在祖国大地上”不是故步自封的国粹论,而是向我们每位法律学人吹响的集结号,号召我们发现中国实践问题、研究中国实践问题、求解中国实践问题。

违法建筑问题就是一个重要的中国实践问题,以此为题展开体系性专题研究,体现出作者具有强烈的“中国意识、问题意识、实践意识”。〔5〕尽管违法建筑问题是全世界普遍存在的共性问题,〔6〕各国和地区也通过立法、行政等各种措施进行整治,但囿于国情、土地制度、社会文化等差异,各国和地区的违法建筑问题及其处理都有各自的特点,这种特殊性在我国至为明显。〔7〕我国社会主义基本制度下的城乡、土地二元体制,从计划经济到市场经济的社会转型、从市场对资源配置的基础性作用到决定性作用的高质量发展,改革开放后从城镇化到新型城镇化的快速推进,法律体系、法治建设从法制到法治,从依法治国入宪到全面依法治国,从人民日益增长的物质文化生活需要到对美好生活的向往,深刻影响着违法建筑问题的实践表现和具体样态。研究的实践意识和实践逻辑,要求违法建筑问题研究应置于新时代中国的时空背景下,应立足于中国社会实践的现实基础上,而不是陶醉在概念的“天国”中自说自话、自得其乐。新著的前述特点也体现出作者强烈的问题意识,对实践逻辑的遵循。

(二)理论研究的实践逻辑

“理论是灰色的,唯生命之树常青!”社会科学理论研究尤其应在实践中形成,在实践中提出,植根于生动的社会生活,如此才可能有旺盛的生命力。理论创新和理论自觉需要理论自信,理论自信则源于理论经过实践检验。要从实践中总结、发现真知,进而指导科学的立法设计和制度构建,就必然要求理论研究以实践为中心,在研究原则、研究立场、研究程式、研究方法和研究路径等各个环节和步骤上坚持和贯彻实践逻辑,需要总结理论与实践的内在逻辑关系。这就

---

〔5〕徐显明、齐延平:《法理学的中国性、问题性与实践性》,载《中国法学》2007年第1期。

〔6〕陈冰:《国外的违法建筑》,载《中外房地产导报》2006年第10期。

〔7〕有学者对城中村的违法建筑形成原因和特点作了分析。参见于凤瑞:《城中村改造中财产权法律制度研究》,法律出版社2016年版,第162~164页。

要求坚持实践的观点,从我国实际出发,基于对现实国情的深刻把握,在实践中认识真理、检验真理、发展真理,形成独立的学术思想、学术观点,从而获得学术话语权。同时,实践逻辑也强调,理论研究的实践性既是出发点和最终指向,也是检验理论的标准,要求认识和理解实践、检验和修正理论、回应和反映实践。概言之,可以对实践逻辑作以下解析和总结,即以实践为中心,贯彻"实践是检验真理的唯一标准"的研究原则,固守所有政策和理论都"从实践中来,到实践中去"的研究立场,坚守"首先尊重认识实践,其次立足躬行实践,从而反映回应实践,最终规范指导实践"的研究程式,恪守"没有调查就没有发言权"的研究原则,采用从解释论到立法论的研究路径。

作者在新著中充分考量了违法建筑上诸种社会现实因子,从提出并辨析我国独特的违法建筑分类,到对在夹缝中存活、"野火烧不尽"的小产权房的处置,到住有所居及其人的城镇化需求的回应,再到"责令拆除"的"责令改正"、"行政处罚"抑或"行政强制执行"意蕴与没收实物还是没收违法所得之辨,以及违法建筑登记的公法实益分析,无不体现出对社会现实的观照。

试举例对此稍加说明。例如,关于全部违法建筑与部分违法建筑的分类及其分析,新著立足于两者区分的实践意义,重点考察当违法建筑执法面临着"拆除"或者"没收"的行政处罚时的实际执行问题。作者将是否具有可执行性首先纳入考虑范围,进而提出判断是否具有可执行性的关键在于违法建筑是否具有"可分性",主要结合事实和观念两个层面进行判断。这种措施因部分违建是否可分而有不同。对于不具备可分性的部分违建,对违建部分不能实施拆除,只能给予没收的行政处罚;在没收之后,国家不能通过补办相关手续使之合法化的方式进行处置,而是应该启动对于该"部分违建"之其他合法部分房屋的征收程序,通过征收取得该建筑之全部所有权,再对该建筑之全部实施拆除作业。次如,对于小产权房被没收后的处理问题,作者明确提出不能通过没收转为国有而行事实合法化之实,理应回归治理违法建筑的目的,从实现没收之行政处罚的目的即纠正对公益的侵害出发,在符合法秩序统一性的要求下,采取既合乎法理又符合整体法律秩序要求的措施。又如,对违法建筑的登记问题进行多角度论证,从登记的公法实益角度进行补强。完善的违建登记制度,对于人口调查、工商管理、房地产管理等各方面的行政目标的实现都大有助益。不仅如此,借鉴我国台湾地区对违章建筑照章征税的做法,既可以广开税源,也可能因征税而在一定程度上遏制违建之风,甚至在违建登记制度构建以后还可以征收转让时的增值税。再如,违法合同与违建转让合同之效力认定,必然涉及规范为效力性强制性规定还是为管理性强制性规定的识别,而何为"强制性规定"都尚未达成一致意见,对"管理性强制性规定"与"效力性强制性规定"更是缺乏明确的区分。[8] 对这一附加我国现实特点的难题,作者"快刀斩乱麻",提出釜底抽薪式的根本解决之道,采行"无效法定主义",并结合司法实践作了进一步论证。无论是私法规范还是公法规范,只要是成为效力规定,就都必须是在法律条文的表述中明确存在"无效"字样的规定,否则就不属于效力性强制性规定(效力规范),而属于对法律主体之行为自由作出限制、课予行为义务的行为规定(管理性强制性规定)。

相信新著的刊行能为违法建筑这一时代实践难题的解决提供价值的导引、思考的基础、决策的支撑和破解的方案。

三、新著的私权精神和人文关怀

(一)概说

私权精神和人文关怀都是大词,或许可以意会但却难以言传。所谓私权精神,简言之就是承认、尊重私权,肯认私权的独立性、基础性、目的性和优先性,强调平等对待、平等保护,以及私权在一定意义上的不可克减。正如孟德斯鸠所言,国家的建立只有一个目的,就是要使每个人能够保有他的财产。在有关公共利益的问题上,公共利益不是用政治性的法律或法规去剥夺个人的财产,或是削减哪怕是它最微小的一部分。在这种场合,必须严格遵守民法:民法是财产的保障。因此,国家需要某一个人的财产的时候……应当以民法为根据:在民法的慈母般的眼里,每一个个人就是整个的国家。[9] 即使是在征收场合,国家也只是获得一个强制权,仍然是以私人的资格跟私人交涉而已。[10] 所谓人文关怀或人文精神,强调世界以人为中心,[11]是指确认人的尊严是世界的最高价值,对人的自由和尊严的充分保障作为社会发展的最终目的。[12] 人文关怀强调对人的保护,"人的保护"不是目的而是手段,是实现人文关怀的手段,最终目的在于实现

---

[8] 理论界和实务界对此作了大量研究,但似乎并没有达成共识,对实践的指导也未达到预期。有学者对此作了细致缜密的梳理和评述,从中可见一斑。参见朱庆育:《〈合同法〉第52条第5项评注》,载《法学家》2016年第3期。

[9] [法]孟德斯鸠:《论法的精神》(下卷),张雁深译,商务印书馆1961年版,第190页。

[10] [法]孟德斯鸠:《论法的精神》(下卷),张雁深译,商务印书馆1961年版,第190页。

[11] 冯晓青、罗娇:《知识产权侵权惩罚性赔偿研究——人文精神、制度理性与规范设计》,载《中国政法大学学报》2015年第6期。

[12] 杜宴林:《法律的人文主义解释》,人民法院出版社2005年版,第64页。

人的自由及尊严，实现马克思所说的“人的全面解放”。[13] 一言以蔽之，无论是私权精神还是人文关怀，其实质都在于权利的张扬，更在于权力的谦抑。

探讨法律的人文关怀并非在于满足形而上的学术偏好，而是在于解决我国立法和司法实践中的价值选择和判断问题。对于立法，要明确价值取向并以此为指引，为社会主义市场经济和民主政治的发展、为和谐社会的积极构建发挥应有的作用。在具体个案的法律解释和适用中，对于尚不全面的法律条文，在不违背法律基本原则的情况下尽量采取倾向于相对弱势一方的解释。在西方，人文主义传统的核心就在于一切关乎人之生存与发展，一切为了人之生存与发展。就财产权而言，其被认为是人的一种天赋权利，享受财产的权利是人成为人的要件之一，是确保人被当作人来对待的基本权利，体现出对人的生存与发展的体贴与关爱。一方面，财产权为人的物质性生活提供强大的基础与动力；另一方面，财产权又是人的精神性生存的依托。[14]

（二）例说

住宅违法建筑和非住宅违法建筑是处理违法建筑问题的一个重要类型划分，住宅违法建筑的典型是“小产权房”。作者在新著中以整章（第四章）篇幅，就小产权房的行政处理问题作了充分探讨，其所思所想、所述所论处处洋溢着自由平等的人文精神，体现出诚挚深切的人文关怀，体现了作者对底层民生的关注、对民众安居的关切。

作者对违法建筑上所有权的论证，首先回顾所有权起源，从人性论、历史论和法权论夯实所有权的伦理基础，然后比较两大法系上的“浑一性”所有权与“权利束”所有权，对实证法上的所有权类型特别是对完全所有权与不完全所有权这种富有中国特色的分类作了简要分析，澄清了自由所有权与所有权自由的边界，最后批驳了各种违法建筑“无所有权”说，回应了“第三权利”说，扫除了实证法上的障碍，贯彻和弘扬了私权精神。

而对小产权房合法转化与合法化的论证则是体现私权精神和人文关怀的著例。作者给出了九大理由：一是小产权房建设是追逐经济利益之自然理性的选择结果；二是小产权房建设是农村集体对土地所有权平等化的本能追求；三是小产权房建设是农村集体经济组织自发城镇化的体现；四是小产权房交易是实现居者有其屋之生存权保障的途径；五是小产权房交易是推动新型城镇化快速发

〔13〕 王利明：《民法的人文关怀》，载《中国社会科学》2011年第4期。

〔14〕 徐清飞：《物权法的人文精神检讨》，载《法制与社会发展》2006年第6期。

展的重要渠道;六是小产权房问题之症结不在于社会之弊而在于法律之病;七是小产权房问题的解决对于推动当下社会良性转型至关重要;八是小产权房合法化为广开税源推动房产税开征提供了契机;九是小产权房合法化是集体建设用地入市改革的必然要求。

此外,新著还对深圳城市更新中的违法建筑问题进行了简要分析。这个问题主要源于集体土地征转为国有土地(集体土地国有化)过程中对农民集体及其集体成员补偿不到位或处理不彻底。深圳地价的巨大差异,不仅使农民集体及集体成员感觉“统转”补偿不足,而且因其继续占有、使用被“统转”土地,甚至在自己实际可以控制的土地上“种房保地”,掀起违建和抢建高潮,形成大量违法建筑,[15]引发确权难和颁证难。新著为这类问题的解决提供了基本的思路和方案。

作者的论证是雄辩的,立场是鲜明的,语言是犀利的,观点可能是片面却深刻的,从字里行间甚至可以读出作者自信的笃定,从而让人有与他辩论的冲动,我想这也正体现出思辨的乐趣、文字的魅力。

四、法学研究何处去:代结语

(一)未竟的违法建筑问题研究

正如作者指出的,违法建筑现象作为一个社会问题,既涉及公益实现,又涉及私益保障,二者之调和、周旋是一个令人颇为纠结的难题。总的来看,对违法建筑归属研究有外部视角和内部视角,前者以限制剥夺为特点,后者以根本否定为特点,因此前者更可取。前者以公法为工具,后者以私法为手段。两者不可或缺:只有前者没有后者,则缺乏基础;只有后者没有前者,则缺乏秩序。

当然,违法建筑问题的研究并不会因新著的刊行而画上句号。事实上,新著也还有可商可议之处:(1)概念定义问题。一是城市与城乡的分野,“绪论”虽然论及乡村,但落脚点在城市,而概念定义于城乡,稍稍不一致。二是违法建筑概念中设定“城乡规划区内”,排除城乡规划区外。按此界定,违反耕地、生态红线的建造行为、建筑,就非为违法建筑了,那又应是什么?在“多规合一”的国土空间规划体系下,突破原有的城乡(建筑)规划,将研究范畴扩展至国土空间规划可能更有适应力和解释力。这在我国台湾地区也是如此:实质违法建筑系指未依

---

[15] 黄小虎:《城市更新与土地制度改革》,载《中国土地》2016年第6期;宋娟:《关于深圳市城市更新问题的探讨》,载《特区经济》2015年第8期;邹广:《深圳城市更新制度存在的问题与完善对策》,载《规划师》2015年第12期。

“建筑法”及实施都市计划以外地区建筑物管理办法之规定,申领建造执照或杂项执照而擅自建造者。(2)研究领域对象问题,如宅基地使用权人“不按照批准的用途使用土地”形成的建筑。[16] 对于宅基地在满足自己居住的条件下建设多层住宅,多余的住宅用于出卖、出租,是否属于违法建筑,该如何处理?对于宅基地上建设的住宅,既用于农民居住,又用于工商业等非居住用途,是否属于违法建筑,又该如何处理?[17] 上述问题未见作者专门论述,这也是后续研究需要关注的问题点。

(二)公私法交融的法学研究

公法和私法的关系已演变成为一种唇齿相依、互为奥援的形态。而领域法学的提出,[18]既是对传统公私法二元对立格局的突破和挑战,也是对公私法互动协同提出的要求,包括违法建筑在内的财产权理论与立法的公私法混合色彩越来越浓。从具体制度入手,探索公私法的交叉、协调与融合问题可能是一个可行的方法。

笔者在从事土地法和城市更新法制研究时越来越感觉到公私法整合性研究的必要和迫切。城市有自己的生命周期,建筑也会老化,城市更新中老旧住宅小区重建问题必将日益凸显。重建的关键是对土地和建筑物权利重新整合与开发利益分配调整。从重建的流程看,重建的主体中就有公法和私法主体在老旧住宅小区认定以及城市规划和旧城改造中的地位问题;在重建的启动阶段,既有业

[16] 一般是指“不按照政府批准文件上明确规定的用途使用土地,或者不按照上级政府批准执行的土地利用确定的总体规划确定的用途使用土地”。有学者则认为,“不按批准的用途使用宅基地”主要是指在宅基地上兴办企业、建造商品房等违背宅基地使用权目的及功能的严重违法行为。参见崔建远:《物权法》,中国人民大学出版社2011年版,第324~325页。无论哪种界定,都会与新著讨论的违法建筑问题产生交集。

[17] 参见耿卓:《宅基地使用权收回事由类型化及立法回应》,载《法律科学(西北政法大学学报)》2019年第1期。

[18] 学界虽尚未就领域法学达成共识,但领域法学所针对的问题确实客观存在,相信对相关主题的研究不无启发价值。“当今中国,重大领域的社会经济问题愈加呈现出交叉性、整合性和动态性特征,法学学科系统分工精细化与法律现象复杂化之间的矛盾愈加凸显,以问题为中心的整合性、多维度和一体化的研究范式愈加获得重视”。参见刘剑文:《论领域法学:一种立足新兴交叉领域的法学研究范式》,载《政法论丛》2016年第5期。领域法学“融合了部门法学的研究成果,体现的是以问题为导向的法律思维,相比高度抽象的部门法学视角,更具个性、更能包容、更接近实践”。参见熊伟:《问题导向、规范集成与领域法学之精神》,载《政法论丛》2016年第6期。“领域法学研究范式能够实现对类型化方法的弥补与超越、提供去中心化的立体法律发展模式、通过主体间互动的多元共治提供全面而高效的具体问题解决方案,进而实现其功能拓展”。参见吴凯:《论领域法学研究的动态演化与功能拓展——以美国“领域法”现象为镜鉴》,载《政法论丛》2017年第1期。

主申请重建的决议，又有政府的强制决定，对于后者就有政府行使征收权时应如何兼顾私权的问题；在重建的实施阶段，通过政府实施或政府介入时面临诸种难题，如政府以征收方式重建时业主应否分担费用以及分担条件和比例应如何确定，补偿方式如何选择，以及可否以民生保障投入而对重建后的不动产权利予以适当限制，等等。此外，针对深圳城市更新中违法建筑的历史遗留问题，有学者主张，“对‘合法外土地’和‘违建’，可参照‘确权税’的思路，分区、分步推进确权”。[19] 这一思路，就有公私法协力的特点，值得进一步思考。

总之，法学研究的面向是丰富多元的，既有前述的公私法交融的视野，也有实体法和程序法结合的视界，还有立法论和解释论接续的视角；但无论怎样，事实层面的实践逻辑和价值层面的人文关怀总是构成法学研究基座的“大理石”。

（责任编辑：于凤瑞）

---

〔19〕 北京大学国家发展研究院综合课题组：《更新城市的市场之门——深圳市化解土地房屋历史遗留问题的经验研究》，载《国际经济评论》2014 年第 3 期。

违法建筑的效果层次
——评王洪平教授新作《公私法交融视域下的违法建筑问题研究》*

曹相见**

|摘　要|

《公私法交融视域下的违法建筑问题研究》一书从社会人类学角度指出违法建筑是不可完全消除的人性之“恶”,为违法建筑行为人享有所有权提供了事实与价值基础。但该书所持的违法建筑享有不动产所有权的主张,虽然有利于防范来自公法的不当侵害,但是仍有重视动产、不动产区分的观念性从而认真对待动产所有权说的必要。此外,该书对违法建筑公法处置的谦抑主义态度值得赞赏,但在违法建筑的私法效果上有进一步探讨的余地。

|关键词|

违法建筑　所有权　效果层次　公法处置　私法处分

|目　次|

违法建筑,又称违章建筑,是指在城乡规划区内,未取得建设工程规划许可证、乡村建设规划许可证、临时建设工程规划许可证,或者未按照建设工程规划

---

* 王洪平:《公私法交融视域下的违法建筑问题研究》,中国人民大学出版社 2020 年版。

** 曹相见,吉林大学法学院副教授、法学博士。

许可证的规定建造的建筑物，以及超过批准期限未自行拆除的临时建筑物。[1]违法建筑的法律难题在于：公法对违法建筑的强力管制，将产生何种法律上的效果？王洪平教授的新作《公私法交融视域下的违法建筑问题研究》一书试图回答这一问题，其文理性雄辩、酣畅淋漓，提出了自己的创见，但也存在可能值得商榷之处。笔者不揣浅陋，试说一二，以引起争鸣，就教于方家。

一、违法建筑的所有权归属

违法建筑违反了公益特征明显的建设规划，因此容易形成不应享有物之所有权的前见。正因如此，在学术界，虽然肯定违法建筑所有权的大有其人，[2]但否定的主张也是所在多有。[3] 而《俄罗斯联邦民法典》第 222 条第 2 款甚至明确规定，进行违章建筑的人，不取得违章建筑物的所有权。他无权处分建筑物，即无权出售、赠与、出租或实施其他法律行为。

有趣的是，与理论前见的刚性不同，实践的处理要弹性得多。常鹏翱教授将我国的情形概括为“不唯一的认定标准”“弹性的处置措施”“矛盾的征收补偿机制”三个方面：在认定标准上，虽然有无规划许可是违法建筑认定的刚性标准，但受制于我国城乡规划以及规划许可制度发展的实际情况，在没有规划许可时需要根据实际情况来认定，无法一概而论；在处置措施上，不仅限期改正本身具有弹性，一旦规划许可变更，原本应限期拆除的违法建筑也可能适用限期改正；就征收而言，虽然现行法否定了违法建筑所有人的补偿权，但实践中，为了高效推进工作，征收违法建筑给予建造人适当补偿是相当常见的做法，并得到了司法认可。[4]

正因如此，有学者作出了这样的判断：“违法建筑公法管制的不确定性在实践中朝着有利于建造人的方向发展。”[5]那么，何以实践做法与理论前见南辕北辙？笔者认为，主要的原因是，违法建筑无所有权的理论前见一方面忽视了违法建筑上的“内在理性”，另一方面也遮蔽了违反公法管制的私法效果。

---

〔1〕 王洪平：《公私法交融视域下的违法建筑问题研究》，中国人民大学出版社 2020 年版，第 96 页。

〔2〕 杨延超：《违法建筑物之私法问题研究》，载《现代法学》2004 年第 2 期；刘武元：《违法建筑在私法上的地位》，载《现代法学》2001 年第 4 期；黄忠：《违法建筑的私法地位之辨识——〈物权法〉第 30 条的解释论》，载《当代法学》2017 年第 5 期；周友军：《违章建筑的物权法定位及其体系效应》，载《法律适用》2010 年第 4 期。

〔3〕 孟勤国、黄莹主编：《中国物权法的理论探索》，武汉大学出版社 2004 年版，第 349 页；黄刚：《违法建筑之上存在权利吗?》，载《法律适用》2005 年第 9 期。

〔4〕 常鹏翱：《违法建筑的公法管制与私法因应》，载《法学评论》2020 年第 4 期。

〔5〕 常鹏翱：《违法建筑的公法管制与私法因应》，载《法学评论》2020 年第 4 期。

王洪平教授敏锐地意识到了这两个问题。所以,与其他违法建筑研究成果不同,《公私法交融视域下的违法建筑问题研究》一书首先探讨了基于规划管制的建筑秩序的形成。其核心有二:一是从社会人类学的角度揭示了"随意'结庐而居'的自然理性",二是基于城市规划学演进提炼出"被'城墙'围起来的人为理性"命题。其意义在于,为后面的规范分析(或称法教义学分析)提供社科法学视野下的事实与价值。对此,王洪平教授虽然是有意为之,但似乎又对其意义缺乏足够重视,因而只是将其作为"绪论"处理。事实上,由于作者认为违法建筑是不可完全消除的人性之"恶",从而提出违法建筑具有两面性的论断,"绪论"也就成了该书的亮点与贡献,奠定了该书规范分析的事实与价值基础。且看"绪论"的精彩片段:

> "理性是激情的奴隶。"(休谟)之所以如此,乃在于理性永远是"有限理性",理性具有"非至上性";而激情(感情、欲望、感性)却具有无限膨胀性,在感性与理性发生了矛盾对抗上的不可调和性时,感性的激情暴发往往占了上风。这也就意味着,虽然人人都具有理性这一高贵品质,但并不意味着人人或者每个人每时每刻都能用理性驾驭感性,从而过上一种纯粹的理性生活。正是因此,在人类的城居生活中,虽然我们有"规划"这一强有力的理性手段,但我们仍然不能有效避免建筑自由的欲望暴发对建筑秩序的破坏。因而在一定意义上可以得出结论认为,与规划理性相背离的违法建筑现象,是不可完全消除的一种人性之"恶"。[6]

这是对违法建筑无所有权主张的釜底抽薪,因为作者直接击碎了后者的伦理基础,但事实与价值的伦理反击尚无法替代规范分析。为此,作者从公私法的语义学分析开始,提出了"公法私法统一性"的主张,认为公法有公法的理念、规范方式和运作机制,私法有私法的理念、规范方式和运作机制,二者是一种"和而不同"的对立统一关系,而不是用公法"吃掉"私法,把私法统一到公法中去。[7]在王洪平教授看来,遵循法教义学的技术路线,也完全可以得出违法建筑之上存在所有权的结论:

---

〔6〕 王洪平:《公私法交融视域下的违法建筑问题研究》,中国人民大学出版社2020年版,第10~11页。

〔7〕 王洪平:《公私法交融视域下的违法建筑问题研究》,中国人民大学出版社2020年版,第63页。

> 即便法律赋予建造人以违建所有权,也并不等于说对于违建之公法管制即被废弃,公法之管制效果实际上也不会因此而被不当克减。赋予违法财物以私法上所有权之规范意旨,并不在于一味地强调私权之神圣和应受绝对保障之地位,而只是出于法秩序统一性、协调性、衔接性的考虑;赋予违法建筑等违法财物以私法上的所有权,也并不等于赋予该权利以对抗公法上公权实施的“权力”。[8]

当然,违法建筑所有权的规范依据离不开对《民法典》第231条(原《物权法》第30条)的解释。[9] 对此,王洪平教授认为,由于“合法”一词没有限定“拆除”,故无论“合法拆除”还是“违法拆除”,均可导致物权消灭;既然违法行为可以导致物权消灭,当然也可以成为物权取得的原因。因此,原《物权法》第30条规定采取的是“列举+概括”的立法模式,“合法建造”“拆除”只是一种例示性列举,“等事实行为”并不排除“违法建造”。[10] 此种立场原则上应予赞同,但在解释方法上仍然值得商榷:如同严禁传播的淫秽作品是作品一样,违法建造也可以产生所有权,但非法事实并非取得所有权的充分条件,如将他人财产据为己有即不取得所有权。因此,将取得所有权的“事实行为”分为合法、违法两类并无道理,它扩大了取得所有权的事实行为的范围。

当然,即便取得所有权的事实行为不能笼统地分为合法行为与非法行为,但将违法建造个别性地包含在“等事实行为”上也未尝不可,只是此种理解已脱离传统民法的语境罢了。黄忠教授认为,通过扩大解释的方法将“违法建造”包含在“等事实行为”之中的论证思路难以成立,而应将原《物权法》第30条视为具有概括条款性质的转介规范,旨在形成与纷繁复杂之建筑管制规范的沟通。[11] 但事实上,其与前述解释并无本质区别。

顺便说明一下,王洪平教授在书中用较大篇幅来论述“公与私的多维向度”,但与该书的主题关联不大。原本构成该书背景的“公法与私法的交融”部分,除“法秩序的统一性”外,其他结论似乎也无关该书问题宏旨。这体现了王洪

---

[8] 王洪平:《公私法交融视域下的违法建筑问题研究》,中国人民大学出版社2020年版,第174页。

[9] 《民法典》第231条规定:“因合法建造、拆除房屋等事实行为设立或者消灭物权的,自事实行为成就时发生效力。”

[10] 王洪平:《公私法交融视域下的违法建筑问题研究》,中国人民大学出版社2020年版,第178~180页。

[11] 黄忠:《违法建筑的私法地位之辨识——〈物权法〉第30条的解释论》,载《当代法学》2017年第5期。

平教授的发散思维,但在行文结构上不失为一种遗憾。

二、违法建筑的所有权属性

公法管制固然不足以否定违法建筑的所有权,但此种所有权系属何种所有权仍存疑问。理论上至少存在不动产所有权、动产所有权的争论。从物理形态和一般观念上看,在建筑物不构成土地成分的我国,似乎违法建筑属于不动产无疑。[12] 王洪平教授正确认识到了违法建筑与合法建筑在所有权属性上的区别,在对违法建筑动产所有权说批评之后,得出违法建筑应取得不动产所有权的结论;[13]但这一主张值得推敲。

违法建筑动产所有权说存在两种语境:一是认为违法建筑因不具备合法的报建批准手续,故建造人只能对建筑材料享有所有权。[14] 在我国,所谓违法建筑动产所有权说多指此类。二是以能否登记作为动产、不动产的区分标准,将物理上不能移动但无法登记的违法建筑视为动产。此种主张更为新锐和有力,在我国不乏支持者。[15] 第一种语境的本质是否认违法建筑所有权,自问世以来即饱受批评,违法建筑不动产所有权说的火力也多集中于此。对此,笔者亦不敢恭维。遗憾的是,第二种语境在动产、不动产区分的物理标准之外加入观念因素,从而将常人眼中的不动产当作动产来对待,但批评者并未直面这一理论内核。王洪平教授更是认为:至于认为违法建筑物在物之性质上即为动产的观点,在学理上更为荒诞,不足置评。[16]

笔者认为,第二种动产所有权说更具合理性,其理由可以从正反两方面论证,其核心仍是如何化解违法建筑因无法登记而导致的不利后果。

如前所述,违法建筑不动产所有权说是建立在动产、不动产区分的一般观念上,即按照财产是否易于移动的物理特性来区分。但财产的物理属性与财产的社会属性(或称法律地位)之间显然不存在必然的因果关系,二者在法律效果上

---

〔12〕 例如,一种流行的做法是在论证违法建筑应有所有权后,径自认为此种所有权即不动产所有权。参见黄忠:《违法建筑的私法地位之辨识——〈物权法〉第30条的解释论》,载《当代法学》2017年第5期;周友军:《违章建筑的物权法定位及其体系效应》,载《法律适用》2010年第4期。

〔13〕 王洪平:《公私法交融视域下的违法建筑问题研究》,中国人民大学出版社2020年版,第160~162页。

〔14〕 陈文松:《毁损违章建筑引起索赔案件的处理原则》,载《人民司法》1998年第3期。

〔15〕 苏永钦:《违章建筑和小产权房》,载《法令月刊》第4期(2015年);常鹏翱:《违法建筑的公法管制与私法因应》,载《法学评论》2020年第4期。

〔16〕 王洪平:《公私法交融视域下的违法建筑问题研究》,中国人民大学出版社2020年版,第160~161页。

的巨大差异无法通过物理标准本身的分析来解释。[17] 作为法律概念的不动产和动产的划分，除了要考虑能否自由移动的物理要素外，社会作用和经济功能也不可不察，后者的重要性一旦压过前者，不可移动之物就可以被当成动产。[18] 这在比较法史上屡见不鲜，法国法上的预置动产理论即为著例。所以常鹏翱教授断言：只要不动产和动产以法律概念的形式出现，就必然是规范创制者在特定功能引导下，对物理形态不同的物进行的规范分类……既然是规范功能在引导并起决定作用，物理形态上可否移动或是否便于移动，就不是判断某物是否为不动产的根本，在物的用途、社会作用、法律限制等诸种因素的影响下，一定会出现不可移动之物与可移动之物归为同类，能适用相同规范的现象，违法建筑只是这类现象之一，并不足为奇。[19] 我国台湾地区苏永钦教授也认为：从文义出发的动与不动，也就是可移动性的要素，只是基本门槛，而且只拘束不动产——可移动的一定不是定着物，但定着于土地而不可移动的或非经毁损无法移动之物，仍然要从作为与土地并列的不动产不可或缺的某些因素去检验。他主张从客观目的出发，把违法建筑纳入动产的"百宝箱"。而影响违法建筑客观目的的，恰在于违法建筑无法登记的属性：我们大概可以这样说，如果没有登记制度，不仅限制物权的存在价值不高，动产与不动产的区分也变得没有太大必要。[20]

反之，不动产所有权说的本意是在公法效果之外，赋予违法建筑如同合法建筑一样的保护，但这一目的能否实现不无疑问。理由如下：(1)在私法上，违法建筑的不动产所有权由于无法登记，必然与合法建筑的不动产所有权不同。此外，由于违法建筑上仍然存在公法管制，尽管后者的执行不确定，但仍将使此种所有权处于不稳定状态，即会因改正、拆除或没收而部分或全部消灭，根本无法与合法建筑等量齐观。可供参考的是，在我国台湾地区司法实务中，法官创设了所谓的"事实上处分权"，以使违法建筑获得接近于合法建筑的各种权能，但也由此广受批评。关于事实上处分权的问题，苏永钦教授一针见血地指出：因为欠缺有效的公示，根本不是稳妥的交易标的，这才是事实上处分权最大的问题。[21] (2)王洪平教授主张建立违法建筑登记管理制度，这也得到了其他学者的赞

---

〔17〕 尹田：《法国物权法中动产与不动产的法律地位》，载《现代法学》1996年第3期。

〔18〕 常鹏翱：《违法建筑的公法管制与私法因应》，载《法学评论》2020年第4期。

〔19〕 常鹏翱：《违法建筑的公法管制与私法因应》，载《法学评论》2020年第4期。

〔20〕 苏永钦：《违章建筑和小产权房》，载《法令月刊》第4期(2015年)。

〔21〕 苏永钦：《违章建筑和小产权房》，载《法令月刊》第4期(2015年)。

同。[22] 在王洪平教授看来，建立违法建筑不动产登记制度，不仅可以将违法建筑的违法状态在登记簿中予以固定、明示和公示，还可以在公法上对违法建筑开征房产税、增值税，如此重大利好，国家又何乐而不为？[23] 但这种主张或许过于乐观：其一，不动产登记应以权属的确定性为前提，但违法建筑因同时承受公法管制效果，不符合此种确定性的要求，无法提供合理的交易信赖。其二，登记固然有利于违法建筑的管理，但登记本身即也彰显了国家的某种肯定态度，可能起到鼓励违法的效果。两相比较，鼓励违法的作用是主要的，前者则是附带的反射利益。其三，从国家的角度看，针对违法事物的处理，基于罚款等行政手段兼有制裁和收益的功能，无须借助适用于合法事物的税收手段来实现，更何况建立违法建筑登记制度本身也有其制度成本。

如若采动产所有权说，一方面可以避开不动产登记带来的不利后果，使建造人和交易相对人获得弱于合法建筑但相对稳定的信赖保护；另一方面也与违法建筑公法管制的法价值保持一致，可谓恰到好处。

三、违法建筑的公私法处理

王洪平教授在书中详细阐述了违法建筑的公私法处理。就公法处理而言，其在区分程序违建与实质违建的基础上，提出程序违建的"改正方案"，以最大限度地保护违法建筑上的利益。依其主张，对于小产权房，应区分为已建已售、已建在售、在建在售三种类型分别处置：（1）对于已建已售的小产权房而言，应根据"尊重历史、正视现状"的原则处理，即通过立法确定一条时间底线，对于该时点之前的已建已售小产权房，一律给予合法化处置。即便是规划制定在前，而小产权房建设在后，小产权房建设违反了相应规划的，也不应当没收或者拆除之，而应当采取修改相应规划的措施，消除既已存在的小产权房与规划的冲突。（2）对于已建在售的小产权房而言，作拆除处理将是极大的资源浪费，故原则上也应采取改正措施使其合法化，必要时也可以修改规划消除其冲突。（3）对于在建在售的小产权房而言，若投资额度已经达到工程总投资额25%以上，原则上也应当允许其继续施工建成；但对投资额尚不及25%的在建小产权房，则应责

[22] 王洪平：《公私法交融视域下的违法建筑问题研究》，中国人民大学出版社2020年版，第254页；黄忠：《违法建筑的私法地位之辨识——〈物权法〉第30条的解释论》，载《当代法学》2017年第5期。

[23] 王洪平：《公私法交融视域下的违法建筑问题研究》，中国人民大学出版社2020年版，第254~255页。

令其停止建设,对于已建部分予以强制拆除,恢复土地原状。[24]

笔者赞同这一分类处置的立场。如前所述,违法建筑具有两面性,违法建筑之"恶"是人的本性不能避免之"恶"。尤其在城乡规划并不完善,城乡二元化未得到根本改变的当下,有必要穷尽可能地"改正"方式维护违法建筑所有权,保护建造人的合法权益。在此,王洪平教授一直以来的自治精神与人文主义得到彰显,读之令人钦佩。

就违法建筑的私法处置而言,最高人民法院《关于审理城镇房屋租赁合同纠纷案件具体应用法律若干问题的解释》(法释〔2020〕17 号)第 2 条规定:"出租人就未取得建设工程规划许可证或者未按照建设工程规划许可证的规定建设的房屋,与承租人订立的租赁合同无效。但在一审法庭辩论终结前取得建设工程规划许可证或者经主管部门批准建设的,人民法院应当认定有效。"第 3 条第 1 款规定:"出租人就未经批准或者未按照批准内容建设的临时建筑,与承租人订立的租赁合同无效。"若从体系的角度上看,这实际上表明,我国法律对以违法建筑为标的物的合同采用无效原则。但这一立场受到了学者的普遍反对。[25] 道理在于,违法建筑并不因具有违法性而丧失所有权。换言之,关于城乡规划的法律不是效力性强制规定,而是管理性强制规定。

当然,管理性强制规定与效力性强制规定之间也存在如何区分的难题。对此,王洪平教授认为,"无效法定主义"可以解决这一问题,即无论是私法规范还是公法规范,要想成为效力规范,都必须在法律条文的表述中明确存在"无效"字样。[26] 他进一步主张,"合同效力维持原则"应成为合同法的基本原则。笔者认为,合同效力维持原则契合私法自治的精神,深值赞赏。就无效法定主义而言,其在立法论上无疑是正确的;但在立法者并未贯彻此种原则时,直接将其运用于解释论就有形式主义的嫌疑,不利于正确探究规范目的。

就私法处置的法律效力而言,与动产所有权说相比,不动产所有权说的劣势较为明显。若依动产所有权说,由于不受不动产登记制度的限制,故违法建筑除继续承受公法负担外,其买卖、出租、抵押(动产抵押)、设立地役权等权利行使行

〔24〕 王洪平:《公私法交融视域下的违法建筑问题研究》,中国人民大学出版社 2020 年版,第 195~197 页。

〔25〕 常鹏翱:《违法建筑的公法管制与私法因应》,载《法学评论》2020 年第 4 期;杨延超:《违法建筑物之私法问题研究》,载《现代法学》2004 年第 2 期;周友军:《违章建筑的物权法定位及其体系效应》,载《法律适用》2010 年第 4 期。

〔26〕 王洪平:《公私法交融视域下的违法建筑问题研究》,中国人民大学出版社 2020 年版,第 227 页。

为,在不具有法律行为效力瑕疵事由的情况下均为有效,可同时发生债权、物权的双重效果;在物权受到侵害时,被侵权人可以享有物权请求权以及损害赔偿请求权,但实质违建无法行使恢复原状请求权。[27] 此外,在相邻关系中,由于违法建筑具有违法性,其受法律保护的力度低于合法建筑,故难以对抗合法建筑所有权人或使用权人。这就建立了一个较为简明的规则体系。但若采不动产所有权说,则违法建筑将因无法登记而不发生物权变动的效力,即所有权无法转移、抵押(不动产抵押)权无法设立。[28] 对于此种后果,王洪平教授缺乏充分考量。[29]

总体而言,《公私法交融视域下的违法建筑问题研究》在违法建筑所有权的事实与价值基础上作出了独特贡献,对公私法划分以及统一秩序的建构颇具启发意义,对违法建筑公法处置谦抑主义的强调也值得赞赏;但在违法建筑的所有权属性以及私法处理的效果上,尚有进一步探讨的余地。当然,以上商榷或许是笔者的浅陋所致,还请王洪平教授和学界贤达批评、指正。

(责任编辑:孙聪聪)

---

〔27〕 实质违建是无法改正的违建,最终难逃被拆除的命运;故而在其被毁损时,如果允许恢复原状,而在恢复原状后再作拆除处理,无疑是一种资源的极大浪费。参见王洪平:《公私法交融视域下的违法建筑问题研究》,中国人民大学出版社2020年版,第291~292页。

〔28〕 周友军:《违章建筑的物权法定位及其体系效应》,载《法律适用》2010年第4期;杨延超:《违法建筑物之私法问题研究》,载《现代法学》2004年第2期;

〔29〕 依其主张,违法建筑不能抵押这一结论的得出,只是解释论的结果,在立法论上应当允许违法建筑抵押。因为我国现行法并没有禁止违法建筑抵押的明确规定,这意味着,违法建筑并不在禁止抵押或者不得抵押之列。参见王洪平:《公私法交融视域下的违法建筑问题研究》,中国人民大学出版社2020年版,第249页。

中国土地法制与乡村振兴战略会议联盟第五届学术研讨会暨“农村集体产权制度改革的法治保障”学术研讨会会议综述

房绍坤教授课题组

摘　要

中国土地法制与乡村振兴战略会议联盟第五届学术研讨会暨“农村集体产权制度改革的法治保障”学术研讨会采取线上会议形式,围绕“农村集体产权改革中的法权结构”“农村集体经济组织的法人治理机制”“农村集体经济组织成员权利的法治保障”“农村集体资产股份合作制改革的法治保障”“农村产权流转交易机制改革的法治保障”五个主题展开。本次研讨会充分体现了学术性、时代性与前沿性,与会代表紧扣会议主题展开了深入的讨论,为农村集体产权制度改革的法治保障建言献策。

关键词

农村集体产权制度　法人治理　成员权利　流转交易机制　法治保障

目　次

2020年6月27日,中国土地法制与乡村振兴战略会议联盟第五届学术研讨会暨“农村集体产权制度改革的法治保障”学术研讨会线上会议成功举办。本次会议由中国土地法制与乡村振兴战略会议联盟主办,吉林大学财产法研究中心、吉林大学法学院、国家社科基金重大项目“农村集体产权制度改革的法治保障研究”(19ZDA156)课题组承办,《当代法学》编辑部、《中国不动产法研究》编辑部、《土地法制科学》编辑部协办。来自全国各地200余名学者、实务界人士和学生通过网络形式参加了本次会议。本次会议共有主旨发言、主题发言和会议总结等三个环节,其中主题发言分为五个单元。吉林大学副校长蔡立东教授出席开幕式并致辞。

一、主旨发言

主旨发言环节由中南财经政法大学温世扬教授主持,武汉大学孟勤国教授、中国人民大学高圣平教授、西北政法大学韩松教授、华东政法大学高富平教授、吉林大学房绍坤教授先后进行发言。

孟勤国教授从个案出发,针对成员权如何行使、如何保障等问题进行分析。他认为,集体所有权研究是目前土地制度改革研究的短板,并结合自己在浙江省绍兴市嵊州市甘霖镇横山村的调研情况,介绍了值得大家思考的实践经验。从土地分配情况来看,1983~1997年,甘霖镇保有大量的预留地,即留有20%~30%的机动地用于调整。1997年第二轮承包期开始,承包期内不再对土地进行调整,且该村虽然有足够的预留地可用于审批新的宅基地,但现实中也出现了田地不均的现象。针对这种现状,甘霖镇在种植补贴、养老金指标的分配方式上,并未像立法者设计的那样依据少数服从多数原理采取决议方式进行,而是采取了抓阄方式。抓阄方式符合机会均等原则,在实践中更能得到当地村民的认可。

高圣平教授立足于相关试点的经验,归纳了集体资产改革中的四个问题:(1)农村集体经济组织法立法需要考虑集体资产股份权能改革问题。资源性资产应做好确权到户工作,经营性资产应做好确权登记工作,非经营性资产应做好统一运营管护机制的建立健全工作。(2)通过对试点工作的观察,不同类型的资产对成员贡献要求不同。对于经营性资产,集体成员有贡献的才享有分配股份的资格;而对于资源性资产,由于其形成不依赖于成员贡献,因而只要具有集体成员身份,就享有分配股份的资格。(3)农村集体经济组织立法需要关注成员身份的认定标准,应当依据“尊重历史、兼顾现实、程序规范、群众认可”的基本原则来确定成员身份。(4)团体法背景下成员权的行使问题应当根据资产的不同类型作出区分,从而实现增加农民财产性收入的改革目标。

韩松教授以“集体产权主体表达”为主题进行发言。在集体所有权的法律表达上,《民法典》虽然确立了集体经济组织的特别法人地位,但是并没有规定集体经济组织是集体所有权的主体,而是将其定位为集体所有权的代表行使主体。在集体经济组织代表行使财产权的过程中,其产权的结构性关系表现为:成员集体依照《民法典》第 261 条的规定享有集体所有权,集体经济组织享有对集体财产的法人财产权,集体成员享有股权。为了科学推动农村集体产权制度改革,应明确集体资产的股份合作制改革不同于工商企业的股份制改造,其具有集体所有这一特殊性;同时,还应考虑经营性资产与非经营性资产、资源性资产与非资源性资产的区别。

高富平教授以“建设用地使用权设定方式——土地管理法实施条例修订建议”为题,深入探讨了集体经营性建设用地的入市及流转方式。他以国有土地为参照,主要提出了三个建议:(1)划拨建设用地使用权不能入市。以划拨方式设定土地使用权的使用目的在于公共利益,因此,以划拨方式设定的土地使用权受目的限制,不可以转让、出租、互换、出资、赠与或者抵押,否则会造成法律规则不清晰、市场竞争不公平的后果。(2)租赁可以设定建设用地使用权,即在租赁物之上设定物权无法律障碍,长期租赁合同可以作为设定用益物权的基础。(3)出资入股应参照出让办理手续。通过对集体建设用地使用权的设定方式进行分析,高富平教授提出,划拨、出让在区分土地使用目的前提下形成两种不同性质的土地使用权,可以为农民集体建设用地分散利用所借鉴;租赁与出资入股对农民集体经营性建设用地入市具有重要意义,但仍需进一步科学设计。

房绍坤教授结合其研究团队在两湖地区的调研情况,探讨了农村集体经济组织立法的相关问题。(1)制定农村集体经济组织法是农村集体产权制度改革的一项重要工作,但目前立法存在两个困难:一是缺乏可资借鉴的域外法律及其经验;二是我国农村集体经济组织的现状十分复杂。《民法典》已经将农村集体经济组织定位为特别法人,所以在农村集体经济组织法中也要体现其特别性;这种特别性不仅体现在其与一般法人的区分上,也体现在其与其他特别法人尤其是与村委会法人的区分上。(2)鉴于实践的复杂情况,立法无法制定一个详尽的统一规则,只能采用原则与特殊相结合的立法技术,从而避免“一刀切”的情形。立法应从两方面设置有关农村集体经济组织特别性的法律规范:一方面,应当抽象出农村集体经济组织的核心特别性,即区别于其他法人的特别性;另一方面,在法人的设立、变更、责任承担等共同规则上,也要体现农村集体经济组织法人的特别性,如资源性资产不能列入责任财产。(3)针对清产核资、股权设置、成员身份的认定等实践问题,各省虽出台了相关指导意见,但指导意见过于粗糙,不能顾及每个村的实际情况;因此,亟须出台细致的法律规定指导实践,这也是实践对立法提出的要求。

二、主题发言

(一)农村集体产权制度改革中的法权结构

本单元由西南政法大学刘俊教授主持,围绕"农村集体产权制度改革中的法权结构"主题,辽宁师范大学韩秀义教授、苏州大学程雪阳教授、烟台大学王洪平教授先后进行主题发言。

韩秀义教授提出了我国《宪法》中经济制度内涵的二元解释方法:(1)二元解释分为两个层次:第一层次是经济制度主要以确认方式和规定方式形成,这是经济制度内容形成方式的二元性;第二层次是我国经济制度包含两个方面的功能:一是体现为公有制的经济整合功能,二是体现为市场经济的调控和规制功能。(2)二元解释理论选择的原因:其一,我国《宪法》序言最后一段规定,我国宪法秩序是通过确认和规定两种方式而形成和完善的。如果把确认方式理解为对执政党相关的经济纲领或者对特定现实的决断,那么确认就是对已经发生的、已经形成的事情的安排,规定就是为了实现确定的内容所进行的制度和手段的规范。其二,只有通过二元或者复合的视角才能把我国《宪法》上的经济制度解释通透。(3)我国《宪法》规定的经济秩序主要包括三方面:第一,第15条第1款规定的国家实行社会主义市场经济构成了我国《宪法》上经济制度的分割点。第6~14条是经济制度Ⅰ,即以确认方式形成的经济制度内容;第15~18条是经济制度Ⅱ,即通过规定方式形成的经济制度内容。第二,就经济制度Ⅰ而言,第6条居于核心地位,其第1款是对社会主义经济理想的确认,第2款是对中国现实经济状况的确认,在文本逻辑上只有第6条第2款的存在才会有经济制度Ⅱ。第三,就经济制度Ⅱ而言,第15条居于核心地位,包括两条核心内容:一个是社会主义市场经济,另一个是通过经济立法实现宏观调控,其中最难解释的就是社会主义市场经济。因此,社会主义市场经济可理解为"社会主义+市场经济",这种解释将社会主义视为规制市场经济的外部因素,即社会主义性质的市场经济。(4)我国《宪法》文本存在两种解读思路:一是强调确认方式优先,经济制度的整合作用居于主导地位,即经济制度Ⅰ支配经济制度Ⅱ。这一思路使民法财产权的制度空间极为有限。二是治国思路,强调规定的方式优先,治理或规范功能居于主导地位。换言之,经济制度Ⅱ居于首要地位,经济制度Ⅰ居于保障地位。治国思路可以解析出所有权的概念,民法可以真正发挥产权确认以及保障功能。

程雪阳教授阐述了《宪法》视野下集体土地所有的含义。《宪法》上的“集体所有”不是一个创设性的法律规定,而是对历史和现实的确认性表达。目前,宪法学界已经有几位学者对集体所有进行了出色的研究。例如,李忠夏教授提出“作为公共财产、集体财产权、农民个体财产权三重结构的集体所有”,刘连泰教授提出“作为国家权力、国家政策和基本权利的集体所有”,李海平教授提出“作为政策性基本权利的集体所有”,韩秀义教授提出“作为宪法制度空间的集体所有”。这些解释很有启发,不过主要侧重“集体所有”这一术语的规范性质,尚无法解决集体所有的规范含义问题。宪法学对“集体所有”这一术语规范含义,应当结合社会的发展作出符合实际情况和改革目标的解释。这种解释的关键在于解决作为公有制组成部分的“集体所有”如何融合到《宪法》所确认的社会主义市场经济体制之中。这个问题的解决可以从三方面出发:一是政社分离(设);二是村委会和集体经济组织分离;三是基层群众自治组织成员和集体经济组织成员两种不同成员权的分离。

王洪平教授详细地介绍了农村集体产权制度的基本法权结构。他认为,农村集体产权是公有产权,公有产权是公有制的法权实现方式;而法权关系是经济关系在上层建筑中的反映,是人们对经济发展关系作出的理性认知,是一种人文理性建构出来的制度关系。特定的法权关系具有特定的结构形态,法权结构就是某种法权关系的结构。农村集体产权制度改革就是围绕着产权制度改革进行的变法活动,旨在通过某种法权结构的建构来重塑法权关系,理顺产权制度改革中相应的法律关系。农村集体产权由一系列的产权要素组成,包括所有权、他物权、债权、股权、知识产权等权利;因此,集体产权是一个权利束,而不是单个的权利。法权结构由一系列结构性要素构成,农村集体产权主要由产权的主体、客体、行使、保障、监管等五个要素组成。

本单元“与谈”环节,上海海事大学王铁雄教授、华东政法大学刘竞元副教授、山东农业大学曹相见副教授、吉林大学李国强教授分别作出评议和补充。

王铁雄教授针对主题发言提出了三个问题:(1)程雪阳教授所讲的村委会和集体经济组织分离属于政社分离可能是个误解,村委会和集体经济组织的分离应该属于政经分离;(2)程雪阳教授所讲的村委会成员是政治成员的观点有待商榷,村委会成员应该是管理成员;(3)王洪平教授对产权主体的分类虽然很清晰,但是容易造成问题的复杂化。

刘竞元副教授强调《宪法》上的土地所有权(包括国家土地所有和集体土地所有)是社会主义公有制的体现。对于农民而言,集体所有体现《宪法》上的福利或保障,但这种保障性规定如何落实到民法中,并实现民法上的权利转变,需要在不同的社会发展阶段中讨论。在改革开放前期,土地主要为农民提供衣食保障,注重使用价值;在现阶段,土地主要为农民提高财产性收入,更注重流通价值。农村改革实行分类推进的政策,已经确权到户的资源性资产实行承包地的“三权分置”或者宅基地的“三权分置”改革,未确权到户的经营性资产实行集体产权制度改革。农村集体经济组织属于特别法人已经被法律所认可。其特别性包括三个方面:一是成立的特殊性;二是成员要素的特殊性和财产要素的特殊性,成员要素的特殊性体现在成员的封闭性,财产要素的特殊性体现在土地所有权方面;三是运行机制的特殊性,能够入市的财产仅是土地使用权和其他资产,排除了土地所有权作为责任财产的可能性,法人破产时土地所有权不会受到影响,土地公有制也就不会受到冲击。此外,《民法典》为政经分离提供了制度基础,应当注意区分农村集体经济组织的经济功能与基层群众自治组织的社会治理功能。

曹相见副教授认为,如何理解集体土地所有权是个公私法交融的问题,单纯从现行《宪法》或《民法典》的文本中很难正确认识集体土地所有权。因此,对集体土地所有权的认识,不能只运用文义解释、体系解释的方法,还必须考虑其他解释方法。在所有权的解释方法上,集体土地所有权、自然资源所有权甚至法人所有权都存在共通之处。所有权有绝对与相对之分,相对所有权不仅是历史存在,也具有现实合理性,存在归属与支配分离的内在机理;英美法和经济学依赖的权利束理论,其实是对支配所有权的强调,但权利束理论不应忽略归属所有权的存在及功能,也不能突破所有权权能的整体性原理。归属所有权是以功能为目的的空虚所有权,支配所有权以权能为内容但受到归属所有权的外在限制。集体土地所有权是归属所有权,土地承包经营权是支配所有权。

李国强教授结合主题发言提出三点看法:(1)在农村集体产权制度改革中,应明确整体主义和个体主义的关系。农村集体产权制度改革,不应局限于民法。例如,王洪平教授所讲的产权主体不能完全依据个体主义的民法思路展开,还需要考虑整体主义的因素。(2)需要考虑公权力和私权关系的问题。例如,在没有成立农村集体经济组织法人的情况下,需要村委会代表权利主体行使所有权。实践中,村委会更多地在政府指令下运作,其自治组织的属性并没有很好地体现。因此,在农村集体产权制度改革中,应当区分出村委会为实现私权目的而做出的行为。换言之,还需要新的制度设计,以规范村委会的职能。(3)集体产权制度改革是非典型的制度构造,但这并非抛弃了法律传统。在解释集体经济组织法人时,不能抛弃法人的基本制度逻辑;在解释农户是一类非典型主体时,还要依循自然人为代表的传统权利主体理论。这并不是一个矛盾的问题,非典型的制度构造需要典型的传统逻辑来展开。

本单元自由讨论环节,浙江大学丁关良教授和华东政法大学高富平教授分别发表了自己的看法。

丁关良教授指出,村民委员会应该由村民构成,不应该由成员构成。随着农村股份合作社的成立,归属主体、行使主体、受益主体都更为复杂。归属主体存在两种情况:一是没有农村集体经济组织;二是只存在经济合作社。这两种情况下,产权主体都是农民集体。在实行股份合作制改革以后,部分资产就归股份经济合作社所有,此时,产权主体可能分为两类:一是没有进行股份合作制改革的,财产还归属于农民集体;二是已经完成改革的,部分财产就应该归属于股份经济合作社。

高富平教授认为,宪法学者应注意农民集体所有的私法性特征。国家所有是由政府代表全体人民行使,不需要登记;这也意味着国有土地很难满足民法对客体特定化的要求,国有土地的特定化通过建设用地使用权实现。与农民集体所有权有所不同,集体资产可以登记。集体所有是一个社区性的集体所有或者团体所有,满足私法性质,由集体成员决定其命运。他希望宪法学者可以论证集体所有和国家所有的区别,为民法学界提供明确集体所有性质的解决方案。

主持人刘俊教授在总结时指出,本单元讨论的问题非常重大,也存在诸多难点:既涉及市场经济的问题,也涉及社会性质的问题;既涉及传统理论传承的问题,也涉及很多与传统民法理论不一样的特殊性问题。无论制度和理论研究多么复杂,都需要解决实际问题。因此,集体产权制度的法权结构和内容研究可能既要从宪法角度梳理,也要从特别法人和集体所有权角度进行分析,思考集体所有权为什么要这样建立、建立目的是什么等问题。

(二)农村集体经济组织的法人治理机制

本单元由广东外语外贸大学耿卓教授主持,围绕“农村集体经济组织的法人治理机制”主题,中央财经大学宋志红教授、中南大学许中缘教授、安徽财经大学高海教授先后进行主题发言。

宋志红教授通过总结农村集体经济组织特别法人的本质特征,提出了理论和实践中的两个困惑:一是到底什么是农村集体经济组织?在实践中,所有集体经济的组织形式是否都等同于农村集体经济组织,新型农村集体经济组织是否是农村集体经济组织？我国《宪法》第8条规定的生产、供销、信用、消费等各种合作经济组织,是否属于农村集体经济组织？《农民股份合作企业暂行规定》规定的劳动农民的合作经济组织是否属于农村集体经济组织？二是在股权配置过程中,是否允许外部人出资获取股权,或者是否允许部分农民出资更多从而获得更多股权？问题的症结在于2017年《民法总则》只规定了农村集体经济组织的特别法人地位,而没有规定真正的所有权主体——农民集体的民事主体地位。这就导致在市场经济活动中往往只能看见作为法定行使代表的主体——农村集体经济组织特别法人,而看不见它背后真正的所有权主体——农民集体。基于此,在对农村集体经济组织进行法人化改造时,必须坚守农村集体经济组织特别法人的公有性。出于公有性的要求,农村集体经济组织特别法人在制度设计上必须坚守八个本质特征:

第一,成员范围的固有性和全员性。固有性主要指农村集体经济组织特别法人的成员源于其特殊身份:成员身份既不源于出资,也不源于入社意愿,而是源于成员固有身份。全员性主要指农村集体经济组织全体成员必须全体加入,成员没有入社自由和退社自由。

第二,财产的法定性和专属性。财产的法定性,是指农村集体经济组织特别法人的大部分财产源于法律的规定或者直接授予,而不是源于成员的出资。财产的专属性,是指农村集体经济组织的大部分财产属于专属的公有财产,只能归属于国家或者集体,例如,土地、森林、山岭、草原、荒地、滩涂等公有财产不能够归属于个人,这也意味着财产专属的公有性。

第三,权益配置的封闭性。基于集体所有制的公有性特点,权益配置只能是封闭的。在集体资产股份权能改革试点中,主要做法是只对集体的经营性资产折股量化,不包括资源性资产;也有少部分地方也对资源性资产进行折股量化。在对农村集体经济组织进行法人化改造时,如果向成员配置的权益只针对经营性资产,而不包括资源性资产,将导致土地等大量资源性资产的行使机制不健全,仍然无法解决集体土地所有权虚位的问题。而且,资源性资产和经营性资产也并不是截然分开的,现实中在一定条件下资源性资产也会向经营性资产转化,而资源性资产恰好是农民集体最主要、最有价值的资产。故此,随着改革的深入,只对经营性资产折股量化的做法会遇到一系列困难,而且无法解决资源性资产的有效行使机制问题。如果将资源性资产加入股权量化的资产范围中,进而对归属于农民集体的所有资产进行股权量化,这就意味着股权配置必须封闭,股权只能配置给成员,而不能配置给外部主体,否则就会导致土地等资源性资产的所有权被外部化。此时,在具体制度设计上应当区分农村集体经济组织特别法人本身与其投资参股的企业。

第四,权益份额的平等性。由于农村集体经济组织的资产源于法律规定,而非成员出资,所以在股权配置时应当坚持按人配股、按人表决;这也决定了其与公司、专业合作社等组织不同。然而,在实践中有的地方会设置农龄股、敬老股、贡献股等股权类型,这造成了配股的不均等。如果对资源性资产进行股权量化,上述做法就会与集体资产公有性的本质要求相冲突。此外,还应当区分集体资产配股与集体福利制度。

第五,法律人格的团体性。在农业经济领域曾经流行一种说法,即集体所有就是共同共有。在民法上,这种说法是不恰当的。因为民法中的共同共有是一种私有,而且是一种自然人的形态,所以共同共有与集体所有的内涵完全不同。集体所有是一种团体所有形态。

第六,农村集体经济组织特别法人相互之间的独立性和平等性。农村集体经济组织虽然分为三级,但是从所有权的角度来讲,它们没有上下级隶属关系。在实践中,存在一定程度的所有权下级向上级调拨的现象。从民法的角度来讲,几十万个独立的农村集体经济组织特别法人之间是相互独立的;它们可以通过协议的方式自愿联合,但是不能随意从下往上调拨或者通过行政命令将下级的所有权由上级来行使。

第七,财产的不可分割性。农村集体经济组织拥有大量集体资产,如土地、矿产资源等,这些集体资产不可分割。这种不可分割性决定了某一成员因某种原因退社时,不能请求分割集体资产,只能请求一定的价值补偿。此外,《关于稳步推进农村集体产权制度改革的意见》规定了三类集体资产,其中哪些资产可以作为法人责任财产?显然,大量的资源性资产不能成为农村集体经济组织法人的责任财产。但在经营管理过程中,资源性资产存在向经营性资产转化的可能性,这也对农村集体经济组织的账户设置和资产分类管理提出了挑战。

第八,职能上的公有性。从本质上讲,农村集体经济组织法人是公有制在所有权制度上的映射,通过农村集体经济组织法人,将公有制和所有权进行连接。基于农村集体经济组织的公有性,农村集体经济组织法人与一般的企业法人不同,其在职能上具有公有性。从微观上讲,农村集体经济组织代表农民集体行使所有权。从中观上讲,农村集体经济组织要实现集体和集体成员的福利;而这种成员福利不仅包括股权红利,还包括大量集体公益目的的实现,如集体公益性建设、公共设施建设等。从宏观上讲,农村集体经济组织是连接所有权和所有制的重要载体,职能上的公有性要求其组织目标必须兼顾当前和未来、当代和后代。

许中缘教授主要结合"三权分置"政策对农村集体经济组织法人进行分析。农村集体经济组织法人化的提出主要基于两个现实背景:其一,农村集体经济组织在历史上存在过,但由于土地承包、分产到户和三十年不变的土地承包政策,农村集体经济组织被虚化;其二,"三权分置"改革和集体经济发展的现实需要,农民需要法律对改革成果和现实进行回应。由此引申出四个问题:一是农村集体经济组织法人改制的目的是什么?农村集体经济组织法人的功能在于提供公共服务,让农民富起来,让农村美起来。农村公益性事业的发展和公益目的的实现只能依靠农村集体经济组织。同时,农村集体经济组织代表行使集体所有权,可以防止村委会对农民利益的攫取,也可以避免集体土地资产被少数村干部侵占,还可以避免民营资本的长期植入,有效实现维护农村公益的作用。二是如何阐释农民集体经济组织法人的地位?首先,农村集体经济组织是"农民集体"的集体所有权代表行使主体。农民集体的概念存在一定滞后性和静态性,集体财产需要农村集体经济组织进行管理。其次,农村集体经济组织是"农民集体"的意志表达主体。农村集体经济组织作为承包地的发包方具有监督职责,应确保承包地的经营符合农民利益和集体利益。最后,农村集体经济组织是"农民集体"利益表达的主体,应实现土地增值收益以及其他改革的收益。三是怎样改造农村集体经济组织,农村集体经济组织特别法人的特点如何理顺?农村集体经济组织法人既区别于非营利性法人,也区别于营利性法人。农村集体经济组织法人应该设置集体股来实现集体经济利益,也要以成员权保障农民意志表达,同时应建立农民个体与农村集体经济组织的利益联结机制。四是如何构建农村集体经济组织的股份转让与成员资格的退出机制?在现有成员入股和退股方面,主要是处理追加股的问题。对此,应当构建一种原始股制度:原始股基于出生而享有,属于资格股;而集体配股可能属于追加股,追加股可以自由转让。

高海教授以地方实践为基础,以农民专业合作社法人治理和公司法人治理为参照,梳理了农村集体经济组织法人治理的特别性,主要体现在以下四个方面:

第一,成员(股东)大会组成的特别性。农村集体经济组织成员大会或者股东大会的构成主要涉及四类主体,即本集体成员股东、股权户代表、非本集体成员股东和集体股股东。其中,前两类具有普遍性。同时,这四类主体体现了三个特别性:一是在农村集体经济组织的成员大会中,股权户代表具有特别性,因为农民专业合作社的成员大会或公司法人的股东大会不存在股权户代表。二是本集体成员股东和非本集体成员股东的分类具有特别性。在农民专业合作社中,成员往往分为农民成员和非农民成员;在公司中,股东往往分为普通股股东和类别股股东。三是集体股股东具有特别性。在农民专业合作社和公司中,集体用集体资产出资入股形成的集体股,其股东都可以是农村集体经济组织,但在农村集体经济组织内部设置集体股的情况下,集体股股东不能再是农村集体经济组织自身。

第二,表决权行使的特别性。非本集体成员股东往往不享有表决权、选举权和被选举权。本集体成员股东的表决权行使主要有三种表现形式:“一人一票”,由章程规定“一人一票”、“一户一票”或“一股一票”。其中,前两类表决权行使方式比较普遍,占主流地位。无论是“一人一票”还是“一户一票”,这种民主表决方式都不同于农民专业合作社中“以一人一票为主、以不超过20%的附加表决权为辅”的民主表决方式,且农村集体经济组织不存在附加表决权的表决方式。农村集体经济组织采取的“一股一票”的按股表决,也不同于公司中的按股表决。因为在农村集体经济组织中,每一个成员股东持有的股份数往往有数额限制,不同成员股东持有的股份数额不会过于悬殊,而在公司中存在大股东和小股东持股数量悬殊的情况。换言之,农村集体经济组织的按股表决方式,比公司的按股表决更接近民主管理。

第三,社区党组织参与治理的特别性。相比于农民专业合作社和公司,农村集体经济组织更加强调社区党组织参与治理的重要性,主要体现在三个方面:其一,社区党组织对理事人选的研究同意权。有的地方规定,理事会人选需要经过社区党组织研究同意。其二,社区党组织书记兼任理事长。其三,社区党组织参与重大事项决策权。重大事项一般指土地使用权的转让、合作开发或者重大集体资产的抵押,以及集体股利的分配和利用。就此而言,社区党组织参与决策,属于实质参与。

第四,章程内容和监管上的特别性。前三点特别性,往往需要在章程的自治条款中具体细化和落实。农村集体经济组织的章程与农民专业合作社章程、公司章程存在不同的条款设计,主要包括集体成员资格的取得和丧失、成员股东的表决方式、集体资产股份量化的依据、集体资产股份转让的限制、股份继承回购的办法、是否提取集体股、提取集体股的比例、集体股的代表主体和表决方式以及集体股的股利分配等。一般来讲,公司和农民专业合作社的章程往往由出资人或者设立者表决通过,但农村集体经济组织的章程更加强调外部有关部门的监管。

在第二单元的“与谈”环节,广东省社会科学院周联合研究员、山东政法学院管洪彦教授、东南大学单平基副教授、沈阳师范大学阎其华副教授先后针对主题发言提出自己的看法。

周联合研究员认为农村集体经济组织法人治理机制的问题很复杂,但是可以将规则制定得简单一些,以方便组织运行。构建农村集体经济组织法人治理机制应当考虑三个方面:一是农村集体经济组织的历史发展脉络;二是农村集体经济组织的现实考量;三是农村集体经济组织法人治理机制构建的理想模型。从法律制度的构建来讲,农村集体经济组织法人治理机制的构建是一个公法、私法交融的过程。如何将宪法规范转化为私法制度,存在很大难度。在改革中,存在一些权宜性的规定和一些过渡性的规定,甚至一些不得已的做法,需要认真分析。资源性资产可以由农村集体经济组织经营,但在交易中存在很多特别性,这种特别性也会反映到农村集体经济组织的治理机制。从现实角度来讲,首先,应当区分农村集体经济组织和村委会,明确二者的功能;其次,应当提倡农村集体经济组织的商事化运作,以适应市场经济对效率的要求;最后,应当由特别法对农村集体经济组织进行特别规制。此外,从长远来看,农村集体经济组织的职能要进行两个分流:一个分流给村委会,另一个分流给其他合作经济组织。

管洪彦教授从主题发言人的问题分析视角进行总结,认为农村集体经济组织法人的治理机制表面上是微观问题,事实上是宏观问题,应当从内部治理和外部治理两个视角进行研究。就外部治理而言,主要涉及农村集体经济组织与其他组织之间的关系,尤其是《中国共产党农村工作条例》颁布后,农村集体经济组织与基层党组织之间的关系变得非常重要;同时,农村集体经济组织与村委会之间、农村集体经济组织与各种专业合作社之间的关系也需要厘清,以进一步明晰农村集体经济组织作为特别法人的特别性。就内部治理而言,农村集体经济组织立法需要注意协调以下两个问题:第一,在静态上,注意农村集体经济组织的组织机构设置;第二,在动态上,建立健全组织机构的分权制衡规则,如决议行为的形成、避免多数人暴政和少数人专权等。农村集体产权制度改革,实际上是农村集体资产作为要素资源的市场化,因此应当完善三个制度,即产权主体制度、产权构造制度、产权交易制度。农村集体经济组织的法人治理机构属于产权主体制度的组成部分,应当予以重视。

单平基副教授阐释了从改革开放后集体概念被淡化到近年来受到重视的过程,认为农村集体经济组织具有很强的地域性和复杂性。农村集体经济组织的法人化需要具体分析各类集体经济组织的特点、地域实际情况,从而厘清农村集体经济组织法人的范围。农村集体经济组织法人应当遵循法人制度的一般原理,但是其在财产、成员、治理结构、终止方面的特别性需要着重考量。同时,他提出两个需要探讨的问题:第一,农村集体经济组织法人如果适用破产制度,是否需要妥善安置村民、如何安置村民?第二,集体新增人口是否自动取得股权,新增股权是否影响其他成员的股权份额?由此可见,农村集体经济组织立法工作需要公司法、商法学者的参与。

阎其华副教授提出,农村集体经济组织法的立法工作需要慎重考虑实践中哪些过渡性、妥协性规则可以固化为法律。在国家土地产权制度下,农村集体经济组织由具有户籍的农户自愿结成,农户通过合同行为将相应的土地权利和集体资产权利转移给集体经济组织作为法人财产,并以此成为股东。农村集体经济组织法人化的根本目的是实现最大化股东的社会保障能力,使农村集体经济组织成为依法独立享有民事权利和承担民事义务的特别法人。因此,农村集体经济组织法人是一个兼具私法和公法性质的特别法人。农村集体经济组织具有自主性和独立性,政府不应过多干涉其运行。农村集体经济组织法人的治理应当注意几项基本原则,包括渐进性的改革原则、农村土地所有制和用途不得随意变更原则、市场配置原则、政府调控和监管原则、村民自治原则等。

在第二单元的自由讨论环节,武汉大学孟勤国教授、中国社会科学院大学博士后吴迪、广东外语外贸大学曹益凤助理研究员以及主持人耿卓教授先后进行发言。

孟勤国教授指出,运用传统民法思维构建农村集体经济组织法人治理机制存在很大缺陷,而且按照现有股权思路的改革可能会影响成员权和成员利益。我们应当紧紧抓住成员权和成员利益,明确集体所有区别于普通企业或其他法人的基本特点,重视成员的机会均等,防止法人代表机关侵害成员的利益。

吴迪博士认为农村集体产权制度改革与国企改革相类似,是当前形势下必经的改革阶段。第一,农村集体资产的股权量化应当按人分配,以免以后出现二次配股的问题;第二,资源性资产可以转化为经营性资产,但是需要经过必要的程序;第三,农村集体经济组织负责人与村委会、党组织的负责人相混同,与政经分离的改革目标相冲突,应当允许村民民主选举产生农村集体经济组织的负责人,并以公司化运作集体经济组织;第四,农村集体经济组织的股份合作制改革是大势所趋,但保留其他经营形式或合作形式也是可取的。

曹益凤助理研究员主要谈了两点看法:第一,农村集体经济组织法人具有稳定性,其与村民身份、集体土地的关系密切,这就导致了其未经法律明确规定,不得轻易宣布解散和清算;第二,农村集体经济组织法人职能具有特定性,这导致其在实践中执行力很弱,例如,在强制收回闲置宅基地和土地承包经营权变动等方面缺乏行政强制力。

耿卓教授总结了本单元的发言,并针对主题发言人的报告提出两点:第一,农村集体经济组织的公有性是主要特征,但其与宋志红教授提出的八个本质特征有什么关系?八个本质特征和公有性应该都指向集体成员的保障,那么保障性是否也是一个本质特征?第二,高海教授的报告是以股份经济合作社为原型的,但是实践中,很多农村没有股份经济合作社,法人治理机制还需进一步研究。

(三)农村集体经济组织成员权利的法治保障

本单元由中国政法大学李蕊教授主持,围绕"农村集体经济组织成员权利的法治保障"主题,浙江大学丁关良教授、上海大学李凤章教授先后进行主题发言。

丁关良教授发言的主题是"农村社区之成员和成员权的若干重要问题思考"。农村社区成员身份确定和权益保护是农村集体产权制度改革的核心与重点。首先,在农民集体成员身份的认定标准方面,宜采取"法律与习惯有机融合+意定"相结合理念下的复合标准认定模式。该模式可划分为两个层次:第一个层次是保障生存权,就是确保"农民"享有最基本的生存权利。这个层次的实质是确保未被纳入国家公务员序列或城镇企业职工、居民社会保障体系的人,能获得基本的、利用农村集体土地进行生产以维持自身生存的权利。第二个层次要求在资格界定时,要综合考量原户籍登记性质和目前户籍登记现状、土地承包、福利享受、居住状况等因素。其次,在集体成员资格认定过程中必须坚持一定原则,具体包括:坚持尊重历史与立足现实相统一的原则,坚持依法依规与风俗习惯相结合的原则,坚持实体公正与程序公正相结合的原则,坚持身份唯一与防止"两头"相协同的原则,坚持权利能力与权利享有相一致的原则,坚持身份绝对与身份相对相结合的原则。最后,农民集体的成员权就是"农民"基于农民集体成员身份这一特性而拥有的从农民集体(也包括农村集体经济组织)获取经济利益、依法利用集体资源并参与农民集体管理而享有权利和承担义务的资格。可见,在成员权的内容中,各种资格是成员能够依法取得各种具体权利(主观权利)的基础和前提条件。成员权应属于权利能力(客观权利)范畴,而不属于具体权利(主观权利)范畴。

李凤章教授以"村集体'公法人'论"为题进行发言。首先,集体是土地所有权的主体，而农村集体经济组织是集体土地所有权的行使主体，二者不应混同。农村集体经济组织在《民法典》中被作为特别法人进行规制，但对于集体究竟是什么，还缺少明确的规定。村集体本质上是组织化的村庄，这个概念是一个村集体化的结果。其次，村庄的治理应由属人主义向属地主义转化。村集体的社会治理职能和经济职能已合二为一，其本质就是按照私法上的契约关系和组织关系，实现村庄的治理功能，完成对村庄和村民的公共产品供应。若将集体视为私主体，在人口不断流动的背景下，集体借道土地所有权通过“经济组织——成员”的属人主义模式，实现对村庄的基层治理和公共产品的提供，已变得越来越困难。最后，村集体满足了公法人的基础条件，赋予地方基层自治团体以公法人资格，也是世界发达国家和地区的普遍经验；赋予村集体以公法人资格，可以有效克服村集体私主体化带来的弊端，能更好地维护村民自治。综上所述，应当明确村集体的公法人身份，最终实现和作为私法人的农村集体经济组织的分离，完成人民公社解散后中央要求的实现农村基层“政经分离”的未竟事业。

在本单元的“与谈”环节，青岛科技大学王金堂教授、中国农业大学肖鹏副教授、安徽大学尤佳副教授、烟台大学林广会博士先后针对主题发言提出自己看法。

王金堂教授认为，丁关良教授对农村社区成员和成员权若干问题的研究非常细致，应当区分社区成员和集体经济组织成员，农村社区成员属于集体成员而不是农村集体经济组织成员。农村集体经济组织的立法工作，是集体产权制度改革的重要一环。在理论研究和立法工作中，必须理顺农村集体经济组织和集体的关系；因为只有正确理顺二者之间的关系，才能更好地确定农村集体经济组织成员权利和义务的内容。

肖鹏副教授指出，农村集体经济组织成员资格的认定标准涉及诸多利益关系，是一个非常复杂的问题。一方面，很难用一个固定的标准对其进行界定；另一方面，法律也无法全面涵摄各种具体情况。鉴于此，应当为农村集体经济组织留下自治的空间，例如，在个别情形下，是否授予成员资格可以由集体决定。就成员资格的认定时间而言，不宜设置一个成员资格取得的截止时间，应当允许新增人口平等地取得成员资格。对于成员收益的分配，应在遵循平等性的基础上，为集体自治留下一定的空间，但也应明确收益分配权并不意味要保持绝对的收益均等。

尤佳副教授提出两个值得思考的问题：第一，成员权的制度功能应注重保障性还是财产性？一般而言，成员权不能进行交易，而集体成员流动是客观现实。

从农村集体资产股份权能改革试点结果来看,存在一定的私人财产权优先倾向,例如,固化成员和股份、允许股份内部无限转让、没有限制非集体成员继承股份等。这表明集体成员权的功能更多地体现了财产权优先的取向。然而,在讨论成员权制度的安排上,还应当坚持成员权保障性优先原则,并以此为基础进一步实现财产权益保障。第二,户在集体与个人之间扮演了什么样的角色?户发挥了一种承接作用,例如,承包合同中一方当事人是户,政策上折股量化强调确权到人、落实到户。立法规定承包经营户具有民事主体地位,但没有规定其是农村集体组织成员,这带来了一定的理论分歧。在折股量化方面,应当坚持确权到户的原则,坚持把户作为股份合作制改造的主体地位。

林广会博士从“集体成员资格和集体经济组织成员权的关系”这一视角切入,提出私法上团体成员权的取得在于加入某个特定团体的行为,这些行为包括出资、继承等。由此可见,成员权和成员身份都是因出资加入团体的形式而产生。成员资格并不是成员权产生的基础,而是取得成员权的一种表达方式。农村集体经济组织成员权包含了集体收益分配权,这是成员权自身的内容,与客观权利存在一定的差异。如果将村集体作为一个公法人来对待,那么应如何体现集体成员的成员权是一个值得讨论的问题。此外,集体成员资格认定实质上是一种事实认定,而不是一种正向的理论推演,是通过倒追方式对农村集体经济组织成员权的确权。据此,对于集体成员资格认定标准,宜设计以综合判断为核心同时列举其他具体排除性情形的规制路径。

(四)农村集体资产股份合作制改革的法治保障

本单元由中国社会科学院朱广新研究员主持,围绕“农村集体资产股份合作制改革的法治保障”主题,广东外语外贸大学高飞教授、华南农业大学王权典教授、烟台大学张洪波教授、中国政法大学王雷副教授先后进行主题发言。

高飞教授以“关于农村集体资产改革中成员权与股权关系的几点思考”为题进行发言。关于农村集体经济组织成员的成员权和农村集体资产股权之间的关系,从理论上来看,以成员权和股权双方是否固定为标准,主要包括“成员权固定,股权固定”“成员权固定,股权不固定”“成员权不固定,股权固定”“成员权不固定,股权不固定”四种情形。首先,成员权不应当固定。农村集体经济组织是由人民公社时期“三级所有”演变而来的地域性社会共同体。在这样的社区之中,成员处于变动状态。虽然“增人不增地、减人不减地”是成员权固化的政策依据,但是该政策主要针对土地承包经营权而非农村集体经济组织成员资格。据此,成员不应当固定,而成员作为享有成员权的主体,当然处于变动之中,故成员权不应该固定。其次,股权源于整个农村集体资产。第一,从法律视角来看,针对资源性资产、经营性资产、非经营性资产的分离分配,其本身是否科学均有待检验。在实践中,资源性资产往往也是集体经营的主要资产,尤其是在法律确认农村集体经营性建设用地入市制度以后,这证明了土地本身就可以经营,因而不能仅仅对经营性资产进行折股量化。第二,股权是分享农村集体利益的依据;被分享的农村集体利益,不仅源于经营性资产,还源于资源性资产。第三,从集体所有制的角度出发,应当以享有成员权为基础,股权源于成员权,只要是成员就应该享有股权。最后,股权不应该固定。其一,股权固化的目的是推动股权的市场化流转,但所有集体资产的利益都只能由成员享有,享有成员权就应当享有股权,成员权的取得和丧失决定了股权的取得和丧失;因此,股权固化的目的无法实现,股权也不能进行市场化流转。其二,通过成员权制度来简化股权规则,把股权单纯作为成员分享集体利益的依据,因为成员是变动的,股权同样随成员的人数发生变化;据此股权不能固化。其三,受集体所有制所限,若对整个集体资产进行折股量化,即是对现有的人员和集体资产进行固化处置,这是严重不合理的。综上所述,成员权不应该固定,股权也不应该随之固定,农村集体经济组织成员的成员权是农村集体资产股权的基础。

王权典教授的发言主题是“优化集体产权股份合作制改革的基本问题及路径选择”。一方面,集体产权股份合作制改革存在诸多问题:第一,不同类型集体资产管理改革的问题。集体土地是最重要的农村集体资产,完整的集体产权制度改革,包括作为核心环节的股份合作制改革,应该将土地等资源性资产包含在内。一些地方实践还将非经营性资产也纳入了股份制的范畴。据此,建议在不违反法律规定的前提下,由农民制定章程自己决定股份制的量化资产范围。第二,集体资产股权的设置问题。在确保符合法律规定的前提下,由集体民主决定股权设置的类型、份额和比重等。第三,集体资产股权管理模式。一般实行不随人口变化而调整股权的静态管理模式;随着实践的发展,应当考虑各地方各个村社的实际情况,采取定期调整股权的动态管理模式。第四,集体成员资格的问题。农民集体成员与农村集体资产股东存在差异,农民集体成员权主要体现在土地承包经营权、宅基地使用权和集体资产收益的分配权三个方面,农村集体资产股东的权利主要涉及集体收益分配的问题。第五,完善股权权能、增加农民财产性收入的问题。发展农村集体经济,就是要盘活集体资产、激发集体经济的发展活力,因此,应允许农村集体经济组织与外部资本合作,探索集体资产股权的权能完善和股权对外流转机制。第六,集体产权制度改革的税费交易政策调整。

集体经济组织目前负担较重,承担社会公共服务和经济发展职能;未来应当对其降低税费,实现集体资产的保值增值。另一方面,集体产权股份合作制改革的路径选择。一是通过清产核资,界定各类产权的类型以及登记;二是依法明确成员资格界定标准,通过股份制章程确定股东资格;三是结合股份合作制,实现资产量化和股权设置;四是通过建章立制,完善运行规范和治理结构。此外,应当将资源性资产纳入集体资产股份合作制改革的范畴,结合混合所有制改革的特点,探索集体经济组织公司化的模式。

张洪波教授围绕“农村集体产权分类配置的原因与路径”展开论述。中共中央、国务院《关于稳步推进农村集体产权制度改革的意见》要求分类推进农村集体产权制度改革。农村土地实行“三权分置”的改革措施,农村集体经营性资产实行股份合作制改革。在实践中,各地将土地乃至其他集体资产全部股份化的做法明显不合理。一方面,不能将土地股份化。若对土地进行股份化,需要通过两种方式:一是在所有权层面上进行股份化;二是集体成员将土地承包经营权交回后,再进行股份化。这两种方式都存在很大问题:第一种方式不仅会改变农村集体所有制,还会将农村集体所有权变成私有产权;第二种方式实际上是一种变相再集体化的过程,存在收益不高且效率低下的问题。另一方面,农村集体经营性资产实行股份化后,建议参考乡镇企业的经验采用私有的方式。由于农村在经营性资产上成立的组织主要是乡镇企业,而乡镇企业改制的最后出路都是乡镇企业私有化改革,因此这种方式在经营性资产上是成立的。此外,许多城市郊区已经没有集体土地,只有经营性资产,其农村集体也已开始解散,这为推行私有化改革提供了思路。综上所述,应当坚持2016年中共中央提出的分类改革政策,针对农村集体经营性资产进行股份化,进一步落实土地使用权,让农民享有一个真正完整可交易的使用权。

王雷副教授针对构建“一体两翼”的乡村治理体系进行主题报告。首先,“一体两翼”乡村治理体系的基本结构,以乡村治理体系为“一体”,以农民集体成员权和农民集体决议行为为“两翼”。农民集体决议行为是乡村治理体系的具体法律手段和着力点,保障农民集体成员权是乡村治理体系的微观法律目标,健全乡村治理体系是“一体两翼”乡村治理体系的宏观政策目标。其次,农民集体成员权的制度完善。农民集体成员权回答了为谁治理的问题,也回答了农村集体产权制度改革最终目的的问题。农民集体所有权的主体是农民集体或者“本集体成员集体”。在农村集体资产股份合作制改革过程中,农民集体成员权是前提;股份合作制改革、折股量化对应农民的股权分配,它仅仅是实现成员权的方式之一。针对农民集体成员身份的认定标准,需要将实体和程序规则相结合:既要在立法上明确成员身份认定的实体考量因素,又要授权农民集体通过民主决议作出决定。最后,农民集体决议行为法律制度的完善。农民集体决议行为回答的是乡村治理中谁来治理和如何治理的问题。第一,在乡村改革的过程中,农民集体资产受到侵害的现象层出不穷。然而,《民法典》第 265 条第 1 款仅规定集体所有的财产受法律保护,禁止任何组织和个人侵占、哄抢、私分、破坏,缺乏集体所有权受到侵害情况下的法律救济保障机制。第二,对于农民集体决议的事项范围,应当将《农村土地承包法》、《土地管理法》乃至《村民委员会组织法》第 24 条和《民法典》第 261 条进行体系化解释,能够作为农民集体决议的事项、由农民共同决定的范围应限于村民共同利益的事项。第三,当农民集体决议侵害农民集体成员权时,根据《民法典》第 265 条第 2 款的规定,受侵害的农民或者农户有权要求予以撤销。但是,应当对该条进行目的性限缩解释:农民集体决议侵害集体成员的土地承包经营权、宅基地使用权、集体土地补偿费分配权、集体收益分配权等受益权利的,受侵害的集体成员可以请求人民法院予以撤销或者变更。

在第四单元的“与谈”环节,西北政法大学袁震教授、安徽大学朱庆教授、烟台大学张旭昕副教授先后针对主题发言提出自己的看法。

袁震教授主要从三个方面发表意见:第一,在当前新冠肺炎疫情的背景下,推动农村集体产权制度改革,不仅能够促使农村沉淀的资产得以显性化和资产化,还能有效盘活资产,实现乡村振兴战略目标,最终切实增加农民收入。第二,针对高飞教授提出集体成员权不应当固化、股权也不应当固化的观点,他认为成员权可能不应该完全固化,但是股权存在固化的必要性。因为股权毕竟是一种以物权为基础、以债权为主要形式的产权形态。当股权以物权为基础时,其份额具有固化的必要性。同时,股权的市场化也存在股权固化或者量化的必要性。享有成员权是取得股权的前提,即使在股权固化以后,由于集体成员还享有成员权,故尚可获得收益分配权以外的其他权益。第三,根据张洪波教授的论述,农村集体资产应当分类推进,对资源性资产进行“三权分置”,对经营性资产开展股份化改革。但是,袁震教授认为在征得农民同意的前提下,资源性资产也可实行股份化改革。针对经营性资产的股份化改革,不得实施私有化,应当在维护集体成员利益的框架内,坚持集体公有制的底线。

朱庆教授认为,未来农村集体产权制度改革应当引入商事思维,拓展农村集体经济组织的经济效益,并强化风险意识。目前,《公司法》对商事意义上的商法人类型规定得较为狭窄,但事实上这个领域具有较大的空间,应当深入地探索民事和商事主体的联系与区别。

张旭昕副教授针对发言人观点进行评析,同时提出了以下具体观点:其一,推动集体资产股份合作制改革,要解决集体经济组织、农民集体、农村基层自治组织、专业合作社和从事农业经营的社会资本所成立的上市公司之间定位的问题。具备经济功能的集体经济组织并不是农民集体本身,它是集体的一个功能分支,一个在经济上的体现。集体经济组织主要承担经济职能,政治职能、社区福利职能、基层自治等职能均应交由其他组织来承担。其二,要防范诸如村委会等基层自治组织对集体经济组织的替代。《民法典》规定,没有设立集体经济组织的,由村委会来代行职能,此规定实际上是一个权宜之计。此外,未来社会资本和集体经济的结合会更加紧密,要防范集体经济组织为社会资本所控制产生的风险。

(五)农村产权流转交易机制改革的法治保障

本单元由南开大学陈耀东教授主持,围绕"农村产权流转交易机制改革的法治保障"主题,广州大学刘云生教授、广东外语外贸大学耿卓教授、吉林大学孙良国教授、西南政法大学杨青贵副教授先后进行主题发言。

刘云生教授以广州冼村城中村改造为例,对城中村改造中的集体产权认定条件及实现路径进行实证分析。首先,冼村城中村改造反映了当下一线城市城中村改造面临的共性问题,如集体资产产权安排、政府规划权行使、农户和集体参与等法律问题,投资商、农户、集体、政府等主体围绕资本、土地、商业、权力行使展开利益博弈,改造模式逐渐从"规划+契约"向"契约+市场"演变。其次,城中村改造过程中的集体资产认定范围和条件。冼村采取区分回迁区与融资区的方法,对土地资产与货币资产进行区分,资产认定范围涉及超面积房产资产认定,婚姻与新生人口吸纳,公共服务性集体资产扩容、增量、升级等问题,应当以激活土地资本功能、确保不动产区位优势、优化和增强集体资产竞争力为资产认定条件。最后,集体资产的目标定位与实现路径。冼村样本在目标定位上体现出三个变化,更加强调产权安全性与市场化、从代理人机制走向市场配置机制、从身份强制转为股权自决,实现路径也经历了从对抗走向协商的过程。

耿卓教授围绕"农村集体经济组织特别法人的终止事由"进行发言。虽然现行法律对农村集体经济组织能否终止没有明确规定,但是从理论及实践逻辑上来讲,农村集体经济组织作为特别法人应当可以终止,其终止事由可以参考普通法人及其他特别法人的终止事由。关于构建进路,一方面是终止事由的排除,要基于农村集体经济组织特别法人的特殊之处,考量一般营利法人的终止事由能否适用;另一方面要融合主体、客体进路,更加体系化、系统化、完备化地认识终止事由,并将终止事由的法定化、公权力介入的限制、集体经济组织意思自治的限制作为确定终止事由的基本考量因素。在以上构建进路的基础上,农村集体经济组织的终止事由主要分为以下三类:第一类是组成农村集体经济组织的成员的变动事由。农村集体经济组织的内部结构及运行核心在于成员与组织的关系,直接体现了法人团体性的特征与构造。随着农村集体经济组织成员不断流动,特别是流失,可能导致农村集体经济组织不复存在。第二类是作为农村集体经济组织存续核心和基础的土地所有权的变动事由,包括绝对消灭如自然灾害导致土地不复存在、相对消灭如强制征收和合意交易。第三类是农村集体经济组织权力机构决议终止,但对该决议的正当性与可行性、表决方式等问题仍待讨论,以及终止后相关人员安排和权利如何维护和实现等问题,有待进一步研究。

孙良国教授的发言主题是“集体产权交易中合同订立的相关问题”。第一,集体产权交易规则应当简单清楚。目前集体产权交易规则不清晰、过于复杂,设定简单易操作的交易规则是集体产权交易中需要解决的关键问题。第二,关于集体决问题,集体产权交易之前存在很多民主程序,但实践中由于行政干预、多数人或少数人暴政、集体意识欠缺等原因,集体决没有存在空间或存在非常多的问题。第三,关于市场化及市场化局限问题,市场化是释放农村集体产权活力的必经之路,也是促进财富增加流转的重要方式,可以通过完善社会保障等方式来消解市场化的局限。第四,关于集体产权交易平台,目前这些技术平台存在地域上的局限,资源配置不够充分,资源整合力度远远不够;要通过现代技术的平台化,实现省级或全国范围的资源整合,通过平台交易规则对之前的民主决进行形式或实质性审查,可以降低现代化、技术化平台带来的风险。第五,关于交易文本的格式化问题,相应主管部门应当邀请专家对合同订立、履行、救济等规则进行设计,设置集体决为前提,降低合同成立或效力上的风险,设定比较灵活的集体产权交易阶梯价格,降低合同履行风险。第六,应当利用司法大数据构建司法信用体系,通过查询农村集体产权组织的声誉,避免交易中的风险。

杨青贵副教授着重分析了农村土地财产权市场化实现的障碍及其对策。在对农村土地财产权的法律体系进行梳理后,他指出,农村土地财产权市场化实现的现实障碍主要有:农村土地财产权的价值未得到立法确认、农村土地财产权的制度体系不完善、农村土地财产权的部分权利未进行精细化设计、农村土地财产权与自然资源监管权的混同、利益相关者对农村土地财产权实现的参与性不足。关于农村土地财产权市场化实现的对策,应当将农村土地财产权明确纳入《民法典》中,肯定农村土地财产权的地位;合理处理岸线土地使用权、自留山和自留地使用权;将调整土地关系的法律明确定位为土地基本法,形成"《民法典》—土地基本法—单行法"的法律体系;准确定位不同法律调整农村土地财产关系的功能。同时,应当加强农村土地财产权监管制度建设,坚持党委领导、政府负责,积极引入社会治理、社会协同、社会共治等治理理念,吸收公众参与,加强法治保障,打造共建共治共享且集政府监管、社会监督、群众自治于一体的农村土地财产权监管制度。

在"与谈"环节,清华大学汪洋副教授、天津大学杨雅婷副教授、山东农业大学陈晓军教授、山东建筑大学王淑华教授围绕主题发言发表意见。

汪洋副教授认为在《民法典》颁布后,结合《农村土地承包法》《土地管理法》等相关法律,以下问题亟待解决:这些法律确定的不动产权利与不动产权利设立合同之间的关系,如土地承包经营权发包合同、经营权流转合同等。从物债二分的角度上来看,这些合同的内容需要区分哪些发生物权效力、哪些发生债权效力以及哪些通过登记产生物上之债效力。这些不同效力的区分,分别给予物权人相应消极或者积极的给付义务,以及是否通过登记取得标的物。但是,现行法律对合同登记的性质和效力的规定比较混乱。

杨雅婷副教授指出,集体股份化的资产跟股东与成员权是对应关系。如果农村集体经济组织的股东退出后仍享有成员权,那么其法律地位就不明晰。虽然国务院办公厅曾在2015年发布了《关于引导农村产权流转交易市场健康发展的意见》,但实践中各地建立的交易平台和交易市场都比较混乱,其原因在于交易平台的法律地位不明确。一方面,交易平台是市场主体;另一方面,交易平台在合同见证、市场准入规则的制定、合同范本的规范等方面发挥着市场监管作用。因此,应当进一步完善交易平台的制度构建,并以此推进集体产权交易制度的改革。

陈晓军教授提出,各地集体经济组织存在较大差异,如山东省的集体经济组织空壳化现象非常普遍,在集体经济组织立法中要充分重视这种差异。此外,集体产权交易入市的市场主体非常多样:既有村民委员会,又有股份合作社、土地股份合作社、集体资产管理公司、镇级土地联营公司(北京市大兴区)。因此,集体产权交易主体还需要深入探讨。

王淑华教授指出,中共中央、国务院出台了《关于构建更加完善的要素市场化配置体制机制的意见》,应当说土地要素市场化配置处于基础性地位。市场化配置改革重在落实,无论是土地资源资产所有权、农村集体经济组织特别法人的构造,还是农村集体经济组织的成员合法享有成员权及依据正当程序主张成员收益等,都有赖于土地要素能够按照市场化的方式进行配置以达到收益最大化。因此,要重视从法律制度设计和具体机制方面破除阻碍要素自由流动的体制机制问题,能够真正实现用市场化的思路、法治化框架规范集体资产的交易。

三、会议总结

本次会议闭幕式由湖南大学屈茂辉教授主持,广东外语外贸大学陈小君教授对会议研讨情况进行总结。

陈小君教授首先指出,农村集体产权制度改革的研究应当注意两个重要的关键词。第一个是改革,主要是改革的内容;第二个是法治保障,主要是从动态法治角度论证农村集体产权制度改革。本次会议聚焦的核心问题主要包括三个方面:第一,成员集体与农村集体经济组织是否为一个主体?在实践中,农民认识不到归属主体问题,在农民看来谁行使集体所有权,谁就是集体所有权主体,如农村集体经济组织或村委会。《民法典》规定农村集体经济组织法人是特别法人,是否意味着虚化的农民集体被法人化了?特别法人的特别之处是什么?《民法典》并未规定清楚,对此需要理论研究。第二,成员权与股权的交织与区分。对成员权的性质、内涵、权利的得丧变更,以及股权的权源、内容、市场化等问题并没有结论,但思考是深入的。因此商法的原理应得到关注与适用;目前我们对集体土地上设立股份制的理解不尽统一,需要结合商法原理来准确理解股份制内涵。实际上,农民对于股份制的认知不完全是甚至根本不是法律意义上的。农民不接受自己的股份利益在市场化运行中发生减损,更不能接受集体经济组织破产。就实践而言,尤其是 33 个试点县(市、区)的集体建设用地使用权入市改革,并没有赋予农民股份。第三,特别法人和成员权的研究。特别法人背景下,股份制改造的正当性和其他主体的利益问题更值得研究。当下和未来“三农”利益的博弈焦点就是成员权,农民对个体利益的期待更多还是集中在成员权上,如承包地利益、宅基地利益、集体建设用地入市的利益都与成员权关联;如果上述利益涉及公权力侵蚀,成员权的规则更是不可或缺,没有这个制度就无法坚持集体土地上的公有制和对农民利益的根本维护。

陈小君教授结合其调研经验,对现行土地法政策进行简单的评析。现有的两个“三权分置”政策并没有得到农民的全方位认可。土地改革中尤其是土地征收,仍有许多问题亟待解决。例如,《土地管理法》第45条第1款第5项的争论;承包地规模经营和工商资本下乡并不能顺利实现耕地安全和粮食安全;在农业发展如此羸弱的态势下,加之承包地的租金收益会侵蚀利润,这些因素都会影响资本下乡的市场化进程等。在广东省某地,近200亩永久基本农田被转变为鱼虾蟹养殖池塘,但当地政府相关官员认为这种做法不违法,实际上此行为已违反《土地管理法》的规定,也背离了保护耕地的相关法规。在农村地区开展的房地产项目、民宿建设等经营活动,对国家耕地保护制度的打击是毁灭性的。这些新土改中的问题亦与集体产权改革密切相关。农村产权流转交易机制改革的法治保障更多地涉及技术性问题,研究人员应当带着理论和书本知识沉到乡村去调研,而不是单单去城中村或新农村,也不只是去在政府主导下改革实践进展较好的农村调研。躬行至最普通的农村,与村民深度沟通,可以了解到乡村生活逻辑和更多实际的普适性问题。

(责任编辑:陈越鹏　曹相见)

中国土地法制与乡村振兴战略会议联盟第六届学术研讨会“农村要素市场化配置改革的法治保障学术研讨会”暨第十二届中国农村法治论坛综述*

何俊玲**

|摘　要|

2020年10月31日,中国土地法制与乡村振兴战略会议联盟第六届学术研讨会在重庆市顺利召开。参会代表围绕“农村要素市场化配置改革的法治保障”进行了深入研讨,并对农村集体建设用地盘活利用的多元方式、深化农村集体产权制度改革的路径等问题达成初步共识。

|关键词|

农村要素　市场化配置　产权制度　法治保障　多元利用

|目　次|

2020年10月31日,中国土地法制与乡村振兴战略会议联盟第六届学术研讨会“农村要素市场化配置改革的法治保障学术研讨会”暨第十二届中国农村法治论坛在重庆市顺利召开。本次会议由中国土地法制与乡村振兴战略会议联盟

---

* 本会议综述系会议承办方根据录音和发言人的课件整理而成。

** 何俊玲,西南政法大学中国农村经济法制创新研究中心助理研究员。

主办,西南政法大学经济法学院、经济法学科、中国农村经济法制创新研究中心承办,《法学家》杂志社、《土地法制科学》编辑部、《经济法论坛》编辑部协办。来自中国人民大学、吉林大学、南开大学、浙江大学、广东外语外贸大学、西南政法大学、华东政法大学、西北民族大学、重庆大学、烟台大学、天津大学、嘉兴学院、南京师范大学、北京市社会科学院、太原师范学院等全国20余家单位的近百名专家学者出席了本次会议。本次研讨会共分五个单元进行主题研讨,现根据专家的现场发言,将会议研讨的主要内容综述如下,以飨读者。

一、农村要素市场化配置改革的理论回应

(一)农村要素市场化配置改革相关理论探索

广州大学法学院刘云生教授指出,农村土地经营权担保目前还存在两点问题。一是《民法典》与《农村土地承包法》相关条文之间衔接不当。《农村土地承包法》第47条规定的是土地经营权担保,而《民法典》第342条规定的却是土地经营权抵押。二是《民法典》与《农村土地承包法》对土地经营权抵押的范围与对象都做出了相应限制,封闭性、内部性较为明显。要想真正实现农村土地要素配置的市场化改革,应该将前述法条规定统一为担保。土地确权登记后,除土地抵押外还可以进行权利质押,这在历史上是有经验可供借鉴的。

《广东社会科学》杂志社周联合研究员认为,农村要素市场化配置改革的首要问题在于,要善于将源于经济生活要求的产权结构法治化。这需要运用历史考察与比较研究方法,对已经建立起来的物权、债权等制度进行与时俱进的检视与改革,破解以往制度对农村土地市场化配置方面的限制,使之符合农村产权要素市场化配置的现实需要。

烟台大学法学院王洪平教授认为,农村要素市场化配置改革相关理论探索应明确如下两个问题。一是对"农村要素市场"这一概念进行准确界定。农村要素既涉及文化等软要素,同时又涉及资源、产业等硬要素,进行相应改革时应该有所甄别,要针对可交易性要素展开;二是农村改革不能完全套用城镇市场化改革经验,一方面在于城乡生活状态的异质化客观存在于每个时代,另一方面在于我国的城镇化建设过程中出现了诸多遗留问题。这反映出农村要素市场化配置改革应避免冒进,同时注重人文关怀。

华东政法大学高富平教授同样认为需要准确界定"农村要素市场"概念。传统古典经济学中生产要素包括土地、资本、劳动、企业家才能,多数土地法学者更加关注土地要素,但忽视了企业家的风险承担能力、创新能力与资源整合能力。

中国政法大学地方财政金融与农村法治研究中心李蕊教授指出,农村要素除了可以划分为软要素与硬要素之外,还可划分为有形要素与无形要素。其中有形要素涉及人、地、钱三方面。农村改革的核心就是要统筹解决人在哪儿、地给谁用、钱从哪儿来三个问题,要避免上述问题被单独割裂进行。在价值层面,进行要素市场化配置改革时决不能唯市场论,需要统筹考虑效率、公平、安全的统一。其中安全是最基本的底线,这又涉及粮食安全、生态安全、社会安全。此外,改革还需注重公共利益与私人利益间的平衡。

西南政法大学经济法学院杨惠教授在价值层面着重强调了公平的重要性。其指出,在调研过程中诸多地方都非常关注第二轮土地承包到期后再延长30年的公平分配问题。

西南政法大学经济法学院张志辽教授强调,由于我国农村各项改革始终面临着公有制、耕地红线、规划控制以及用途管制四方面的限制,市场化配置的空间非常有限。因此,农村要素市场化配置改革不仅涉及土地问题,还涉及基于土地利用保护所形成的生态产品可交易性问题。对此,必须从价值的存在基础、价值的发现、价值的确认以及价值的维护四个方面予以考量。近年来,重庆市在“地票”制度上进一步发展出的生态“地票”制度是这方面的有益探索。

广东外语外贸大学土地法制研究院张淞纶副教授提出,在公有制背景下进行市场化改革存在市场悖论。如果采用计划手段,管理成本会大幅增加。而由于成员的无限性,采用市场手段又会导致交易成本的上升。因此,产权的界定十分重要。但传统民法的产权界定逻辑都是建立在严格的私有制上,与我国农村实际情况不符,需要对其进行扬弃,例如,承包地“三权分置”下的承包权本质上可能既非成员权也非身份权,而是所有权,是集体所有权的私法版本。

嘉兴学院浙江省法学会合作社与农民权益保障研究中心向勇教授指出,法学界对农村要素市场化配置改革已经做了长时间的理论探索,形成了一些成果,但缺乏理论的传承。此外,法学界未能厘清集体所有权这一改革前置性问题的具体内涵。

(二)农村要素市场化利用的障碍及其破解

广州大学法学院刘云生教授聚焦于土地要素抵押担保,指出我国农地在进行市场化配置时存在三方面障碍:一是《民法典》第399条将土地权益抵押范围限定于土地经营权;二是根据《农村土地承包法》第47条的规定,受让方以土地经营权融资担保时具有经承包方书面同意并向发包方备案的前置性义务,人为增设了融资担保的障碍;三是《农村土地承包法》第44条规定,“承包方流转土地经营权的,其与发包方的承包关系不变”,这导致受让人抵押土地经营权时,抵押权人与承包权人、发包人之间的法权关系模糊。要想破除上述障碍,需要民法学界与经济法学界展开进一步对话。

《广东社会科学》杂志社周联合研究员同样认为,农村要素市场化配置问题主要是土地问题,其中又以产权问题为重。一旦产权设计出现问题,耕地红线、规划控制等制度的实施都容易遭遇阻碍。因此,在进行制度构建时,一方面需要将该坚持的原则坚持好,另一方面必须重视产权制度设计,实现农村要素的可交易性,最终达到市场化配置目标。

烟台大学法学院王洪平教授强调,公有制并不是我国农村要素市场化配置改革的障碍,而是基础与前提,关键在于如何理解。我国公有制有“大公”与“小公”之分,大公即国家(全民)所有,小公即集体所有,应注意二者的区别。我国存在几百万个农民集体,可以针对各自不同的资源禀赋进行不同的市场化设计,形成“一村一市场”的局面。同时,村与村之间也可以进行联合,共同推进市场化变革。王洪平教授还指出,目前改革仍面临如下障碍:一是如何与生态环境保护进行协调,过分注重环境可能会使农村要素市场化改革难以取得实质性进展;二是我国农村频繁调整土地等破坏产权稳定的行为多发,致使改革丧失了稳定的前提。

中国政法大学地方财政金融与农村法治研究中心李蕊教授认为,农村要素市场化配置改革的核心障碍在于城乡二元结构。人、地、钱三类要素在城乡之间、发达与不发达地区之间存在不均衡状态,此种情况下如果没有相应的制度设计,农村市场化改革会使城市对农村、发达地区对不发达地区的“虹吸效应”愈发明显,公平、效率、安全的价值追求也会落空。破解之道在于注重城乡融合发展,城市反哺农村。对此,政府可以运用财政、税收、金融等具体措施予以支持。

西南政法大学经济法学院张志辽教授认为农村要素市场化配置改革已经成为顶层设计的趋势和方向,在观念上不存在障碍,但缺乏落地工具。

广东外语外贸大学土地法制研究院张淞纶副教授认为,农村要素市场化利用的障碍在于农民的观念,与整个行政管理与法律制度理念相冲突。农民实际上是走在管理者与立法者前面的,他们通过实践智慧能够敏锐地发现保障性制度中的财产价值,但政府或立法机关很多时候仍然按照传统计划经济思维来思考问题。这就导致中央立法者与基层执法者、普通农民间存在非常尖锐的矛盾。

嘉兴学院浙江省法学会合作社与农民权益保障研究中心向勇教授认为,农村要素市场化障碍不在于被普遍认为的土地要素市场化,而在于主体的市场化。

农村集体经济组织法人是不是真正的市场主体？其能否自由流转自己的土地？能否拥有破产能力？这些都会形成法律障碍。

华东政法大学高富平教授提出，农村要素市场化配置改革的一大障碍在于农民集体所有的内涵难以厘清，另一障碍在于人为将要素市场划分为城市和农村。真正的市场是统一的，如此才能使各类要素的效用获得最大化发挥。目前农村要素市场化改革应该去政治化、去行政化。

华中师范大学法学院丁文教授认为农民观念已经开放，交易平台或流转市场的缺失是农村要素市场化利用的最大障碍。

西南政法大学经济法学院孟甜老师结合自身调研情况指出，农村要素市场化利用并非没有交易平台，而是缺乏需求。因为土地要素受区位影响极大，导致流通大为受限，在此情况下要想建立起完善的沟通与交易机制十分困难。

（三）农村要素市场化配置中市场与政府关系的法律调整

广州大学法学院刘云生教授强调，农民的实践智慧远超过立法者或法学家，政府在进行管制时应该充分尊重农民智慧，除了土地利用总体规划与用途管制，剩下的应交给农民自己探索。管制过多会使改革效果大打折扣。

《广东社会科学》杂志社周联合研究员认为，政府应该顺应市场规律，建立起符合市场需要的产权规范与交易规则。但同时，政府也要适当运用税收、规划等公法手段进行调控，保障公有制，避免贫富两极分化，保障党和政府政治目标的实现。此外，“一村一市场”是否为真正的市场值得商榷，因为真正的市场一定是大市场。

烟台大学法学院王洪平教授将市场与政府的基本关系形象地比喻为有形的脚与无形的手，二者关系的调整应以解决“三农”问题、实现乡村振兴为出发点。政府对于农村市场的建成和运转更多应当采取无为而治的态度，无为就是有为。具体而言：一是政府应当依法施政，农村要素市场的不稳定与农村基层施政的不稳定有直接关系；二是乡村振兴应当是依法振兴；三是政府对市场的干预应当持谨慎态度；四是要做实农村自治，实现乡村治理的去行政化；五是引导社会资本、工商资本“从良”，承担相应的社会责任；六是改革应该保留底线，农村要素依然具有很强的保障功能与稳定功能。

中国政法大学地方财政金融与农村法治研究中心李蕊教授从三个层面探讨了农村要素市场化配置中政府与市场的关系。一是要处理好赋权与管制的关系。对粮食安全、生态安全、社会安全底线的坚守的确离不开政府对土地用途、劳动力市场、资金市场的管制，但关键在于如何实现政府管制的有序、有度和有效,避免一放就乱、一管就死的尴尬境地。二是市场本身存在竞争失序等失灵现象,需要更好地发挥政府的作用。三是政府需要扮演好市场规则制定者,市场体系建设者、引导者、激励者,市场秩序维护者,市场秩序监管者,市场安全托底者五个角色。此外,社会组织、公民的协同作用不容忽视。

西南政法大学经济法学院张志辽教授在如何解决政府有为与市场有效的关系上,提出了以下看法:一是要运用系统性思维,不能单纯为了土地市场化配置而忽视"三线一单"(生态保护红线、环境质量底线、资源利用上线与生态环境准入清单)制度;二是要注重回归,将政府和市场各自作用的发挥落到实处;三是在具体实现路径上,首先应从法律上明确设定市场主体的义务底线,其次应明确界定政府在农村要素市场化配置改革中的职能职责,最后应处理好对外开放与对内放开的关系。

广东外语外贸大学土地法制研究院张淞纶副教授认为,将市场与政府对立起来是传统自由主义的理论预设,农村要素市场化改革不是简单的市场与政府的关系问题。政府本身从中央到地方存在多个层级,面向的问题与利益考量都有所不同。中央政府运动化式地推动某一政策,基层政府则被裹挟在政绩考核与普通农民的实际利益需求间叫苦不迭。因此,本质上还是应该解决不同层级政府作为决策制定者与执行者之间深刻的内部矛盾,将一同治理与有效治理协同起来。

华中师范大学法学院丁文教授指出,由于农村要素市场的不成熟,目前还无法离开政府的各项支持。当下政府应该更多注重市场培育,而非过多进行管制。

(四)农村要素市场化配置的制度保障

广州大学法学院刘云生教授在制度保障层面依然聚焦于土地经营权的担保问题,主张借鉴传统民间智慧,实现土地经营权的抵押以及权利质押。具体到法律条文,刘云生教授认为通过《民法典》第399条与《农村土地承包法》第47条的对接,可以实现土地经营权抵押;对《民法典》第440条第7款进行扩张性解释,通过将土地经营权视作一种财产性权利,以土地经营权证书进行权利质押,实现土地经营权的质押。此外,土地经营权入股后以股权设定质押也不存在障碍。

《广东社会科学》杂志社周联合研究员认为,如果政府总是在产权规则与交易规则上设置例外条款或限制性规定,真正的市场化配置就很难实现。对此,政府应该更多运用税法等公法手段进行调控。同时,要想切实解决农村问题,应尽快将农村土地的社保功能剥离开,建立起比较现实、健全的农村社保制度。

烟台大学法学院王洪平教授认为，社保制度是一把“双刃剑”，它造就了社会中的懒人状态，并没有保障社会的健康发展。在制度保障的探讨上，王洪平教授认为，农村要素市场化配置在法治层面的制度建设包括主体制度、产权制度、交易制度、纠纷解决制度、监督监管制度的建设；在德治层面，道德的滑坡与农村家庭的原子化现状可能有碍和谐的市场体系形成；在自治层面，如今农村一定程度上还存在专制现象。此外，王洪平教授还提出存在了几千年的农村集市是否对农村要素市场的建设具有启发性的疑问。

深圳大学法学院侯玲玲教授首先提出小产权房是否可以合法化的问题。其次，社会保险是对失地农民的最后一道保障。最后，农村劳动力与城市劳动力都是人才要素，二者没有本质区别，不应割裂看待。

中国政法大学地方财政金融与农村法治研究中心李蕊教授认为，农村要素市场化配置的制度保障核心仍是公权与私权的权责边界以及公权主体与私权主体的权责配置问题。这涉及对私权的保障以及对公权的约束。因此，应将正在进行的《农村集体经济组织法》等立法做实，避免虚化的表达引发新的制度障碍。否则，既有的现实困境再叠加制度障碍，改革只会难上加难。

西南政法大学经济法学院张志辽教授认为，农村要素市场化配置的制度保障是一个庞大的制度群，其中有四个基础性制度需要予以完善。一是市场交易制度，主要解决交易对象、场所、主体等问题；二是投资人权益保障制度，激发投资人的交易意愿以及使其获得公平交易机会；三是风险控制制度，避免社会公共利益受损；四是政府绩效考核评价制度，避免制度运行的低效化。

广东外语外贸大学土地法制研究院张淞纶副教授认为，农村要素市场化配置的制度保障更多涉及公法问题，交易规则、交易客体等私法层面的规则农民可能更富创见。同时，我国农村的复杂局面与以绝对排他的所有权为核心建立起来的传统民法制度体系存在一定冲突。所以，在农村要素市场化配置改革中，可以考虑相应的私法配套制度不受《民法典》相关制度的硬约束，给予充分的制度阐释空间。此外，要想真正实现农村交易市场的现代化，需要借助物联网、大数据等现代工具。

二、土地要素市场化配置改革的法治保障

（一）《民法典》与农村土地要素市场化配置改革

浙江大学中国农村发展研究院丁关良教授围绕该议题主要谈了四个观点：一是农村土地要素市场化配置改革仍然缺失基本法的全面支撑。《民法典》仍规

定集体建设用地使用权与宅基地使用权转致性地适用具有公法性质的《土地管理法》。二是集体土地所有权主体虽然在法律上规定为乡(镇)、村、村民小组农民集体,但其仍然不属于真正的民事主体,实践中多由农村集体经济组织或村民委员会代行集体土地所有权。三是土地经营权的生成缺乏新的法理支撑,承包地"三权分置"虽然被规定于新修订的《农村土地承包法》,但理论界与实务界对其仍然存在不同理解。四是抵押是改革的重头戏,但土地经营权到底如何抵押,《民法典》并未具体提及。

南开大学法学院陈耀东教授认为,农村土地要素市场化配置改革主要解决的是土地能否以商品形式在市场上进行流通配置,从而形成各种各样土地方面的生产要素市场。我国农村土地制度改革主要经历了确权、盘活、流动三大阶段。然而在既有制度框架下,农村土地集体所有权变动的法律形式只能是征收,因此无法实现市场化配置;农村承包地"三权分置"也是为协调制度约束与市场化配置的现实矛盾而进行的一项改革,但分置出的土地经营权虽然已经被纳入《民法典》,能否真正实现市场化依然有待探讨;集体经营性建设用地使用权流转的展开也依旧是一项艰巨的工作。

广东外语外贸大学土地法制研究院张保红教授着重探讨了《民法典》第339条。《民法典》第339条规定"土地承包经营权人可以自主决定依法采取出租、入股或者其他方式向他人流转土地经营权",但通常来讲,出租后承租人获得的是租赁权。同时,入股客体到底是土地承包经营权还是土地经营权,如果是后者,土地承包经营权人是否应先为自己设定土地经营权,然后再入股?《民法典》是统一的整体,如果在总则与分则中存在不同理解,有损《民法典》的严谨性。

华中师范大学法学院丁文教授指出,《民法典》与农村要素市场化配置改革存在密切勾连,其主要是通过物权确认来强化相关主体的产权保护。具体表现在如下几个方面:一是物权编中对集体所有权的客体、行使与保护都进行了规定;二是对农地"三权分置"进行了立法表达;三是在"建设用地使用权"一章中通过第361条这一转致性条款的设置,实现了建设用地使用权与《土地管理法》的有效衔接。但总体来看,《民法典》依旧趋于保守:一是集体所有权民事权利属性不明显;二是土地经营权定性不明;三是宅基地"三权分置"改革未能在立法中体现。

西南政法大学民商法学院黄忠教授主要谈了三点看法:一是理念上如何看待政策入法的问题,《民法典》第363条将国家有关规定直接纳入宅基地使用权立法中；二是体系上如果将土地经营权人作为独立的征收补偿主体看待，如何与土地所有权人、用益物权人的补偿地位进行体系化衔接；三是工具上《民法典》地役权制度可以在一定程度上用来解释土地指标交易，居住权制度可以用来解释宅基地“三权分置”。

广东外语外贸大学土地法制研究院于凤瑞副教授认为，《民法典》第363条规定政策入法的意义在于，可以为未来制定具有行政法规性质的“农村宅基地使用条例”及地方性法规提供适用空间。此外，“房地一体”背景下宅基地制度改革应注意如下两点：一是宅基地使用权开进过程中要有底线思维，应明确禁止宅基地使用权单独转让或抵押，保证户有所居，维护社会稳定；二是对宅基地法定租赁权制度进一步细化，解决农房买卖过程中“房地一体”但所有权分属两个不同主体的困境。

西南政法大学经济法学院龚暄杰老师指出，将农村土地要素的市场化配置改革完全寄托于《民法典》不太现实，其更多是对前期政策探索的法律确认。交易市场的培育、交易链条的完善以及对地方个性的尊重还有待继续探索。

（二）《土地管理法》与农村土地要素市场化配置改革

浙江大学中国农村发展研究院丁关良教授指出，《土地管理法》第63条规定的集体经营性建设用地入市制度是此次修法的最大亮点，但乡镇企业用地与集体经营性建设用地被分别规定于第60条和第63条，这造成法律规定欠缺体系化。此外，宅基地制度改革虽然部分入法，但不符合实际，比如县级人民政府实际没办法承担《土地管理法》第62条规定的实现“户有所居”的任务。

南开大学法学院陈耀东教授认为，《土地管理法》总体来讲属于公法定位，既不是权利法也不是交易法，很难通过该法实现土地产权清晰、财产流动目标。下一步，有关配套规定需要解决集体经营性建设用地使用权的市场化配置问题以及主体的市场化问题，在维护和肯定公共秩序与公共利益的前提下，充分尊重农民在使用权流转环节的意思自治。

华中师范大学法学院丁文教授同样指出，《土地管理法》的定位在于公法或行政管理法，单纯依靠该法支撑农村土地要素市场化配置改革不太现实，因此细化相关规则尤显重要。但是，《土地管理法》依然作出了如下贡献：一是允许农村集体经营性建设用地入市流转；二是“户有所居”与宅基地退出等农村宅基地制度的完善为宅基地市场化改革做了制度铺垫；三是适应“放管服”改革要求，扩大了地方审批权限，符合市场化改革的效益原则。

广东外语外贸大学土地法制研究院张保红教授重点围绕《土地管理法》第63

条进行了探讨。《土地管理法》第63条第1款规定,土地利用总体规划、城乡规划确定为工业、商业等经营性用途并经依法登记的集体经营性建设用地可以进行市场化流转,但《宪法》第10条规定城市的土地属于国家所有,因此如果其涉及城市规划区内的土地时应该如何处理?可能的解决办法是集体土地被纳入城市规划区后自动国有化,但是仍由集体代行国家权利,个体权利人依旧享有土地永久的使用权,依旧可以交易。

西南政法大学民商法学院黄忠教授强调,农村土地市场化不能简单理解为将土地放到市场交易,还须考虑如下两个方面:一是公共产品的供给问题。土地的价值更多在于其附带的公共产品或基础设施,农村土地市场化改革过程中到底是集体还是政府进行基础设施建设投入?二是土地收益的均衡化问题。土地价值受区位影响明显,目前做法是通过土地增值收益调节金或者土地增值税予以调节,但如果运用税收手段,税率、税基以及公共产品成本与收益的确定都较为复杂。在公有制背景下,收益归属问题也需要做进一步思考。

广东外语外贸大学土地法制研究院于凤瑞副教授以《土地管理法》第62条第6款为切入点提出了如下三个问题:一是自愿有偿退出宅基地的具体操作规则如何立法?《民法典》物权编依然将具有私权属性的宅基地得丧变更交由土地管理的法律和国家有关规定进行调整。二是宅基地退出对象被限定为进城落户农民,对于没有进城落户但拥有多处宅基地的农民,其想退出多余宅基地应该如何处理?三是自愿有偿退出宅基地的村民是否还享有宅基地"三权分置"中的资格权?该问题涉及对村民居住权的保障。此外,于凤瑞副教授认为退出后的宅基地应以复垦为主,确保集体土地与农村人口间的生态平衡,同时兼顾产业用地需求。

西南政法大学经济法学院龚暄杰老师指出,农村土地制度改革目前之所以面临困境,主要原因是"规范在中央,创新在地方",即中央的制度约束力与地方想突破制度框架进行创新之间的矛盾。因此,《土地管理法》未来应在设定制度底线和尊重地方创新之间进行适当平衡。

中国人民大学法学院高圣平教授提出如下问题:一是在目前的财政体系下,如何平衡集体经营性建设用地入市和征收制度间的关系;二是在城乡统一的建设用地市场下如何看待建设用地指标在省域内或者跨省域交易的问题;三是在农村土地一级市场与二级市场交易规则的构建方面,《土地管理法实施条例》是否可以借鉴《民法典》中有关国有建设用地使用权的某些交易规则。

（三）要素市场化配置下的农地权利体系

浙江大学中国农村发展研究院丁关良教授围绕该议题指出，现行农地权利在立法上存在诸多问题：一是基本民事权利未能体系化、规范化；二是众多农地权利的生成既无传统法理作为依据，又无创新法理支撑；三是众多农地权利性质不明，甚至产生矛盾与冲突；四是农地权利的法律救济制度缺失。

南开大学法学院陈耀东教授对农地权利体系做了如下四个层次的构建：一是农村土地的所有权。二是农村土地的他物权，包括用益物权与担保物权。用益物权主要包括建设用地使用权、土地承包经营权、宅基地使用权、地役权、流转期限5年以上的土地经营权、土地典权、海域使用权、林地草地等自然资源使用权、探矿权、采矿权、取水权、水域滩涂养殖权等。担保物权主要包括集体经营性建设用地使用权的抵押权、土地经营权的融资担保、不动产让与担保权。三是土地债权，主要包括土地发展权以及流转期限5年以下的土地经营权。四是土地继承权，包括农地承包经营权继承以及地随房走的宅基地使用权继承等。

广东外语外贸大学土地法制研究院张保红教授以《农村土地承包法》第5条为出发点，探讨了农地“三权分置”下对土地承包权的理解：多数人认为第5条规定的是土地承包权，但按照中央文件的规定，土地承包权指的是对土地直接现实支配的权利，本质上就是土地承包经营权。而《农村土地承包法》第5条规定的只是期待性权利，没有特定客体。如果将对土地承包的现实权利与期待权利混为一谈，将有损农民利益。此外，“一户一宅”也应被视作一种期待性权利。

华中师范大学法学院丁文教授认为，农地权利的体系化与类型化是勾连在一起的，意味着类型依据或角度不同，体系构造就不一样。对于承包地而言，其权利体系可以概括为集体土地所有权、土地承包经营权、土地经营权。对于建设用地而言，其权利体系可以概括为集体土地所有权、集体建设用地使用权、宅基地使用权。但以下问题值得探讨：一是对于承包地而言，体系到底是三权还是四权，《农村土地承包法》第5条与第9条可否理解为两个独立的权利类型？二是集体经营性建设用地入市制度的提出是否给土地发展权这一权利类型留下空间？

西南政法大学民商法学院黄忠教授指出，目前农村要素市场化配置改革中存在如下问题：在所有权层面，政府试图通过推动农村要素市场化改革解决过去先征后用制度中存在的问题，但集体土地所有权制度与国家土地所有权制度一样，同样面临土地粗放利用甚至浪费等问题。同时，改革也必然会带来农民的市民化，但不会直接杜绝腐败。在他物权层面，目前《民法典》或民事理论提出的他物权类型不充分,用益物权中典权问题值得继续探讨,担保物权中需要进一步研究不动产质权与不动产抵押权的实质区别。

广东外语外贸大学土地法制研究院于凤瑞副教授从权利救济角度探讨了农地权利体系相关问题。司法实践中对于如何认定集体决议行为侵害了集体成员权益争议很大,还未形成规则体系。但实质上决议是形成集体内部意思,调整集体内部法律关系的过程和机制,不应该忽视决议行为在塑造农民集体主体地位中的积极建构功能。目前正在研究起草的《农村集体经济组织法》本质属性为团体法,该法应在明确集体成员资格及内部治理结构的同时,对农民集体决议的召集、表决规则、效力体系及效力瑕疵等方面作出系统规定,通过静态组织架构和动态治理机制的结合,让农民集体有效运转起来。

西南政法大学经济法学院龚暄杰老师同样从所有权与他物权两个层面探讨了农地权利体系相关问题。在所有权层面应做好兜底性安排,通过基础性权利的保障来做实集体所有权。在他物权层面应做好发展性安排,按照主体功能区要求,对不同地区的土地作出差异化规定。同时应尽量实现农地权利的类型化、法治化,否则由于权利体系过于复杂,市场化改革会面临阻碍。

中国人民大学法学院高圣平教授指出,在土地所有权不能从事交易的背景下,土地要素市场化配置中需要对土地利用权利的构建予以更多关注。但土地利用权利并非一定要建构成物权。因为根据《民法典》,只有稳定的、需要长期保护的土地利用关系才会被建构成物权。而农地要素市场化配置改革中,规则设计本身有很多活跃度,尤其表现在二级市场方面。

(四)集体土地征收制度改革

浙江大学中国农村发展研究院丁关良教授认为,集体土地征收制度改革存在如下亮点:一是征收范围被缩小;二是征收程序更加规范。但以下问题仍需深入探讨:一是土地成片开发征收的规范化与法治化。二是集体土地被征收后,除土地所有权以外的他物权或者债权应该如何进行补偿?承包地征收与涉及住宅时的宅基地征收补偿标准过于悬殊。三是征收制度是否会跟集体经营性建设用地入市制度产生冲突?

南开大学法学院陈耀东教授指出,土地征收制度主要是解决三大问题:一是征收目的是否符合公共利益。对此,成片开发的争议较大。二是征收程序是否公开、公平、公正、透明。三是征收补偿是否充分、及时、合理。目前对于完全补偿原则的贯彻有待进一步落实。此外,对于居住权以及土地经营权如何补偿也需要做更加周密细致的规定。

广东外语外贸大学土地法制研究院张保红教授认为，集体土地征收应该做到三个“回归”：一是回归公益，目前存在经济建设与需求不足的问题都需要依靠政府来解决的观念误区；二是回归市场，巨额补偿款对政府来说是巨大的财政负担，坚持公益征收，征地范围被大幅缩小，地方财政负担会相应减轻；三是回归权利，目前征收更多只将集体作为被征收人，但土地承包权人、土地经营权人等权利主体不能被忽视。

华中师范大学法学院丁文教授认为，集体土地征收制度改革在缩小征地范围，规范征地程序，完善对被征地农民合理、规范、多元保障机制等方面取得了长足进步。但仍然面临以下问题：一是如何对成片开发征收做进一步规范。二是如何与集体经营性建设用地入市制度进行衔接。三是基于公共利益征收土地，“公共利益”的认定比界定更为重要，如果任由政府（征收人）进行认定，即使《土地管理法》第 45 条界定得再清楚，制度目的也会落空。

西南政法大学民商法学院黄忠教授重点探讨了《土地管理法》第 45 条成片开发征收制度与第 63 条集体经营性建设用地入市制度间的关系。从比较法角度而言，将土地成片开发列为公共利益需要并非中国独有，越南、印度也存在此制度，这可能是发展中国家基于发展经济的考量。如果要在逻辑上对《土地管理法》第 45 条与第 63 条进行平衡，是否可以通过溢价购买或征购制度，优先适用第 63 条？但将成片开发的征收制度变成入市制度，实质是将征收加补偿变成了入市加征税，两者之间有实质差别吗？如果有，这种差别公平合理吗？如果没有，为什么认为入市加征税就一定比单纯的征收加补偿更合理？这些都值得在理论与实践层面做进一步分析。

广东外语外贸大学土地法制研究院于凤瑞副教授认为，《土地征收“成片开发”标准（试行）》（征求意见稿）仍须在以下四个方面做出改进：一是为了保证公益目的的真正实现，需要健全事中的实施以及事后的监督规则；二是土地征收“成片开发”范围内基础设施、公共服务设施以及其他公益性用地比例不低于 40%的标准过低，无法体现其公益性；三是没有涉及征地补偿规则以及土地增值收益分享机制；四是成片开发征收仅具有权宜性，当城乡统一的土地要素市场逐渐建立健全时，成片开发征收应当退出公益征收的用地类型。

西南政法大学经济法学院龚暄杰老师认为，我国各地发展差异过大，在经济发展阶段完全不同的地方适用同样的土地征收制度不太合适。强制性规则需要在法律层面进行统一规范，但任意性规则以及其他需要注重地方个性的方面，应该进一步放权。

三、盘活利用存量集体建设用地相关机制制度改革

(一)盘活利用存量集体用地的多元方式

吉林大学法学院李国强教授指出,首先需要明确存量集体建设用地的范围,主要包括乡(镇)村企业用地,乡村公共设施、公益事业用地,宅基地以及新创设的集体经营性建设用地。实际上,存量用地应该指向的是前三种,并且每一种用地方式又根据地区情况的不同有很多差异。以增减挂钩为基础的建设用地指标交易其实是唯一方式,"地票"等制度都是以这一方式为基础设计的。而且,在私法层面貌似创新利用的方式,在公法层面都不外乎涉及土地规划性质的变化。所以,不存在所谓的多元利用方式,更多是正当程序或者公权力如何行使的问题。

北京市社会科学院法学所罗瑞芳副研究员认为,公权力的行使与配置是一个非常重要的因素,但盘活利用的多元方式不仅涉及城乡建设用地增减挂钩指标,还涉及不同性质的存量集体建设用地内部相互转化的问题。同时,在多元化利用过程中,社会资本的进入、土地制度与农村产权制度的融合都是必须要考虑的问题。

太原师范学院法律系刘恒科副教授指出,宅基地盘活利用主要包括农户自主、集体主导、政府主导三种类型。在农户自主方面,主要包括出租、抵押、转让、入股、合作开发、退出等方式;在集体主导方面,主要包括农民集体利用农户退出或者集体收回的宅基地,参与宅基地使用权指标交易、跨集体经济组织配置、集体自行开发使用、合作经营等方式;在政府主导方面,主要包括易地扶贫搬迁、土地整理、指标交易、调整入市等方式。

肇庆学院政法学院许英副教授指出,根据《土地管理法》规定,盘活利用存量集体建设用地的前提是坚持土地用途不改变。但从目前的实践探索来看,一些盘活利用的方式坚持了该前提,一些则改变了该前提,如何在改变与不改变土地用途间进行协调,需要做进一步思考。

中国人民大学法学院夏沁老师指出,集体用地盘活利用的多元方式可以分为物权性流转与债权性流转。增减挂钩指标交易虽然与传统流转方式不太一样,但本质上还是属于物权性流转。

广东外语外贸大学土地法制研究院孙聪聪老师就多元盘活利用方式指出:其一,多元盘活利用的本质是土地用途转变以及由此带来的土地增值收益分配问题。根据调研情况,盘活利用的方式有存量建设用地相互之间的转化、复垦以

及综合整治三种。而调研中发现最突出的问题是村庄规划的修改,因为村庄规划作为国土空间规划体系中的详细规划,修改应遵循目的正当性,非因公共利益不得进行修改。其二,在复垦中涉及土地增值收益分配时,首先要明确复垦主体,其次要考虑土地所有权人和使用权人的利益。

广东外语外贸大学土地法制研究院曹益凤助理研究员也集中探讨了宅基地制度改革中的盘活利用方式。主要有两种方式:一种是集体主导的宅基地盘活利用,广东省佛山市南海区借助其利用集体建设用地建设租赁住房试点的契机,通过整理闲置宅基地,使之成为建设租赁住房的补充用地。另一种是村民主导的宅基地盘活利用,比如农房及其宅基地的转让、租赁等。目前主要问题在于,宅基地的流转方式、范围、期限等在实践中没有形成统一的制度经验,在法理上也没有达成共识,立法留有空白,有待日后完善。

嘉兴学院浙江省法学会合作社与农民权益保障研究中心向勇教授指出,目前存量集体建设用地盘活利用的多元方式忽略了一个很重要的问题,即为什么农民集体与农户不能自用,为什么政策一开始就定位成他用。在讨论这一问题时,思路应该更加开阔,给予农民集体和农户适当的发展空间进行创造。

(二)宅基地制度改革

吉林大学法学院李国强教授指出,在宅基地制度改革中如果允许农民集体或农户自用,可能有一定益处,但另一方面也会造成新的土地食利阶层的出现。集体是利益主体,但并不是一个合格的私权主体、市场主体。因此宅基地制度改革中虽然涉及私权,但更多是如何通过程序设计,促使国家通过公权力适度干预土地用途转化或建设用地增减挂钩指标交易等,避免“合村并居”等改革中侵犯农民利益的情况再次出现。

北京市社会科学院法学所罗瑞芳副研究员指出,进行宅基地制度改革研究时很容易陷入一个怪圈,即到底是在现有法律规定的基础上谈改革,还是完全打破现有规则体系谈改革。对宅基地制度改革的探讨最终还是会回到宅基地使用权主体是谁,身份如何得来以及为什么其天然享有该权利等基础性问题上。但目前宅基地制度改革将重点放在继受取得上,对于宅基地初始取得这一基础性环节没有理顺,造成了改革的阶段性、片面性。从长远的制度设计来看,应该回归宅基地初次取得层面进行根本性改革。

太原师范学院法律系刘恒科副教授认为,宅基地“三权分置”的政策目标是盘活闲置农房和闲置宅基地,使农户在农房(宅基地)流转的同时,不会失去宅基地保障。因此,应将宅基地使用权作为纯粹的用益物权加以塑造,宜确立初始取得的宅基地使用权“固定期限+自动续期(以户内仍有本集体成员为前提)”,受让人使用宅基地不超过宅基地使用权剩余期限的规则。期满以后,农户宅基地使用权应该回弹至集体所有权,农户凭借自己的成员身份再向集体申请确认其宅基地使用权,实现宅基地使用权的自动续期。

肇庆学院政法学院许英副教授强调,宅基地制度改革中集体土地所有权的行使不容忽视,因为宅基地使用权的保障性本质上源于集体土地所有权。目前宅基地初始分配制度的保障性功能应该予以坚持。如果涉及非本集体成员通过出卖、继承、赠与等方式占有或使用宅基地的,可以构建成“住宅建设用地使用权”。

中国人民大学法学院夏沁老师认为,成员权或资格权是集体所有权制度下必然会衍生的问题,这是传统个人主义立法向团体主义立法的转变。同时,宅基地作为集体建设用地的一种,其初始取得是否可以参照国有建设用地使用权进行相应规则设计值得思考。

广东外语外贸大学土地法制研究院孙聪聪老师认为,宅基地制度改革的本质问题在于宅基地居住保障功能和财产功能间矛盾的显化。宅基地无偿取得、面积法定、无期限使用等都根源于其居住保障功能。但当下宅基地的财产价值日益凸显,特别是在一些经济发达地区。因此,要先明晰改革方向,到底是强化其居住保障功能,还是显化其财产功能。

广东外语外贸大学土地法制研究院曹益凤助理研究员指出,宅基地使用权初始取得能否参照国有建设用地使用权规则需要考虑一个前提,即农民的社会保障是否能够剥离农村土地而存在。对于宅基地使用权初始取得能否参照国有土地出让还须厘清如下问题:一是宅基地使用权能否有偿取得?二是取得宅基地使用权的主体能否像国有建设用地使用权受让人一样放开身份限制?根据调研情况,在广东部分地区以及建设用地供应紧张地区,已经存在有偿取得宅基地的方式。目前一些宅基地制度改革试点中也已经存在有偿使用的部分经验,但并没有完善配套的法律规则,这是今后探讨宅基地制度改革的一个重要方向。

中国政法大学地方财政金融与农村法治研究中心李蕊教授在宅基地的居住保障属性与财产属性之外强调,宅基地本身作为土地,资源属性也不容忽视。整个宅基地制度改革还是要考虑如何集约节约利用土地,以保证粮食安全、生态安全、社会安全。目前宅基地制度改革之所以面临瓶颈主要是存在两个方面的矛盾:一是城乡二元的住宅建设用地市场到底能不能被打破以及如何被打破;二是宅基地作为土地要素与其居住保障功能间的张力如何解决。

西南政法大学经济法学院刘俊教授指出,宅基地制度改革如果是为了实现其财产价值,可能最后的结果是城市周边等经济发达地区的农民受益,边远地区的农民无法真正受益。

重庆大学法学院宋宗宇教授认为,在农村之所以要通过宅基地使用权无偿取得的方式对农民进行居住保障,追本溯源还是在于农村宅基地、农村承包地等集体财产最初源于私有制。

华东政法大学高富平教授认为,众多学者仍然是站在传统公有制视角下来探讨要素市场化配置改革。如果要真正实现要素市场化配置,应该转换思路,强调按身份取得财产是对计划经济的维护,这与我国目前深化改革的大方向是背道而驰的。

(三)集体经营性建设用地入市的制度设计

吉林大学法学院李国强教授认为,相比于宅基地制度改革,集体经营性建设用地入市才真正进入了私权领域。其制度设计可从如下四个方面考虑:一是客体,要坚持用途管制与存量盘活。二是主体,要涉及流转主体与利益主体。由于集体本质上是利益主体,因此应更多依靠国家以行使公权力的方式代替集体进行市场化流转。三是方式,对此《土地管理法》第 63 条已经予以明确。四是收益分配,国家与集体都应纳入考虑范围,二者分别代表了公共利益与小范围农民成员的利益。

北京市社会科学院法学所罗瑞芳副研究员重点探讨了入市主体问题。集体作为农村土地所有权主体,更多还是在宪法层面的表达,不是纯粹民法意义上权利主体的表述。主体问题背后还牵涉农民个体权利以及利益调整问题,因此,亟须理顺改革中何者能够成为市场化主体,并具体实施入市行为的问题。

太原师范学院法律系刘恒科副教授主要分享了集体经营性建设用地入市制度出台前,太原市进行城中村改造的有关做法。对于列入整村拆除计划的城中村,市国土局按程序将改造用地范围内的集体土地确定为国有土地,确权给改制后的集体经济组织,同时对城中村改造用地之外的土地进行储备征收。改造用地全部以公开出(转)让方式供地。村集体或开发单位按市政府批准的土地备案价缴纳土地出让金。在当前入市配套规则或成型做法还未出台前,可以将此种集体经营性建设用地借道国有划拨土地间接实现入市的方式作为一种变通做法。

肇庆学院政法学院许英副教授认为,《土地管理法》第 63 条增设集体经营性建设用地入市制度,虽实现了“同地同权”,但“同价”方面并未过多涉及。“同价”不但事关入市后增值收益的分配问题,本质上更是涉及集体土地所有权的完善问题。此外,入市途径除了就地入市,还包括整治入市与调整入市,入市途径需要与其他集体建设用地使用权制度进行衔接。以上问题都须留待行政法规或部门规章予以细化明确。

中国人民大学法学院夏沁老师主要探讨了集体经营性建设用地应该作为何种权利来入市的问题。一些学者依据原《物权法》第151条的转致性规定将其作为用益物权,此种看法突破了物权法定的限制,有待商榷。集体经营性建设用地属于建设用地的下位概念,可以参照适用原《物权法》对于建设用地使用权的相关规定。

广东外语外贸大学土地法制研究院孙聪聪老师认为,集体经营性建设用地入市制度设计并未做到与国有建设用地同权,因为其入市用途受到限制。在市场经济占主导地位的情况下,限制其用途的正当性依据何在?用途限制可能在一定程度上有利于维护粮食安全、生态安全,但从实现农民生存发展权益的角度而言,用途限制缺乏正当性依据。

广东外语外贸大学土地法制研究院曹益凤助理研究员同样重点探讨了入市主体问题:一是《民法典》虽赋予农村集体经济组织特别法人地位,但未明确其集体土地所有权主体地位,容易使人在农民集体与农村集体经济组织间的关系上产生疑问。二是在没有成立农村集体经济组织的农村,谁来行使入市权利?在集体土地属于村一级农民集体所有时,可以由村民委员会依法代行集体土地所有权。在集体土地属于村民小组农民集体所有时,由于村民小组没有独立民事主体地位,部分改革试点地区的做法只能由村民小组委托上一级代为入市。三是可否聘请或委托有专业能力和相应资质的第三方代为行使集体经营性建设用地入市权利?

(四)乡村公共设施、公益事业用地制度改革

吉林大学法学院李国强教授指出,乡村公共设施、公益事业用地体现公益性,可以在坚持土地用途管制与符合土地总体规划的前提下,类比国有土地划拨使用来重构其制度。同时,在城市化与老龄化的时代背景下,该类用地改革的重点在于对存量用地进行盘活利用,而不在于增加增量用地。

太原师范学院法律系刘恒科副教授认为,如果公益性用地转变为集体经营性建设用地进行入市,考虑到原有的公益性,所得收益应尽量用作公益用途。

肇庆学院政法学院许英副教授指出,目前学校、医院等存量乡村公共设施、公益事业用地基本处于闲置状态,可以通过转化为集体经营性建设用地或者由

国家进行征收，以提高土地利用效率。如果农村有新增公益性用地需求，可以通过划拨手段予以解决。

中国人民大学法学院夏沁老师表示，在没有法律明确规定的情况下，对乡村公共设施、公益事业用地能否采用划拨方式存疑。此外，对土地进行公益性与经营性概念的划分在逻辑上并非完全周延，对二者关系的界定还须做进一步思考。

广东外语外贸大学土地法制研究院孙聪聪老师主要探讨了如下方面：其一，划拨在现有法律制度体系下是国有建设用地使用权无偿使用的方式，集体土地如果采用划拨方式供村庄公共设施、公益事业用地使用，是否需要先经过征收程序再划拨？其二，集体公益事业用地在使用存量建设用地时，主要涉及土地收回和对土地使用权人的财产权益补偿。涉及新增建设用地指标时，如果需要将现有耕地转变为建设用地，需要经过有关部门审批。其三，法律需要明确能否把实现“户有所居”的用地认定为公益事业用地。

广东外语外贸大学土地法制研究院曹益凤助理研究员，对集体公益性建设用地通过转为经营性建设用地进行盘活利用的前提条件进行探讨。根据《土地管理法》第 66 条规定，在需要将集体经营性建设用地转为公益性建设用地时，农村集体经济组织收回土地使用权须报经原批准用地的人民政府批准，可否借鉴该规则设置前提条件？

烟台大学法学院王洪平教授强调，乡村公共设施、公益事业用地制度改革不可忽略城中村。很多地方进行城中村改造时都采用《土地管理法》第 66 条等相关规定，通过收回土地拆除棚户区后变成净地，政府再跟进征收。这与《土地管理法》第 45 条规定的成片开发征收制度实际上是相违背的。城中村改造应该适用成片征收开发制度，而非滥用农村公共设施、公益事业用地制度。

华东政法大学高富平教授认为，改革一定要将农村与城市的界限打破，按照市场经济基本要求将所有制度打通。因此，公共产品应统一由国家供给，还农民集体以私权利。

四、深化农村集体产权制度改革

（一）农村集体产权制度改革的实践探索与实现路径

嘉兴学院文法学院欧阳仁根教授围绕该议题谈了以下四点看法：一是要区分农村集体资产的类型，针对资源性、公益性与经营性资产的不同特征，采取不同改革路径；二是要注意实践中农村集体产权制度改革主要采用的是股份合作制，比较典型的有社区性股份合作社和土地股份合作社；三是产权制度改革的目标是多重的,不仅限于增加农民财产性收益,还涉及实现集体增收、扶贫脱困以及“善治”等多个目标;四是进行相应制度设计时要注重不同主体间的联动。

华东政法大学刘竞元副教授指出,无论是产权的具体分配,还是成员资格界定,上海市松江区的产权制度改革实践都比较成熟。在产权分配方面,一是涉及清产核资,主要针对的是没有量化的集体经营性资产,这项工作在上海已经开展多年。二是涉及资产归属问题,2018 年正式实施的《上海市农村集体资产监督管理条例》将农村经济合作社、农村经济联合社定位成农民集体。三是在成员资格界定方面,该条例第 9 条规定,“自农村高级农业生产合作社成立以来,在乡镇、村、组集体生产生活的人员,经农村集体经济组织民主程序确认,成为该集体经济组织成员”。

重庆大学法学院董正爱副教授认为,农村集体产权制度改革主要涉及如下两方面:一是促进农村集体经济发展,实现乡村振兴。2019 年全国村集体经营收益超过 5 万元的只占全部比例的 48.2%,基本没有达到预期目标。二是对产权改革提供制度性供给。在成员权(资格权)的认定上,各地以户籍审查加村社审查加特殊处理方式为主,对如何认定入赘婿、出嫁女、改嫁女等特殊主体的成员资格进行了规定。在股权设置上,应该注意静态管理与半动态管理、动态管理的结合。

西北民族大学法学院王天雁副教授指出,从目前实践看,农村集体产权制度改革的主要途径是股份合作制改革,其存在如下特点:一是股份并不是社员出资的证明,而是集体经济组织配股的结果;二是股份实行封闭管理,限制流转,不具有投资的性质;三是股份与表决权无关,在股份合作社中依然实行民主管理,按人投票;四是股份是农民参与集体收益分配的依据,而不能作为剩余财产分割请求权的依据。据此,此种股份合作制改革既不是纯粹的股份制也不是纯粹的合作制。需要研究量化集体经营性资产的意义何在?发展趋势如何?最终农民是否有权按股对集体的最终资产进行分割?

南京师范大学法学院姜红利老师认为,目前改革实践存在一定的狭隘性:一方面在于清产核资主要针对承包地这一资源性资产,对经营性资产与非经营性资产的量化相对较为忽视;另一方面在于资产股份合作制改革仅仅限定于经营性资产。此外,探索农村集体产权制度改革的具体路径需要对基本性概念予以明确:首先是产权改革的主体,需要区分产权改革的主体与产权主体(集体资产所有权主体);其次是产权改革的客体,对其进行资源性、经营性以及非经营性的区分很有必要。

广东外语外贸大学土地法制研究院吴昊助理研究员以集体产权制度改革中农村集体经济组织法人治理结构与市场化设计为切入点谈起，指出我国相应立法与实践，存在未满足特别法人主体地位要求，及其具体治理规则与机制缺失的情况。作为特别法人的农村集体经济组织仍须借鉴营利法人的组织形式搭建组织框架，对此可以参考企业形式确立股份化的治理模式，并在此基础上分别设置集体股与非集体股。为防止集体资产被侵占，集体经济组织可以借助股份公司中的“持股平台”机制，通过将股权与控制权进行分离予以应对。

（二）农村集体资源性资产产权制度改革

嘉兴学院文法学院欧阳仁根教授指出，农村集体资源性资产改革包括土地与非土地部分。前者主要指“三块地”改革，与土地发展权密切相关；后者可以包括景观、地形地貌、气候条件等。上述资源性资产不论如何改革，一定要与乡村振兴中的产业振兴结合起来。因此，改革除了市场化运作，还要与政策性支持相结合才能更加有利于乡村振兴，如采用垄断豁免的政策性支持。

华东政法大学刘竞元副教授指出，目前“三块地”改革中宅基地制度改革裹足不前，存在诸多问题。首先，在如何实现《土地管理法》规定的“户有所居”方面，目前做法是集体通过建农村住宅小区让农民上楼，但能否通过规划让农民在原有宅基地房屋上自行增高楼层值得探讨。其次，《土地管理法》规定进城落户农民可以依法自愿有偿退出宅基地，但补偿的资金来源更多还是得依靠国家财政。最后，宅基地使用权申请经审批通过后，如果未及时建房可否予以收回？

重庆大学法学院董正爱副教授认为，在进行农村产权制度改革时不能一味主张通过创新机制来分配集体资产，更多应该考虑到集体的可持续发展，保障集体成员权利。同时发达地区与欠发达地区资源性资产的分布不平衡，价值性的显现也不同，应从各地资源禀赋和发展程度出发，坚持差异化的发展模式。

西北民族大学法学院王天雁副教授认为，无论是资源性资产还是非资源性资产，改革必须明确一个前提问题，即集体成员、农民集体、集体经济组织之间的财产权关系问题。关于后两者之间的关系，目前存在“代表说”“投资关系说”“信托关系说”“同一体说”等学说。王天雁副教授认为二者更类似于国家与全民所有制企业之间的关系，企业在授权经营范围内自主经营，独立承担责任。因此改革应坚持集体所有制这一基本底线。

西南政法大学经济法学院刘俊教授指出，资源性资产产权制度改革需要考虑如下两方面：一是资源性资产是否适合进行股份合作制改革，一直改革下去会面临哪些后果，会对现行制度产生何种影响？二是资源性资产除了传统的土地资源外,地质资源、生态资源、旅游资源等也需要给予关注。

南京师范大学法学院姜红利老师针对资源性资产是否适合进行股份合作制改革的问题指出,该问题里又暗含着如何实现资源平衡的问题,即一方面希望通过市场化路径激活资产,另一方面又希望资源性资产发挥保障耕地安全与农民权益的作用。目前各种政策性改革已经表明市场化不是问题,问题在于怎样进行市场化。姜红利老师认为资源性资产产权改革应该强调土地承包经营权、宅基地使用权等为农民本身享有的私权,逐渐解除身份性捆绑,进行充分的市场化,同时完善流转机制。

广东外语外贸大学土地法制研究院吴昊助理研究员认为,集体资源性资产市场化的核心在于不应该造成集体资产流失,集体须牢牢掌握资产的控制权。因此农村集体经济组织法人作为入市主体时须同时满足以下条件:其一,集体不丧失对集体经济组织法人的控制权,以防止集体资产的不当流失;其二,集体经济组织法人成员有效分享经营性收益,其中包括保障性的固定收益和个人投资性的收益;其三,明确区分集体资产、集体经济组织法人资产以及成员个人资产,防止互相不当侵蚀。

(三)农村集体非资源性资产产权制度改革

嘉兴学院文法学院欧阳仁根教授从资源性资产与非资源性资产改革目标的差异性出发,指出前者改革必须重视对集体成员权的保障,后者可以借助市场机制将所有权与其他权能做进一步分离,同时通过补偿的方式鼓励成员退出。但非资源性经营性资产仍未完全按照市场机制运行,如此既会制约收益增长,也会制约按照市场机制平等承担相应风险的公平性价值实现。

华东政法大学刘竞元副教授指出,可以将地形地貌等资源性资产与闲置宅基地结合起来发展乡村旅游,如此有利于实现产业兴旺。非资源性资产产权改革主要是解决经营管理的规范问题以及收益分配问题,最终会涉及成员资格的认定。

重庆大学法学院董正爱副教授指出,非资源性资产也涉及经营性与非经营性的区分。对前者的改革需要注意如下问题:一是健全产权制度;二是厘清农村集体经济组织和村党支部委员会、村民委员会之间的权责关系;三是基于市场化利用方式重构集体经营性资产法律制度时,需要考虑公平性及稳定性问题;四是进行收益分配时为避免资产流失应该采取具体措施进行信息公开,完善监督制度。对后者的改革主要涉及科教文卫体等提供公共服务类的资产,此类资产在产权改革过程中是否应该纳入集体经济组织资产范围,由其进行统一管理与支配值得探讨。

西北民族大学法学院王天雁副教授认为，对非资源性资产进行经营性与非经营性区分意义不大，因为股份合作制改革不是对资产本身进行分割或股份化，没有涉及最终层次的产权改革。集体产权制度改革中涉及的最重要内容应当是各村设立了股份合作社这一集体经营组织，其通过对农民集体市场化代表主体的确认，使各类资产拥有了市场化可能。

南京师范大学法学院姜红利老师认为，有必要对集体资产进行细分，因为集体资产改革本身非常复杂，细分有利于明确各类产权改革的具体路径。非资源性中的非经营性资产也可以称作公益性资产，主要指科教文卫体一类，对此集体成员没有直接使用的权利，应该限制集体成员的收益分配权。

嘉兴学院浙江省法学会合作社与农民权益保障研究中心向勇教授同样认为，有必要对资源性资产与非资源性资产进行区分。因为将农村集体经济组织定性为特别法人进行集体资产经营管理时，大部分投入产出仍旧依靠资源性资产，非资源性资产可以引入社会资本，占有一定股份。但利润分配时，农民可以从两类资产中获得收益，社会主体仅能从非资源性资产中获取收益。产权制度改革不是纯粹的所有权变更，而是通过将资产证券化，使其走向市场并获取利润。

华东政法大学高富平教授认为，区分资源性资产与非资源性资产的意义在于市场化程度不同。前者必须保留在农民集体手中，以维护集体所有制，只能进行使用权的市场化；后者可以进行所有权的市场化，取消身份限制，价高者得。

广东外语外贸大学土地法制研究院吴昊助理研究员指出，由于资本具有逐利天性，会导致非资源性资产难以被有效管理，因此需要集体对集体经济组织法人及其次级法人进行控制，避免出现“内部人控制”问题。在法人间关系方面，集体经济组织法人（亦可称原始法人）的初始设立原则上对应一个农村集体，相互之间不存在重叠，允许集体经济组织法人出资设置次级集体经济组织法人，亦允许集体经济组织法人投资另一新设法人（后两者统称次级法人），又允许其他市场主体投资入股集体经济组织法人或其次级法人，但不允许集体经济组织法人对其自身或用于投资的集体资产失去适当的控制而导致集体资产非必要的流失。

（四）农村集体经济组织立法

嘉兴学院文法学院欧阳仁根教授指出，社区股份合作社是农村集体经济组织比较理想的企业形态，兼顾了股份制与合作制的优势。设立社区股份经济合作社有利于抱团发展,共同应对市场风险。在社区股份合作社方面的立法存在以下重点:一是农村集体经济组织成员资格的界定以及股权的配置规则;二是针对不同类型的股权设置不同的流转机制与利益分配机制;三是在股权市场化流转中探索适应农民市场化要求的股权转让、赠与、继承、退出等内部流转的程序规则及救济机制;四是适当考虑股份合作社在后续发展过程中对外募集股权或融资时的规则设计。

华东政法大学刘竞元副教授在农民集体与农村集体经济组织的关系上认为,农村集体经济组织就是农民集体或农村集体资产的所有权人,负责集体资产的经营管理。此外,由于集体经济组织本身是农民带着土地入市而形成的,因此需要还原农民在集体中的资产份额,还原其主体地位,保障其最终收益分配权。为了避免农民利益受损,集体资产经营管理应以保本为前提。

重庆大学法学院董正爱副教授指出,首先,农村集体经济组织立法需要回应《民法典》对其的特别法人定位,进一步明确其设立条件与程序,以及与“村两委”和成员集体间的关系。其次,集体经济组织任务是促进集体经济发展,在股权设定以及成员身份认定上需要将静态管理与半动态管理、动态管理结合起来。最后,农村集体经济组织立法需要与原有农民专业合作社相关立法进行协调。

西北民族大学法学院王天雁副教授主要谈了以下观点:一是农村集体经济组织法的调整对象应当是新型集体经济组织,传统经济组织是计划经济时代的产物;二是不应将农村集体经济组织与农民集体作为同一体看待,不仅缺乏实证法基础,而且二者成员身份的取得也面临天然性(固定性)与法定性的矛盾;三是未来农村集体经济组织法应当对农村集体经济组织法人组织形式采取有限开放、积极引导的原则,仅规定股份经济合作社与经济合作社两种类型;四是可以参照自然人破产制度赋予农村集体经济组织法人一定的破产能力。

西南政法大学经济法学院刘俊教授指出,在探讨集体经济组织立法时需要厘清如下前置性问题:即集体经济组织最初产生背景与产生目的为何?如今社会背景发生变化后需要集体经济组织采取何种组织形式以符合现实需要?此外,近年来集体经济组织的功能一直被弱化,尤其是地权方面不断强调个人权利,这实际上破坏了集体经济组织价值功能发挥作用的基础。

南京师范大学法学院姜红利老师认为,制度功能的确并非一成不变,需要在动态中予以把握。在城乡二元格局下,集体成员制度被视作对农民集体成员的保障。但在当前城乡一体化改革背景下,农民更加关注集体成员制度背后涉及的增值利益,如拆迁补偿款的领取。

广东外语外贸大学土地法制研究院吴昊助理研究员从决议机制的规则设计为切入点谈起。为了防止农民集体对集体资产失去控制权,应当赋予农民集体亦即集体股持股主体对于集体经济组织法人“股东会”决议的一票否决权,亦即特定股东同意权。此外,集体股具有身份性特点,应该坚持有限流转原则,通过有形的手发挥资源配置优势。普通股能够依托市场进行有效配置与再配置,因此集体经济组织法人的资产空间不受原始集体资产价值的限制,而是具有无限扩张的可能。

嘉兴学院浙江省法学会合作社与农民权益保障研究中心向勇教授认为,农村集体经济组织法人的特别性在于两个方面:一是其为公益性事业单位法人,主要体现在粮食生产方面;二是其可以将利润分配给成员,带有营利法人的独特性质。上述两类特点结合起来使其成为具有中国特色的特别法人。

重庆大学法学院宋宗宇教授认为,《民法典》在将法人划分为营利法人与非营利法人已经周延的情况下,再规定一个特别法人容易使人产生疑惑。此外,从现有法律依据出发,农民集体就是农村土地的所有权主体,农村集体经济组织与村委会作为代表主体,但前者主要是营利性组织,后者主要是公益性组织。

浙江大学中国农村发展研究院丁关良教授认为,农村集体经济组织立法需要明确该组织创办人是谁,创办人能否当然成为该组织一分子的问题。例如,社区股份经济合作社是由集体成员牵头设立的,但本身并非由集体成员构成,而是由股东构成,并且随着股份经济合作社的发展,股东构成会越来越复杂。总之,农民集体成员只能是农民集体成员,而不能当然成为农村集体经济组织成员。其依据在于,在股份合作制改革之前,全国只有45%的地区才有农村集体经济组织,而剩下的55%地区不存在农村集体经济组织,但这些地方依然存在集体成员,存在成员权。

五、适应农村要素市场化的支持与管理制度建设

(一)新时代乡村治理的法治化

嘉兴学院浙江省法学会合作社与农民权益保障研究中心向勇教授认为,新时代乡村治理法治化最大的难点在于农村集体成员资格认定始终没有步入法治轨道。例如,外嫁女等到法院起诉集体经济组织或农民集体侵害其集体成员权益,由于会牵涉到集体成员资格认定这一前置性问题,而法律又缺乏明确认定规则,法院通常会以保护妇女权益为由认定其集体成员身份。但集体成员资格认

定属于自治范畴,应该尊重村规民约,将农户作为成员,而不是把农民个人作为成员。

西南政法大学经济法学院肖顺武教授指出,乡村治理的法治化是一个非常宏大的命题,必须找到具体的切入点。例如,扶贫工作中一些地方利用中国的"面子文化",对不同农户给予勤劳节俭、好逸恶劳等不同评价,通过给农民造成心理压力的方式提高其脱贫干劲。这不失为推进乡村治理的一大路径,但此种个人信用评价方式是否会侵犯到公民的人格尊严权?

西南政法大学经济法学院万江教授认为,乡村治理包括自治、法治与德治,单纯谈法治一定程度上是法律中心主义的体现。由于通过诉讼方式解决争议成本较高,因此可以基于传统乡村自治体系,以低成本的方式在内部化解纠纷。

重庆大学法学院谢潇副教授指出,乡村治理法治化的实现除了要送法下乡,做好普法工作外,更重要的是要让法律具有实效性。这体现在农村地区有多少与人口数量相匹配的基层派出所和基层派出法庭等基础设施。因此,需要重视资金的投入或财政的保障。此外,随着农村城镇化进程的推进,也许未来可以在农村地区进行私权体系构造,并引入适当的国家干预,实现比较明晰的公私分离。

天津大学法学院杨雅婷副教授对"新时代乡村治理的法治化"进行破题:一是"新时代"指乡村振兴战略实施这一大背景;二是"乡村治理的法治化"可以分为村规民约的法治化、政策的法治化以及如何协调党内法规与国家法律的关系,同时限制政府对涉农事项的过度干预。

浙江大学中国农村发展研究院丁关良教授认为,法治化仅仅是乡村治理的一个方面,许多法律与民间风俗习惯存在冲突,农村治理不能仅仅依靠法治,还需要协调治理成本与效益间的关系。如今在"三治"基础上已经出现了"四治""五治"的提法。同时,随着改革的深入推进,村内社区性集体组织呈现出多元化趋势。

(二)农村要素市场化的法律支持

嘉兴学院浙江省法学会合作社与农民权益保障研究中心向勇教授以宅基地市场化的法律支持为切入点展开讨论:在进行宅基地"三权分置"构造时可以把原有的宅基地使用权升级为宅基地农户资格权,其现实依据在于农民宅基地是集居住、生产、生活于一体的,具有复合用途的多功能土地。具体制度设计上,可以将宅基地设置成两类两权结构:第一类两权结构,即在《土地管理法》中规定集体所有权和农户资格权。农户资格权包括收益权,维持其身份性,做成一个真正的公法权利。第二类两权结构,将《民法典》物权编中规定的集体所有权和宅基地使用权认定为纯粹的没有身份属性的用益物权。如此可以实现宅基地使用权身份属性和财产属性的剥离,通过赋予农民更多权利,激励其节约使用存量宅基地,多余的宅基地即可用来推向市场。

西南政法大学经济法学院肖顺武教授指出,土地是农村最重要的要素,而要素市场化的本质是运用法律对土地进行权利识别,并通过明晰权属以达到市场化交易目的。中国农村土地的一大特点在于权利的整体化(只有国家所有与集体所有两种形式)与使用的碎片化,在此前提下,农村要素市场化的重点应是通过制度设计解决流转方式与流转范围问题。

西南政法大学经济法学院万江教授围绕该议题提出三个观点:一是当下对农村土地产权界定的实质是在不愿改变法律框架的基础上,不断进行权利的细化。产权的明晰界定虽在一定程度上有利于提高流转效率,但相应也会带来协调成本的上升。二是谈农村治理的法治化不是要加强管制,整个改革开放都是不断放权的过程。三是法治化意味着稳定的预期,但如今大量农村要素市场化的制度支撑来自政策而不是法律。

重庆大学法学院谢潇副教授围绕该议题主要谈及两个观点:一是要想实现农村要素市场化,在法律上最重要的是培育私权。运用“权利束”思维,使农村各类要素成为市场经济意义上可供交易的客体。二是私权培育的同时也意味着农村土地社会保障功能的剥离,这就要从其他方面考虑为农村居民提供必要的生活保障。

天津大学法学院杨雅婷副教授重点探讨了集体经营性建设用地入市的法律支持问题:其一,明确入市主体方面,正在制定中的农村集体经济组织法能够提供基础性法律支撑。其二,市场运行规则方面,传统经济学认为市场运行机制应该包括供求机制、价格机制和竞争机制,可以参考借鉴以上三个机制进行规则构建。其三,市场配套制度方面,交易平台的搭建、信息公开、不正当竞争监管等都须引起重视。

(三)农产品质量与粮食安全法治保障

嘉兴学院浙江省法学会合作社与农民权益保障研究中心向勇教授指出,大农替代小农是一个不可阻挡的发展趋势:一是因为农产品质量问题本质上是土壤治理问题,这一方面已经超出了小农家庭的治理能力。二是因为“农三代”基本已经非农化,不再从事传统小农生产。只有通过大农运作方式培育新的农业工人,才可能保障粮食安全。

西南政法大学经济法学院肖顺武教授重点探讨了粮食安全问题。肖顺武教授指出粮食安全极为复杂,是一个涉及政治、经济、社会多方面的综合性问题。此外,粮食安全的外延也非常广泛,不仅包括世界粮食安全,还包括国家粮食安全与家庭粮食安全。通常意义上探讨的粮食安全即指国家粮食安全,具体包括粮食的生产、储备、流通、调度等方面的安全。其中粮食生产安全又与耕地红线制度密切相关,然而耕地红线制度更多是通过维持耕地数量以保障粮食安全,却忽视了耕地质量。因此,将土地数量与质量并重的土地"当量"制度值得借鉴。

西南政法大学经济法学院万江教授指出,在中央反复提及"双循环"政策思路,要求加快形成以国内大循环为主体、国内国际双循环相互促进的新发展格局背景下,粮食安全是我们必须直面的现实问题。18亿亩耕地红线的重要性也因此被凸显出来。由此延申出的"地票"制度、土地增减挂钩制度等在未来若干年内也将继续存在。

重庆大学法学院谢潇副教授围绕该议题提出三个观点:一是粮食安全同时涉及环境法问题,因为能够种出粮食的土壤是一种稀缺资源。二是土地经营权制度的构建可以促使更多有意愿、有资本、有技术的市场主体进入粮食生产领域,产出更多的商品粮。三是如果财政允许,政府应加大对农业生产的补贴力度。

天津大学法学院杨雅婷副教授指出,农产品质量与各地特有的自然条件密切相关,因此如何有效、绿色地利用各地现有特色自然条件生产出特色优质的农产品值得关注。有效利用方面涉及回归土地承包经营权的用益物权本质;绿色利用方面涉及土地利用效率与环境治理的平衡。

(四)农村市场监管制度改革

西南政法大学经济法学院万江教授指出,市场失灵是进行监管的前提。就经济法角度而言,市场失灵表现为竞争失灵、信息失灵、理性失灵等方面。结合市场失灵与农村市场监管:一是需要建立起竞争机制,为避免出现"生猪大战""蚕丝大战"等地方保护主义,法律不仅要反垄断,还要解决城乡分割导致的要素流通受阻问题;二是需要将分散化的小农经营者整合成合作社等规模主体,降低信息成本、合规成本;三是政府须构建完善的市场交易平台,除了简政放权,同时还应该扮演好服务者角色。

天津大学法学院杨雅婷副教授重点探讨了对农村土地市场的监管。杨雅婷副教授认为政府可以从如下方面着手:一是供地计划上,建立土地储备制度;二是用地规划上，对集体经营性建设用地入市用途进行监管；三是入市价格上，可以考虑建立统一基准地价或标准地价体系。

西南政法大学经济法学院刘俊教授认为主要可从以下方面着手：一是农用地转用监管；二是用地价格监管；三是入市流转程序监管。刘俊教授指出，目前集体土地主体制度相对不健全，因此仍须强调通过招、拍、挂程序进行公开流转，否则集体土地会成为村干部犯罪的重灾区。

嘉兴学院文法学院欧阳仁根教授从以下三个角度探讨了农村市场监管问题：一是在农产品市场监管方面，许多国家将药品监管标准运用于婴幼儿奶粉或其他有关卫生健康方面的农产品监管中；二是农村市场主体多是小微企业或家庭农场等小型合作组织，考虑到主体的特殊性，可以参考国际惯例对其进行垄断豁免；三是为了增强我国农产品在国际贸易领域的竞争力，政府可以适当加大补贴力度。

（责任编辑：吴昊）

稿　　约

为繁荣土地法制研究，广东外语外贸大学土地法制研究院特创办《土地法制科学》，拟每年出版2卷。为深入反映土地法制研究中的新观念、新动向，夯实土地法制理论基础；为全面解析土地法治实践中的新问题、新情况，助推城乡土地制度转型；为大兴社会调查之风，加强实证研究运用；为广泛参考发达国家和地区的有益经验，博采众长，评介外国法理论和制度，每卷将设置“城乡中国”“理论纵横”“田野采风”“外国法译评”等栏目，并根据情况设置相应栏目。

为更好地繁荣土地法制研究、扩大影响，经双方友好协商，主办方已由广东外语外贸大学土地法制研究院转为中国土地法制与乡村振兴战略会议联盟，由会议联盟成员轮流承办并指派专家担任执行主编，《土地法制科学》编辑部固定设在广东外语外贸大学土地法制研究院。

我们热诚欢迎专家学者赐稿，尤其欢迎就以下专题撰写的佳作：

1. 我国土地法制基础理论问题，包括对土地法制发展趋势的前瞻性研究，特别是公法与私法、实体法与程序法的法学科内的交叉研究以及法学与管理学、经济学、政治学、社会学等的跨学科研究；

2. 我国土地立法的理论和实务问题；

3. 对外国重要土地立法经验、判例学说和基础理论学说的评介；

4. 以学术沙龙或笔谈形式就土地法制展开的专题对话；对土地法制领域某一专题或作品展开的研究评述。

为提高审稿效率，来稿应符合下列要求：

1. 作者简介应包含姓名、所在单位详细名称、联系方式和通信地址等信息；

2. 基金项目成果应保留项目名称及编号；

3. 文章题目应附英文翻译；

4. 摘要应能明确、客观地反映文章的主要内容与观点，文句连贯，长度以300字左右为宜，请勿写成文章结构介绍、自我评价或文章引言，不要出现“本人”“本文”及类似表述；

5. 来稿应在正文前列出详细目次;

6. 来稿注释应采用自动生成的脚注形式,每页重新编号;

7. 注释要完整规范,至少包括作者(编者)、译者及其国别、文献题目、出版单位(及期刊名称)、出版时间(及杂志出版期号);引用书籍、文集及集刊等文献时,应标注页码;引用期刊文献时,无须标注页码;引用报纸文献时,无须标注具体的版。中文文献题名应使用书名号;引文出自报刊的,请勿出现“载”“载于”字样;出版时间仅须标明年份,无须标注“第×版”“修订版”等。前后注释相同的,请完整标注,无须使用“同前(上)注[x]”之类的标注方式;引用以必要为限,自引时请勿使用“拙著(文)”等类似表述,应完整写出相关信息;应尽量减少自引。外文注释从其原有体例,无须采用斜体;引文出自互联网的,请注明详细网址及访问时间,提倡引用正式出版物。示例如下:

(1)王利明:《物权法研究》(上卷),中国人民大学出版社 2007 年版,第 534~535 页。

(2)[美]H. W. 埃尔曼:《比较法律文化》,高鸿钧等译,清华大学出版社 2002 年版,第 177 页。

(3)陈小君:《我国农村土地法律制度变革的思路与框架》,载《法学研究》2014 年第 4 期。

(4)韩俊:《准确把握土地流转需要坚持的基本原则》,载《农民日报》2014 年 10 月 22 日。

(5)Steven L. Emanuel, Torts, CITIC Publishing House, 2003, p. 149.

(6)Henry Hanuman & Ernie Karmas, *The Numerous Clauses Problem and Divisibility of Rights*, Journal of Legal Studies, June 2002, pp. 45-46.

(7)中国土地勘测规划院:《2016 年第二季度全国主要城市地价监测报告》,载中国城市地价动态监测网,http://www.landvalue.com.cn/TheContent.aspx?ContentID=21951&Menu_ID=13,2016 年 12 月 9 日最后访问。

在期盼您赐稿的同时,我们也真诚感谢您对本刊的支持与帮助!我们的联系方式如下:

通信地址:广东省广州市白云区白云大道北2号　广东外语外贸大学土地法制研究院《土地法制科学》编辑部(邮编:510420)

电子邮箱:ps0103@ sina. com

电话(传真):020-36641655

《土地法制科学》编辑部